소설로 장애 읽기 2

- 근대 장애인의 문학적 초상 -

정창권·윤종선·노혜진·박현정·윤태근·허지이

소설로 장애 읽기 2

— 근대 장애인의 문학적 초상 —

정창권 · 윤종선 · 노혜진 · 박현정 · 윤태근 · 허지이

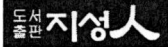

"오탈자와 잘못 알려진 정보를 바로잡았습니다.
또한 작가의 의도대로 발표당시 원작의 내용과 방언 표현에 충실히
따르고자 본문의 내용을 일부 수정하였습니다."

근대 장애인의 문학적 초상

몸의 어느 부분이 온전하지 않고 제 기능을 발휘하지 못하면 일상생활이나 사회생활에서 불편을 겪게 된다. 외모나 사고, 행동에 있어서 일반 사람들과 구별되기 때문에 우리는 그런 사람들을 장애인이라 부르는데, 그렇다면 우리는 단지 겉으로 드러나는 모습만 보고 그들을 불쌍히 여기거나 그들의 처지를 동정하지는 않았을까?

전통적으로 우리나라는 장애인에 대한 인식이 나쁘지 않았다. 조선시대에는 장애인들도 그들의 능력과 처지에 따라 다양한 분야에서 활동하고 일반사회에서도 여러 사람들과 어울리며 제 역할을 하고 살아왔기 때문이다.

그러나 근대시기 장애인들의 삶은 암흑기에 들어서게 된다. 장애인을 독립된 주체가 아닌, 정신과 신체기능을 온전히 갖추지 못한 '불구자'로 보았기 때문이다. 그리하여 장애인과 비장애인의 구분 없이 어울려 살던 과거의 모습은 사라지고, 자본

주의와 근대화, 산업화라는 시대의 변화 속에서 장애인은 볼품없고 나약하고 쓸모없는 존재가 되어버린 것이다. 또한 장애인은 사회로부터 격리되어야할 대상이 되면서 우리의 삶에서 주변부로 사라지고, 그 과정에서 비롯된 사회적 편견과 그릇된 시각은 현대에까지 영향을 주어 장애인에 대한 차별로 이어지게 된다.

그런데 흥미롭게도 근대소설에는 장애인이 많이 등장하고, 그들의 삶도 굉장히 미시적으로 잘 드러나 있다. 이는 당시에도 우리 주변에서 장애인들을 흔히 볼 수 있었고, 작가도 그들이 사회 속에서 어떻게 생활하는지를 자세히 관찰하고 작품 속에 묘사했기 때문이다. 그럼에도 불구하고 중고등학교 시기에 배우는 문학시간에는 이러한 내용들을 자세히 다루지 않는다. 우리가 근대소설에 나타난 장애인의 모습을 주목한 이유는 바로 여기에 있다.

소설은 현실에서 실제로 있을 법한 일들을 작가의 상상을 통해 풀어낸 이야기로, 『소설로 장애읽기-근대 장애인의 문학적 초상』은 문학작품을 통해 근대시기의 장애인의 삶과 모습을 새롭게 주목한 것이다. 비록 그것이 작가의 상상에 의해 만들어진 것이라 할지라도, 그 속에 등장하는 장애인들은 근대에 살았을 법한 인물들이거나 주변에서 한번쯤 보았던 인물들이기 때문이다.

또한 점점 복잡해지는 현대사회에서 장애는 그 양상이 변화한다는 점에서 비장애인들도 잠재적 장애인이 될 수 있다. 그렇기 때문에 이제는 어떻게 하면 장애인과 비장애인들이 공존하며 살아가야 하는지를 고민해야 한다. '소설로 장애 읽기'를 시도하는 이유도 장애에 대한 올바른 이해와 인식을 새롭게 하기 위해, 그리고 장애가 단지 개인의 문제가 아니라, 사회, 문화, 역사적인 측면에서 접근해야 하는 것이기 때문이다.

『소설로 장애읽기 - 근대 장애인의 문학적 초상』은 근대시기를 배경으로 하면서 장애인이 등장하는 소설작품집이다. 정확하게는 개화기부터 한국전쟁 이전까지의 작품들을 대상으로 한 것이다. 그런데 이 시기의 소설에는 장애인의 형상이 변화하는 것을 볼 수 있다. 예를 들면 개화기에 나온 「소경과 앉은뱅이 문답」이나 「병인간친회록」에 등장하는 장애인들은 이름이 명명되지는 않았지만, 당대의 사회현실을 비판하는 지식인의 목소리가 들어있는 것이 특징이다. 시국사태에 대해 장애인들의 거침없는 세태비판을 통해 사욕에 눈먼이들에게 일침을 놓을 정도로 세상 돌아가는 것을 잘 알고 있는 사람들로 설정되어 있다. 그러나 일제강점기에는 일제의 탄압이 강해진 영향 때문인지, 비판의 목소리는 약해지고 장애의 문제도 점점 학대와 축출의 이미지로 그려진다. 그래서 장애인들은 대부분 하층민으로 어렵고 힘들게 살아가는 모습으로 그려져 있다.

그러나 한편으로는 장애인들도 나름대로 자신의 주어진 삶을 충실히 살아간 것으로 묘사된다. 예를 들면 「천치? 천재?」에 나오는 칠성이는 지능이 낮고 하는 행동도 엉뚱하고 이상해서 홀어머니의 걱정을 사는 아이로 나오지만, 칠성이 자체로는 호기심 많고 순수성도 지닌 존재였다. 보통 아이들보다 궁금하면 참지 못하고 무언가에 집중하면 남들보다 뛰어난 능력을 보였던 것이다. 「누님」에 나오는 남순은 어린 시절 눈에 화살을 맞고 애꾸눈이 되자 학교에서 쫓겨나 제대로 된 교육을 받지 못한다. 게다가 결혼도 자신의 의사와는 상관없이 나이 많은 사람과 해야 했고, 결혼 후 얼마 안 가서는 시어머니와 남편의 학대를 받으며 쫓겨난다. 그러나 친정에 돌아온 뒤에는 자신이 할 수 있는 일을 찾아 단순노동이나 부엌데기 노릇을 하는 등 점점 자아를 찾아 세상에 나가 홀로서기를 한다. 「지하촌」의 칠성도 병치료를 잘못해 걸음걸이가 불편한 지체장애인이었지만, 홀로 농사를 짓는 어머니를 걱정하며 동냥으로 얻어온 것들로 가난한 살림에 보태려고 애쓴 인물로 그려져 있다. 이처럼 근대 장애인들의 모습에는 가난한 환경 속에서도 자신의 역할을 다하려는 긍정적 이미지가 나타난다.

이 책에 대한 구상은 2016년 5월 즈음에 시작되었다. 당시에는 장애인들의 삶이 얼마나 잘 들어있는지를 분석한 평론집 형태로, 장애 유형과 작품의 주제에 따라 분석하면서 주요 내용을 소개해보자는 것이었다. 그러나 다시 원점에서 책의 기획과 구성안을 생각하기로 했다. 자세히 분석한 평론집도 좋지만, 문제는 우리의 기대나 포부와는 다르게 대중들은 묵직한 주제로 훈계나 가르침을 받는 것을 좋아하지 않는다는 점이다. 오히려 장애를 소재로 했거나 장애인이 등장하는 작품이 무엇이 있으며, 왜 주목해야 하는지, 그 내용은 어떤 것인지를 알리는 것만으로도 충분히 의의가 있다고 생각했다. 그리하여 장애인이 등장하는 소설을 선택하여 간략한 소개와 함께 원전을 그대로 읽어보는 작품집으로 바뀌게 되었다.

또한 본문의 형식을 작품을 시대별로 배열한 뒤, 작품소개와 본문, 생각해볼 문제 등으로 구성하였다. 먼저 작품소개에서는 작가와 작품의 발표 시기 등을 중심으로 간략히 제시한 뒤, 줄거리와 작품의 주제, 의의 등을 장애의 관점에서 소개하였다. 그런 다음 본문에서는 원전의 내용을 다 싣되, 내용의 이해를 돕기 위해 원전에 없는 소제목을 달고 현대어로 고쳐 표기하였다. 마지막으로 생각해 볼 문제는 한 작품이 끝날 때마다 작품 속 내용을 질문과 대답형식으로 구성하여 장애의 관점에서 작품을 더 깊이 이해할 수 있도록 하였다. 그리하여 근대시기에 장애인의 삶은 어떤 모습으로 변화해 가는지 문학작품을 통해 살펴볼 수 있도록 하였고, 작품전체를 흥미로우면서도 입체적으로 감상할 수 있게 하는 데 주력하였다.

이 책의 필자들은 오래전부터 우리 역사와 문화, 소외계층에 대해 관심을 갖고 있었던 사람들이다. 매주 토요일에 모여 함께 공부하며 다양한 문제에 대해 끊임없이 토론해왔는데, 그 과정에서 우리 자신과 이웃에 대한 관심을 갖게 되었다. 이와 같은 결과물을 낼 수 있었던 것도 개인의 즐거움보다 타인의 고통을 이해하고자 하는 마음이 있었기 때문일 것이다.

오늘날 장애인차별금지법이나 장애인인권교육 등이 널리 행해지고 있지만, 비장애인들은 그것이 왜 필요한지조차 관심을 두려 하지 않는다. 단지 이해관계가 있는 사람들이 법이나 사회제도의 테두리 안에서 권리를 주장하고 문제를 해결하기 때문이다. 그런 의미에서 이 책은 장애에 대해 이해하고 관심을 갖고자 하는 이들에게 쉽게 접근할 수 있는 교재나 강연 자료로 활용할 수 있을 것이다. 무엇보다 소설을 통해 장애인이나 비장애인들이 함께 이해하고 공감할 수 있다는 점이 가장 큰 장점이라 생각한다.

이 책은 여기저기 흩어져 있는 장애인 등장 소설작품들을 유형화 해놓는 것만으로도 충분히 의의가 있다고 본다. 또한 서사 형식의 작품은 처음부터 끝까지 내용을 읽어보아야 그 의미를 이해할 수 있다. 독자들도 문학작품을 통해 장애를 이해해보길 바란다.

2025년 07월
엮은이 일동

 차례

◆ 근대 장애인의 문학적 초상

1장. 돈보다 못한 여인의 인생: 계용묵의 「백치 아다다」 12

2장. 애꾸눈 누님의 홀로서기: 김소엽의 「누님」 34

3장. 문둥이 남편을 둔 아내의 고충: 김정한의 「옥심이」 60

4장. 이기심에 밀려난 문둥이 엄마의 비극: 김동리의 「바위」 99

5장. 여자로 인정받지 못한 언청이 아낙: 주요섭의 「추물」 113

6장. 근대 시각장애인 학교의 실상: 엄흥섭의 「실명」 139

7장. 장애의 대물림을 끊기 위한 슬픈 이별: 계용묵의 「캉가루의 조상이」 193

8장. 절름발이 소녀의 성장통: 박태원의 「사계와 남매」 217

참고문헌 297

1장.

돈보다 못한 여인의 인생: 계용묵의 「백치 아다다」

「백치 아다다」는 계용묵(1904~1961, 본명은 하태용)이 1935년 5월 『조선문단』에 발표한 단편소설로, 지적장애인인 아다다의 심리 상태와 심경변화를 세밀하게 드러낸 것이 특징이다. 계용묵은 돈 때문에 비극적인 죽음을 당한 아다다의 최후를 통해 물질만능 풍조가 만연한 당시 사회를 비판하고자 했다.

아다다는 집안에서 가족들에게 학대받는 지적장애인이다. 사실 아다다는 5년 전에 시집을 갔었는데, 그녀의 혼수로 가져간 논 한 마지기 덕분에 시집에서 행복하게 살았지만 남편이 첩을 얻자마자 친정으로 쫓겨난 쓰라린 경험이 있었다. 그 후 아다다는 집안에서 애물단지 취급을 받으며 학대받는다. 다만 유일하게 자신을 위로해주는 수룡이에게 찾아가며 의지할 뿐이다. 마음이 통한 둘은 마침내 부부가 되어 신미도로 떠나 살고자 한다. 그런데 아다다는 수룡이가 모아온 돈으로 농사를 지을 땅을 살 것이라는 계획을 듣고, 또다시 전처럼 쫓겨날까 봐 두려워한다. 결국 아다다는 새벽에 몰래 수룡이가 평생 동안 모아온 돈을 바닷물에 던져버리고, 뒤쫓아 온 수룡은 격분한 나머지 아다다를 바다에 빠뜨린다.

　아다다는 의사소통도 제대로 못하고 집안일도 의도와 다르게 망치기 일쑤였지만, 때 묻지 않은 순수한 마음을 지니고 있었다. 그러나 주변 사람들은 아다다가 지적장애인이라는 것을 알고도 도와주거나 배려하지 않았고, 결국 아다다는 돈이 불행의 원인이라고 생각할 수밖에 없게 되었다. 때문에 아다다는 사랑하는 사람과 함께 섬으로 떠났지만, 사랑하는 사람에 의해 내던져지는 파멸적인 비극을 맞이하게 된다.

　본문은 원작을 토대로 일부 어려운 낱말을 현대어로 풀이하였다. 또한 이야기의 흐름이 바뀔 때마다 단락을 나누고 단락의 중심 내용을 소제목으로 달았다.

동이그릇보다 못한 아다다

질그릇이 땅에 부딪치는 소리가 났다고 들렸는데 마당엔 아무도 없다.

부엌에 쥐가 들었나? 샛문을 열어보려니까,

"아 아아 아이 아아 아야!"

하는 소리가 두란 곁으로 들려온다. 샛문을 열려던 박씨는 뒷문을 밀었다.

장독대 밑, 비스듬한 켠 아래, 아다다가 입을 헤벌이고 납작하니 엎더져 두 다리만을 힘없이 버지럭거리고 있다. 마치 삼복허리의 개구리가 물 위에 둥둥 떠서 서퇴나 하듯 그리고 머리 편으로 한 발쯤 나가선 깨어진 동이 조각이 질서 없이 너저분하게 된장 속에 묻혀 있다.

"아이구메나! 무슨 소린가 했드니 이년이 동이를 또 잡았구나! 이년아, 너더러 된장 푸래든! 푸래?"

그는 딸이 어딘가 다쳤는지 일어나지도 못하고 아파하는 데는 동정심보다 깨어진 동이만이 아깝게 눈에 보였던 것이다.

"어어마! 아다아다 아다 아다다다……."

모닥불을 뒤집어쓰는 듯한 끔찍한 어머니의 음성을 또다시 듣게 되는 아다다는 겁에 질려 얼굴에 시퍼런 물이 돌며 넘어진 연유를 말하여 용서를 빌려는 기색이나 말이 되지를 않아 안타까워한다.

아다다는 벙어리였던 것이다. 말을 하랄 때에는 한다는 것이 아다다 소리만이 연거퍼 나왔다. 어찌어찌 가다가 말이 한마디씩 제법 되어 나오는 적도 있었으나 그것은 쉬운 말에 그치고 만다.

그래서 이것을 조롱 삼아 확실이라는 뚜렷한 이름이 있음에도 불구하고, 누구나 그를 부르는 이름은 아다다였다. 그리하여 이것이 자연히 이름으로 굳어져 그 부모네까지도 그렇게 부르게 되었거니와 그 자신조차도 '아다다' 하고 부르면 마땅히 들을 이름인 듯이 대답을 했다.

"이년까타나 끝이 세누나! 시집을 못 가갔으면 오늘은 어디든지 나가서 뒈지고 말어라, 이년아! 이년아!"

어머니는 눈알을 가로세워 날카롭게도 흰자위만으로 흘기며 성큼 문을 넘어선다.

아다다는 어머니의 손길이 또 자기의 끝채('머리채'의 평북방언)를 감아쥘 것을 연상하고 몸을 겨우 뒤채 비꼬아 일어서서 절룩절룩 굴통('굴뚝'의 방언) 모퉁이로 피해 가며 어쩔 줄을 모르고 일변 고개를 좌우로 돌려 살피며 아연하게도

"아다 어 어마! 아다 어마 아다다다다다!"

하고 부르짖는다. 다시는 일을 아니 저지르겠다는 듯 그리고 한번만 용서를 하여 달라는 듯싶게.

그러나 사정을 모르는 체 기어코 쫓아간 어머니는,

"이년! 어서 뒈저라. 뒈지기 싫건 시집으로 당장 가거라. 못 갈 텐?……"

그리고 주먹을 귀 뒤에 넌지시 얼메고 마주선다.

순간 주먹이 떨어지면? 하는 두려운 생각에 오싹하고 끼치는 소름이 튀해논 닭같이 전신에 돋아나는 것을 느끼는 찰나, '턱' 하고 마침내 떨어지는 주먹은 어느새 끝채를 감아쥐고 갈지자(之)로 흔들어 낸다.

"아다 어어 어마! 아 아고 어 어마!"

아다다는 떨며 빌며 손을 묻다.

그러나 소용이 없다. 한번 손을 댄 어머니는 그저 죽어 싸다는 듯이 자꾸만 흔들어 낸다.

하니 그렇지 않아도 가꾸지 못한 텁수룩한 머리는 물결처럼 흔들리며 구름같이 피어나선 엉클어진다.

그러나 아다다는 그저 빌 뿐이요 조금도 반항하려고는 않는다. 한대야 그것은 도리어 매까지 사는 것이 됨을 아는 것이다. 그는 거의 날마다 이런 일을 당해보는 것이기 때문에.

집의 일이 아무리 꼬여 돌아가더라도 나 모른 체 손 싸매고 들어앉았으면 오히려 이런 봉변을 아니 당할 것이 가만히 앉았지는 못했다.

선천적으로 타고난 천치에 가까운 그의 성격은 무엇엔지 힘에 맞추는 노력이 있어야 만족을 얻는 듯했다. 시키건 안 시키건 헐하나 힘차나 가리는 법이 없이 하여야 될 일로 눈에 뜨이기만 하면 몸을 아끼는 일이 없이 하는 것이 그였다. 그래서 집안의 모든 고된 일은 아다다가 실로 혼자서 치워놓게 된다.

그러나 어머니는 그것이 반갑지 않았다. 둔한 지혜로 차부('채비'의 평북방언) 없이 뼈가 부러지도록 몸을 돌보지 않고 일종 모험에 가까운 짓을 하게 되므로, 그 반면에 따르는 실수가 되려 일을 저질러 놓게 되어 그릇 같은 것을 부서 먹는 일은 거의 날마다 있다 하여도 옳을 정도로 있었다.

그래도, 아다다의 힘을 빌지 않고는 집안일을 못 치겠다면 모르지만, 그는 참례를 하지 않아도 막사리가 차근차근이 다 해줄 일을 쓸데없이 가로맡아선 일을 저질러 놓고 마는데 그 어머니는 속이 상하는 것이다.

본시 시집을 보내기 전에도 그 버릇은 지금이나 다름이 없어 벙어리인데다 행동까지 그러하였으므로 내용 아는 인근에서는 그를 얻어 가려는 사람이 없어 열아홉 고개를 넘기도록 채 묻어두고 속을 태우다 못해 깃부로 논 한 섬지기를 처녀의 똥 치듯 치워 버렸던 것이 그만 5년 만에 다시 쫓겨와 시집에는 아예 갈 생각도 아니하고 하루 같은 심화를 울렸다. 그래서, 어머니는 역겨운 마음에 아다다가 실수를 할 때마다 주릿대를 내리고 참례를 말라건만 그는 참는다는 것이 그 당시뿐이요 남이 일을 하는 것을 보면 속이 쏘는 듯이 슬근이 나와서 곁을 슬슬 돌다가는 손을 대고 마는 것이다.

바로 사흘 전엔 가도 무녕웜을 할 때, 활작 달은 솥뚜껑을 차부 없이 맨손으로 열다가 뜨거움을 참지 못해 되는 대로 집어 엎는 바람에 자배기를 하나 깨쳐서 욕, 매를 한 모태('바탕'의 평북방언) 겪고 났었건만 어제 저녁 막서리 색시더러 오늘은 묵은 된장을 옮겨 담아야 되겠다고 이르는 말을 어느 겨를에 들었던지 아다다는 아침밥이 끝나자 어느새 또다시 나가서 혼자 된장을 퍼 나르다가 그만 또 실수를 한 것이었다.

"못 가겐? 시집이! 못 가겐? 이년! 못 갈템 죽어라!"

붙잡았던 머리를 힘차게 휙 두르며 밀치는 바람에 손을 감겼던 머리카락이 끊어지는지 빠지는지 무뚝 묻어나며 아다다는 비칠비칠 세네 걸음 물러난다.

순간 아찔해진 아다다는 넘어지지 않으려고 애써 버지럭거리며 벋히는 다리에 겨우 진정을 얻어 세우자,

"아다 어마 아다 어마 아다 아다!"

하고, 다시 달려들듯이 눈을 홀기고 섰는 어머니를 향하여 눈

물 긍정한 눈을 끔벅 한번 감아 보이고 그리고 북쪽을 손가락질하여, 어머니의 말대로 시집으로 가든지 그렇지 않으면 죽어라도 버리겠다는 뜻으로 고개를 주억이며 겁에 질려 어쩔 줄을 모르고 허청허청 대문 밖으로 몸을 이끌어냈다.

나오기는 나왔으나 갈 곳이 없는 아다다는 마당귀를 돌아서선 발길을 더 내놓지 못하고 우뚝 섰다.

시집으로 간다고는 하였으나 아무리 생각해도 남편의 매는 어머니의 그것보다 무섭다. 그러면 다시 집으로 돌아가나 이번에는 외상없는 매가 떨어질 것 같다. 어디로 가나? 갈 곳 없는 갈 곳을 짜보니 눈물 주는 위로밖에 쓸데없는 5년 전 그 시집이 참을 수 없이 그립다.

―치울세라 더울세라 힘이 들까 고단할까 알뜰살뜰이 어루만져 주던 시부모. 밤이면 품속에 꼭 껴안아 피로를 풀어 주던 남편. 아! 얼마나 시집에서는 자기를 위하여 정성을 다하던 것인고?

아다다의 시집살이

참으로 아다다가 처음 시집을 가서의 5년 동안은 온 집안의 사랑을 한 몸에 받아 왔던 것이 사실이다.

벙어리라는 조건이 귀에 들어맞는 것이 아니었으나 백 원 이상의 돈으로 아내를 사지 아니하고는 얻어 볼 수 없는 처지에서 스물여덟 살에 아직 장가를 못 들고 있는 신세로 목구멍조차 치기 어려운 형세이었는지라 아내를 얻게 되기에 여유를 기다리기까지에는 너무도 막연한 앞날이었음에 벙어리나 일생을 먹여줄 것까지 가지고 온다는 데 귀가 번쩍 띄어 그 자리를 아시울까 두렵게 혼사를 지었던 것이니 그를 위해서 먹고 살게 되는 시집에서는 아다다를 아니 위할 수가 없었던 것이다. 그러한 가운데 또한 아다다는 못하는 일이 없이 일 잘하고 고분고분 말 잘 듣고 조금도 말썽을 부리는 법이 없었다. 하니 생활고가 주든 역겸이 쓸데없이 서로 눈떡을 짓게 하여 불쾌한 말만으로 큰 소리가 끊일 새 없이 오고 가던 가족은 일시에 봄비를 맞은 동산같이 화락의 웃음에 꽃이 피었다.

원래 바른 사람이 못 되는 아다다에게는 실수가 없는 것이 아니었으나 그로 위해서 밥을 먹게 되는 시집에서는 조금도 역겁게 안 여겼고 되려 위로를 하고 허물을 감추기에 서로 애를 썼다.

여기에 아다다가 비로소 인생의 행복을 느끼여, 시집가기 전 지난날 어머니 아버지로 쓸데없는 자식이라는 구실 하에 아니 되려 가문을 더럽히는 악회 자식이라는 데서 사람으로서의 푼수에도 넣어 주지 않고 박대하던 일을 생각하여 어머니 아버지를 원망하는 나머지 명절 목이나 제 때이면 시집에서는 그렇게 가보라는 친정이었건만 악물고 가지 않고, 행복 속에 묻혀 살던 지나간 그날이 아니 그리울 수가 없을 게다.

그러나 그날은 안타깝게도 다시 못 올 영원한 꿈나라에 흘러가고 말았다.

해를 거듭하며 생활의 밑바닥에 깔아 놓았던 한 섬지기라는 걸금이 차츰 그들을 여유한 생활에로 이끌어 몇 백 원 돈이 눈앞에 굴게 되니 까닭 없이 남편 되는 사람은 벙어리로서의 아내가 미워졌다.

조그만 실수가 있어도 눈을 흘겼다. 그리고 매를 때렸다. 이 사실을 아는 아버지는 그것을 들어오는 복을 처 버리는 짓이라고 타이르나, 듣지 않았다. 그리하여, 부자간에 충돌이 때로는 일어났다. 이럴 때마다 아버지에게는 감히 하고 싶은 행동을 못 하는 아들은 그 분을 아내에게로 돌려 풀었다.

"이년, 보기 싫다! 네 집으로 가거라."

그리고 다음에 따르는 것은 매였다. 그러나 아다다는 참아 가며 아내로서의 그리고 며느리로서의 임무를 다했다.

이것이 시부모로 하여금 더욱 아다다를 귀엽게 만드는 것이어서 아버지에게서는 움직일 수 없는 며느리인 것을 깨닫게 된 그는 가정적으로 불만을 느끼어 한 해의 농사를 지은 추수를 몽땅 팔아 가지고 집을 떠나 맘의 위안을 찾아 주색에 그 돈을 다 탕진하고 물거품 같이 밀려 돌다가 동무들과 짝지어 안동현(安東縣)으로 건너갔다.

그리하여 이 투기적인 도시에 무젖어 노동의 힘으로 본전을 얻어선 '양화'와 '온떼루'에 투기하여 황금을 꿈꾸어 오던 것이 기적적으로 맞아나기 시작하여 이태 만에는 2만 원에 가까운 돈을 손에 쥐고 완전한 아내로서의 알뜰한 사랑에 주렸던 그는 돈에 따르는 무수한 여자 가운데에서 마음대로 흡족히 골라 가지고 집으로 돌아왔다.

그리고는 새로운 살림을 꿈꾸는 일변 새로이 가옥을 건축함과 동시에 아다다를 학대함이 전에 비할 정도가 아니었다. 이에는 그 아버지도 명민하고 인자한 남부끄럽지 않은 버젓한 새 며느리에게 마음이 쏠리는 나머지 이미 생활은 걱정이 없이 되었으니 아다다의 깃부로서가 아니라도 유족할 앞날의 생활을 내다볼 때 아들로서의 아다다에게 대하는 태도에 소모도 마음에 걸리는 것이 없었다. 그리하여, 시부모의 눈에서까지 벗어나게 된 아다다는 호소할 곳조차 없는 사정에 눈감은 남편의 매를 견디다 못해 집으로 쫓겨 오게 되었던 것이니, 생각만 하여도 옛 매자리가 아픈 그 시집은 죽으면 죽었지 다시는 찾아갈 생각은 없었던 것이다.

그래서 집에 있게 되니 그것보다는 좀 헐할망정 어머니의 매도 결코 견디기에 족한 것이 아니다. 아니 그것도 차차 심해만 오는 것이 아닌가. 오늘도 조그마한 반항만 있었던들 어김없이 매는 맞고야 말았을 것이다.

수룡이에게 위로받다

그러니 어디로 가나? 아무리 생각을 해 보아야 그저 이 세상에서는 수룡이네 집밖에 또 찾아갈 곳이 없었다.

수룡은 부모 동생조차 없는 삼십이 넘은 총각으로 누구보다도 자기를 사랑하여 준다고 믿는 단 한 사람으로 쫓기어날 때마다 그를 찾아가선 맘의 위안을 얻어 오던 것이다.

아다다는 문득 발걸음을 떼어 아지랑이 어른거리는 마을 끝 산턱 아래 떨어져 박힌 한 채의 오막살이를 향하여 마당귀를 꺾어 돌았다.

수룡은 벌써 1년 전부터 아다다를 꼬여 온다. 시집에서까지 쫓겨난 벙어리나 김초시의 딸이라 스스로도 낮추어 보여지는 자신으로서는 거연이 염을 못내 뜻 있는 마음을 속으로 고여 가며 눈치를 보아 오던 것이 눈치에서보다는 베풀어진 동정이 마침내 아다다의 마음을 사게 된 것이었다.

아이들은 아다다를 보기만 하면 따라다니며 놀렸다. 아니, 어른까지라도 '아다다, 아다다' 하고 골을 올려서 분하나 말을 못 하고 이상한 헤능을 하며 두덜거리는 것을 보므로 행복을 느끼는 듯이 손뼉을 치며 웃곤 했다.

그래서 아다다는 사람을 싫어했다. 집에 있으면 어머니의 욕과 매, 밖에 나오면 뭇 사람들의 놀림, 그러나 수룡이만은 자기를 사랑하는 것이었다. 아이들이 따라다닐 때에도 남 아니 말려 주는 것을 그는 말려 주고 그리고 에여 터질 듯한 심정을 풀어 주는 것이었다.

그리하여 아다다는 마음이 불편할 때마다 수룡을 생각해 오던 것이 얼마 전부터는 찾아다니게까지 되어 동내의 눈치에도 어느덧 오른 지가 오래였다.

그러나 아다다의 집에서도 그 아버지만이 지처를 가지기 위하여 깔맵게 아다다의 행동을 경계하는 듯하고 그 어머니는 도리어 수룡이와 배가 맞아서 자기의 눈앞에 보이지 아니하고, 어디로든지 달아났으면 하는 눈치를 알게 된 수룡이는 지금에 와서는 어느 정도까지 내어놓다시피 그를 사귀어 온다.

지금도 아다다가 자기를 찾아오는 것을 본 수룡이는 반갑게 나가서 그를 맞아드렸다.

그리고는 쫓기여 난 이유를 낱낱이 묻고 한 바탕 위로를 하고 나서

"이제는 아야, 다시는 집으로 가지 말고 나하고 둘이서 있어, 응?"

그리고 의미 있는 웃음을 벙긋벙긋 웃으며 등을 척척 뚜드려 달랬다. 오늘은 어떻게 해서든지 자기의 것을 영원히 만들어 보고 싶은 생각이 불탔던 것이다.

그러나 아다다는

"아다 무 무서! 아바 무서! 아다다다!"
하고 그렇게 한다면 큰일 난다는 듯이 눈을 둥그렇게 뜬다.

집에서 학대를 받고 있느니보다는 수롱의 사랑 밑에서 살았으면 오죽이나 행복되랴! 다시 집으로는 아니 들어가리라는 생각이 없었던 바도 아니었으나 정작 이런 말을 듣고 보니 무엇엔지 차마 허하지 못할 것이 있는 것 같고 그렇지 않은지라 눈을 부릅뜨고 수롱이한테 다니지 말라는 아버지의 말이 연상될 때 어떻게도 그 말은 엄한 것이었다.

그러나 방금 쫓겨난 몸이 아닌가. 갈 곳은 어딘고? 다시 생각을 더듬어 보니 먼저 한 말이 후회스럽기도 했다. 생각할수록 어머니의 매는 견딜 수 없이 아파 아버지의 그 눈총보다도 몇 배나 더한층 두려우므로 나타났던 것이다.

"응, 아다 이 이 이서이서, 아다아다."

아다다는 급하게도 갑작이 태도를 고치여 있겠다는 뜻으로 옷을 톡톡 뚜드려 보인다.

"그래, 정 있어야 돼, 응?"

"응, 이서이서 아다 아다!"

"정말이야?"

"으응 저 정 아다아다!"

단단히 강문을 받고 난 수롱이는 은근히 솟아나는 미소를 금할 길이 없었다.

벙어리인 아다다가 흡족할 이치는 없었지만, 돈으로 사지 아니하고는 아내라는 것을 얻어 볼 수 없는 처지라. 그저 생기는 아내는 벙어리였어도 족했다. 그저 일이나 도와주고 아들딸이나 낳아주었으면 자기는 게서 더 바랄 것이 없었다. 아내를 얻으려고 10여 년 동안을 불피풍우 품을 팔아 궤 속에 꽁꽁 묶어 둔 1백 50원이란 돈이 지금에 와서는, 아내 하나를 얻기에 그리 부족할 것은 아니나, 장가를 들지 아니하고 아다다를 꾀어 온 이유는 아다다를 꿈으로 돈을 남겨서 그 돈으로 가정의 마루를 얹자는 데서였던 것이니 이제 계획이 은근히 성공에 가까워옴에 자기도 남과 같이 가정을 이루어 보누나 하니 바라지도 못하였던 인생의 행복이(그는 이것으로 무상의 행복이라 아름) 자기에게도 이제 찾아오는 것 같았던 것이다.

그날 밤을 수룡의 품안에서 자고 난 아다다는 이미 수룡의 아내 되기에 수줍음조차 잊었다. 아니 집에서 자리를 받들어 들인다 하더라도 수룡을 떨어져서는 살 수 없으리만큼 마음은 굳어졌다. 수룡이가 주는 사랑은 자기로서는 더 찾을 수 없는 행복이라 느끼었던 것이다.

그러나 영원한 행복을 위하여 이 자리에 그대로 밖에서는 누릴 수 없을 것이 다음에 남은 근심이었다. 수룡이와 사름에는 첫째 아버지가 허하지 않을 것이요 동내 사람도 부끄럽지 않은 노릇은 아니다. 이것은 수룡이도 아니 근심할 수 없는 것으로 밤새도록 의논을 하여 오던 것이나 동내를 피하여 낯모르는 곳으로 감쪽같이 달아나는 수밖에는 없었다.

사랑의 도피를 떠나다

그들은 예식 없는 가약을 서로 맹세하고 그날 밤으로 그 마을을 떠나 S라는 섬으로 흘러가서 그곳에 안주를 정하였다. 그러나 생소한 곳이므로 직업을 찾을 길이 없었다. 고기를 잡아먹고 사는 섬이라 뱃놀음을 하는 것이 제 길이었으나 이것은 아다다가 한사코 말렸다. 몇 해 전에 자기 동내에서도 농터를 잃은 몇 사람이 이 섬으로 들어와 첫 배를 타다가 그만 풍랑에 몰살을 당하고 만 일이 있었던 것을 잊지 못하는 때문이었다.

그렇지 않은지라 수롱이조차도 배에는 마음이 없는 것이었다. 섬으로 왔다고는 하지만 땅을 파서 먹는 것이 조마구 뺄 때부터 길러 온 습관이요 손익은 일이었기 때문에 그저 그 노릇만이 그리웠다.

그리하여, 있는 돈으로 어떻게, 밭날가리나 사서 조 같은 것이나 심어 가지로 겨울의 불목이와 양식을 대이게 하고 짬짬이 조개나 굴, 낙지 같은 것을 캐어서 그날그날을 살아갔으면 그것이 더할 수 없는 행복일 것만 같았다.

그렇지 않아도 삼십 반생에 자기의 소유라고는 손바닥만 한 것조차 없어 어떻게도 몽매에 그리던 땅인가. 완전한 아내를 사지 아니하고 아다다를 꾀어 온 것도 이 소유욕에서였던 것이니 아내가 얻어진 이제 비록 많지는 않은 땅이나마 가져 보고 싶은 마음도 간절하였거니와 또는 그만한 소유를 가지는 것이 자기에게 향한 아다다의 마음을 더욱 굳게 하는 데도 보다 더한 수단일 것 같았기 때문이다.

한데다 본시 뱃놀음판인 섬인데 작년에 놀구지가 잘 되었다 하여 금년에 와서 더욱 시세를 잃은 땅은 비록 때가 기경시라 하더라도 용이히 살 수까지 있는 형편이었으므로 그렇게 하리라 일단 마음을 정하니 자기도 땅을 마침내 가져 보누나 하는 생각에 더할 수 없는 행복을 느끼며 아다다에게도 이 계획을 말하였다.

"우리 밭을 한 뙈기 사자. 그래두 농사를 하야 사람 사는 것

같이. 내가 전답을 살라고 묶어 둔 돈이 있거던!"
 하고 수룡이는 봐라하는 듯이 실겅(그릇을 얹어 놓는 부엌 선반의 사투리) 위에 얹힌 석유통 궤 속에서 지전 뭉치를 뒤져 내더니 손끝에다 침을 발라 가며 펄닥펄닥 뒤에 보인다.
 그러나 그 돈을 본 아다다는 갑자기 화기가 줄어든다.
 수룡이는 이상했다. 기꺼워할 줄 알았던 아다다가 도리어 화기를 잃은 것이다. 돈이 있다니 많은 줄 알았다가 기대에 틀림으로써인가?
 "이봐! 그래뵈두 1천 5백 냥(일백오십 원)이야. 지금 시세에 2천 평은 한참 놀다가두 떡 먹두룩 살 건데!"
 그러나 아다다는 아무 대답이 없다. 무엇 때문엔지 수심의 빛까지 보이는 것이 아닌가.
 "아니 밭이 2천 평이문 조를 심는다 하구 잘만 가꿔 봐. 조가 열 섬에 조 짚이 백여 목 날 테야. 그래, 이걸 가지구 겨울 한동안이야 못살아? 그리구 둘이 맞붙어 몇 해만 벌어 봐. 그 적엔 논이 또 나오는 거야. 이건 괴니 생……."
 아다다는 말없이 머리를 흔든다.
 "아니, 내레 이게, 거즈뿌렁이야? 아 열 섬이 못 나?"
 아다다는 그래도 머리를 흔든다.
 "아니, 고롬 밭은 싫단 말인가?"
 비로소 아다다는 그렇다는 듯이 머리를 주억거린다.
 아다다는 돈이 있다 해도 실로 그렇게 많은 줄은 몰랐다. 그래서 그 많은 돈으로 밭을 산다는 소리에 지금까지 꿈꾸어 오던 모든 행복이 여지없이도 일시에 깨어지는 것만 같았던 것이다. 돈으로 인해서 그렇게 행복할 수 있던 자기의 신세는 남편(전남편)의 마음을 악하게 만듦으로, 그리고, 시부모의 눈까지 가리는 것이 되어 필야엔 쫓겨나지 아니치 못하게 되던 일을 생각하면, 돈 소리만 므르도 마음은 좋지 않던 것인데, 이제 한 푼 없는 알몸인 줄 알았던 수룡이에게도 그렇게 많은 돈이어서 그것으로 밭을 산다고 기꺼워하는 것을 볼 때 그 돈의 밑천은 장내 자기에서 행복을 가져다주리람보다는 몽둥이를 벼리는 데 지나지 못하는 것 같았고, 밭에다 조를 심는다는 것은 불행의 씨를 심는 것만 같았기 때문이다.

아다다는 그저 섬으로 왔거니 조개나, 굴 같은 것을 캐어서 그날그날을 살아가야 할 것만이 수룡의 사랑을 받는 데 더할 수 없는 살림인 줄만 안다. 그래서, 이러한 살림이 얼마나 즐거우랴! 혼자 속으로 축복을 하며 수룡을 위하여 일층 벌기에 힘을 써야 할 것을 생각해 오던 것이다.

"고롬 논을 사자나? 밭이 싫으문—."

수룡은 아다다의 의견이 알고 싶어 이렇게 또 물었다.

아다다는 그냥 고개를 주억여 버렸다. 논을 산대도 그것은 딱 같은 불행을 사는 데 있을 것이다. 돈은 있는 이상 어느 것이든지 간 사기는 사고야 말 남편의 심사이었음에 머리를 흔들어 댔자 소용이 없을 것이므로 그 근본 불행은 돈에 있는 것이니 돈을 어찌할 수 없는 이상엔 잠시라도 남편의 마음을 거슬림으로 불쾌하게 할 필요는 없다고 아는 때문이었다.

"흥! 논이 좋은 줄은 너두 아누나! 그러나 어려운 놈께 밭이 논보다 나았지 나아—."

하고 수룡이는 기어이 밭을 사기로 그 달음에 거간을 내놓았다.

아다다의 비극적인 죽음

그날 밤—

아다다는 자리에 누웠으나 잠이 오지 않았다. 남편은 아무런 근심도 없는 듯이 세상모르고 씩씩 아침부터 자내건만, 아다다는 그저 그 돈 생각을 하면 장차 닥쳐올 불길한 예감에 잠을 이룰 수가 없었다. 이불을 붙안고 밤새도록 쥐어뜯으며 아무리 생각을 해야 그 돈을 그대로 두고는 수롱의 사랑 밑에서 영원한 행복을 누릴 수 있으리라고는 믿어지지 않았다.

짧은 봄밤은 어느덧 새어, '꼬끼요, 꼬끼요' 하고 새벽을 알리는 닭의 울음소리가 사방에서 처량히 들려온다.

아다다는 밤이 벌써 새누나 하니, 마음은 더욱 조급하게 탔다. 이 밤으로 그 돈에 대한 처사를 정하지 못하는 한, 내일은 그테 거간이 홍정을 하여 가지고 올 것이다. 그러면 그 밭에서 나는 곡식은 해마다 돈을 불려 줄 것이다. 그때면 남편은 늘어가는 돈에 따라 차차 눈은 어둡게 되어 점점 정은 멀어만 가게 될 것이다. 그 다음에는?

그 다음에는 더 생각하기조차 무서웠다.

닭의 울음소리에 따라 날은 자꾸만 밝아 온다. 바라보니 어느덧 창은 희끄스름하게 비친다. 아다다는 더 누워 있을 수가 없었다. 옆에 누운 남편을 지그시 팔로 밀어 보았다. 그러나 움직이지도 않는다. 그래도 못 믿기는 무엇이 있는 듯이 남편의 코에다 가까이 귀를 가져다 대고 숨소리를 엿들었다. 씨근씨근 아직도 잠은 분명히 깨지 않고 있다. 아다다는 살근이 이불 속을 새어 나왔다. 그리고 실경 위의 석유통을 휩쓸어 그 속에다 손을 넣었다. 그리하여 마침내 지전뭉치를 더듬어서 손에 쥐고는 조심조심 발자국 소리를 죽여 가며 살근이 문을 열고 부엌으로 내려갔다.

그리고는 일찍이 아침을 지어먹고 나무새끼를 뽑으러 간다고 바구니를 끼고 바닷가로 나섰다. 아무도 보지 못하게 깊은 물속에다 그 돈을 던져 버리자는 것이다.

솟아오르는 아침 햇살을 받아 붉게 물들며 잔뜩 밀린 조수는 거품을 부글부글 토하며 바람결조차 철썩철썩 해안을 부딪친다.

아다다는 바구니를 내려놓고 허리춤 속에서 지전뭉치를 쉬서 드렸다. 그리고는 몇 겹이나 쌌는지 알 수 없는 헝겊 조각을 둘둘 풀었다. 헤집으니 1원짜리, 5원짜리, 10원짜리 무수한 관 쓴 영감들이 '나를 박대해서는 아니 된다.' 하는 듯이 모두를 바라본다. 그러나, 아다다는 너 같은 것을 버리는 데는 아무런 미련도 없다는 듯이 넘노는 물결 위에다 휙 내어 뿌렸다. 그러나 바람은 지전을 채어가지고 공중으로 올라가 팔랑팔랑 허공에서 재주를 넘어가며 산산이 헤쳐서 멀리 그리고 가깝게 하나씩 하나씩 물위에 떨어져서는 물결 좇아 잠겼다 떴다 소꾸막질을 한다.

어서 물속으로 가라앉든지, 그렇지 않으면 흘러 내려가든지 했으면 하고 아다다는 멀거니 서서 기다리나 너저분하게 물위를 덮은 지전들은 차마 주인의 품을 떠나기가 싫은 듯이 잠겨 버렸는가 하면, 다시 기웃거리며 솟아올라서는 빙글빙글 돈다.

하더니 썰물이 잡히자 불어야 할 수 없는 듯이 슬금슬금 밑이 떨어져 흐르기 시작한다.

아다다는 상쾌하기 그지없었다. 밀려 내려가는 무수한 그

지전들은 자기의 온갖 불행을 모두 거두어 가지고 다시 돌아올 길이 없는 끝없는 한바다로 내려갈 것을 생각할 때 아다다는 춤이라도 출 듯이 기꺼웠다.

그러나 그 돈이 완전히 눈앞에 보이지 않게 흘러 내려가기까지에는 아직도 몇 분 동안을 요하여야 할 것인데 뒤에서 허덕거리는 발자국 소리가 들리길래 돌아다보니 수롱이가 헐떡이며 달려오는 것이 아닌가.

"야! 야! 아다다야! 너, 돈 않 건새핸? 돈, 돈 말이야 돈? ……"

청천에 벽력같은 소리였다.

아다다는 어쩔 줄을 모르고 남편이 이까지 이르지 전에 어서서 물결은 휩쓸려 돈을 몰아 가지고 흘러 버렸으면 하나 물결은 안타깝게도 그닐그닐 한가스레 돈을 이끌고 흐를 뿐, 아다다는 그 돈이 어서 자기의 눈앞에서 자취를 감추어 버리는 것을 보기 위하여 그닐거리고 있는 돈 위에다 쏘아박은 눈을 떼지 못하고 쩔쩔매는 사이에 마침내 달려오게 된 남편의 눈에도 그 돈은 띄고야 말았다.

뜻밖에도 바다 가운데는 무수하게 지전이 널려서 앞서거니, 뒤서거니, 둥둥 떠내려가는 것을 본 수롱이는 아다다에게 그 연유를 물을 겨를도 없이 미친 듯이 옷을 훨훨 벗고 텀버덩 물속으로 뛰어들었다.

그러나 헤엄을 칠 줄 모르는 그는 돈이 엉키어 도는 한복판으로는 들어갈 수가 없었다. 겨우 가슴채기까지 잠기는 깊이에서 더 들어가지 못하고 흘러 내려가는 돈더미를 안타깝게도 바라보며 허우적허우적 달려갔다. 차츰 물결은 휩쓸려 떠내려가는 속력이 빨라진다. 돈들은 수룡이더러 어디 달려와 보라는 듯이 휙휙 숨바꼭질을 하며 흐른다. 그러나 물결이 세어질수록 더욱 걸음발은 자유로 졸릴 수가 없게 된다. 더퍽더퍽 물과 싸움이나 하듯 엎어졌다가는 일어서고 일어섰다가는 다시 엎어지며 달려가나 따를 길이 없다. 그대로 덤비다가는 몸조차 물속으로 휩쓸려 들어갈 것 같아 멀거니 서서 바라보니 벌써 지전 조각들은 가물가물하고 물거품인지 지전인지도 분간할 수 없을리만치 먼 거리에서 흐르고 있다. 그러나 그것도 순간이었다. 눈앞에선 아무것도 모여지는 것이 없다. 휙휙 하고 몰려 내려가는 거품진 물결뿐이다.

수룡이는 마지막으로 돈을 잃고 말았다고 아는 정도의 물결 위에 쏘아진 눈을 돌릴 길이 없이 정신 빠진 사람처럼 그냥그냥 바라보고 섰더니 쏜살같이 언덕 켠으로 달려오자 아무런 말도 없이, 벌벌 떨고 섰는 아다다의 등동을 사정없이 발길로 젂었다.

"흥앗!"

소리가 났다고 아는 순간 철썩 하고 감탕이 사방으로 튀자 보니 벌써 아다다는 해안의 감탕판에 등을 지고 쓰러져 있다.

"이- 이- 이……."

수룡이는 무슨 말인지를 하려고는 하나 너무도 기에 차서 말이 되지 않는 듯 입만 너불거리다가 아다다가 움찍하는 것을 보더니 아직도 살았느냐는 듯이 번개같이 쫓아 내려가 다시 한 번 발길로 제기니 '푹!' 하는 소리와 같이 아다다는 까굽선 언덕을 떨어져 덜덜덜 굴러서 물속에 잠긴다.

한참 만에 보니 아다다는 복판도 한복판으로 밀려가서 솟구어 오르며 두 팔을 물 밖으로 허우적거린다. 그러나 그 물속을 어떻게 헤어나랴! 아다다는 그저 물위를 둘너둘너 굴며 요동을 칠 뿐, 그러나 그것도 일순간이었다. 어느덧 그의 자체는 물속에 사라지고 만다.

주먹을 부르쥔 채 우상같이 서서 굼실거리는 물결만 쏘아본 수룡이는 그 물속에 영원히 잠들려는 아다다를 못 잊어 함인가? 그렇지 않으면 흘러 버린 그 돈이 차마 아까워서인가?

짝을 찾아 도는 갈매기 떼들은 사랑을 위해서 눈물겨운 처참한 인생 비극이 여기에 일어난 줄도 모르고 '끼약끼약' 하며 흥겨운 춤에 훨훨 날아다니는 깃[羽] 치는 소리와 같이 해안의 풍경만 도웁고 있다.

생각해 볼 문제

≪ 왜 아다다는 돈을 바다에 버렸으며, 그녀가 주변 사람들에게 진정으로 원했던 것이 무엇이었을까?

- 아다다는 지적장애인이지만, 돈 때문에 자신의 삶이 불행해졌다고 생각하고 있었다. 첫 시집을 갔을 때에도 남편에게 넉넉한 돈이 생기자 시집에서 쫓겨났었는데, 두 번째로 결혼한 수룡이에게도 많은 돈이 있었다. 결국 아다다는 돈 때문에 수룡이가 변하고 자신이 불행해질 것이라 믿었고, 결국 그 불행의 원인인 돈을 버릴 수밖에 없었다.

사실 아다다가 원한 것은 특별한 것은 아니었다. 그저 주변 사람에게서 사랑을 듬뿍 받으며 하루하루를 행복하게 보내고 싶었다. 전남편이 아다다를 진정으로 사랑하고 아껴줬다면, 아다다는 돈을 불행으로 여기지는 않았을 것이다. 결국 아다다를 죽음으로 이끌게 된 것은 아다다를 대하는 주변 사람들의 태도가 아니었을까 한다.

2장.
애꾸눈 누님의 홀로서기: 김소엽의 「누님」

 단편소설 「누님」은 개성출신의 월북 작가 김소엽(1912~?, 본명은 김병국)이 지은 작품으로, 『조선문학』 6(1936년 11월)에 실렸다. 이 작품은 주인공 '나(태호)'를 통해 사고로 시각장애인이 된 누님의 시련과 고난을 1인칭 관찰자의 시각에서 담담하게 서술하고 있다.

 임종을 앞둔 아버지가 누님인 남순을 찾자, 나는 U읍으로 가서 누님을 데려온다. 어려서 왼쪽 눈에 화살을 맞고 실명해서 애꾸가 된 남순은 보통학교에 들어갔지만, 입학한 지 며칠이 못 돼서 학교에서 쫓겨났고 결혼 후 시댁에서도 쫓겨났다. 그 뒤 친정에 머물다가 U읍에 가서 공장 노동자들에게 밥을 지어주는 일을 하고 있었다. 아버지는 딸의 손목을 잡고 목이 메어 말씀을 못하시다 유언이라도 하듯 다시 매부를 불러 달라고 한다. 그 후 누님과 매부에게 다시 결합할 것을 요구하고, 그 약속을 받은 아버지는 저녁에 주무시듯 고요히 세상을 떠난다. 그러나 아버지와의 약속과는 달리 그 약속은 지켜지지 않았고 누님은 다시 U촌으로 부엌데기 노릇하러 떠난다.

 이 작품에는 어린 시절 이웃집 아이가 쏜 화살을 맞고 시각장애인이 된 남순이 등장한다. 애꾸눈이 된 남순은 외모에서 드러난 장애로 인해 남동생에게조차 무시당했고, 사회에서는 교육의 기회마저 박탈당했다. 또 결혼 후 시댁에서도 구박과 학대로 원만한 결혼생활을 할 수 없었다. 여성장애인은 단지 외모에 대한 그릇된 주변의 시선으로 신체적 장애뿐만 아니라 사회적 장애까지 겹쳐진 이중고를 겪었던 것이다. 작가는 여성장애인이 능력과는 상관없이 온전한 대우조차 받지 못하던 현실을 예리하게 그려냈다.

본문에서는 원작을 토대로 방언과 구어체 표기는 그대로 두었으며, 원작을 훼손하지 않는 범위에서 일부는 현대국어의 맞춤법과 띄어쓰기에 따라 수정해 표기하여 쉽게 읽히도록 하였다. 또 이야기의 흐름에 따라 5개의 장으로 구분하고 소제목을 달았다.

임종을 앞둔 아버지의 마지막 소원

나는 사십 리나 되는 먼 길을 자전거로 달려오면서도 대체 집에서 나를 급히 돌아오라고 한 곡절을 알 수 없었다.

첫새벽에 사람을 일부러 자전거로 내보낸 것으로 보아 일이 급한 것쯤야 짐작 못 할 것도 아니나 그래도 답답해서 대체 무슨 일이냐고 물을 때마다 심부름 나온 아이는 한사코
"내야 아나요, 하여튼 급히 들어오시라구만 하는걸요."
이렇게 모호한 대답을 할 뿐이다.

그의 이런 대답이 나의 마음을 덜컥 불안케 하였다.

'어떤 일이 기다리고 있을까?'

나는 여러 가지로 머리를 기울여봤으나 도무지 그럴 듯한 생각이 떠오르지 않았다.

그러나 사연을 써 보내지 않은 것으로 보아 그것이 불길한 일일 것은 막연히나마 예감할 수 있었고, 도리어 무슨 일인지 알 수 없는 이 막연한 불안이 더욱 나의 가슴을 무겁게 내리 누르는 것을 느꼈다. 하여튼 나는 나의 서투른 자전거를 그때 처럼 속력을 주어 타보기는 처음이었다. 굵은 모래가 깔린 언덕 내리받이를 발정거도 안 하고 내몰다가 하마터면 거꾸로 곤두박일 뻔한 것도 그때다.

집 앞에 이르렀을 때 먼저 내 눈에 띄인 것은 아내의 얼굴이다. 자전거 소리를 듣고 뛰어나온 모양이었다.

"웬일요?"

과민한 나의 시선은 먼저 부석부석한 아내의 눈두덩을 바라보며 또 얼굴에 떠오르는 표정을 읽으면서 물었다

"아버님이……."

"왜 어떻게 되셨게?"

"어젯밤에 갑자기……."

아내는 말끝을 못 맺고 그대로 울음을 터뜨린다. 참으로 청천의 벽력이다. 순간 나는 눈앞이 아찔하면서 가슴속에서 무엇이 쿵 내려앉는 듯한 소리를 들었다. 그때엔 아버지는 이미……. 나는 더 무엇을 생각할 수 없었다.

신발도 채 벗지 못하고 허둥지둥 안방으로 뛰어 들어갔다. 내가 들어오는 것을 보아 마루에 옹게중게 앉았던 동생들이 일제히 울음보를 터뜨린다. 그러나 방속으로 들어가니 갑자기 밝은 곳에서 들어온 나의 눈에는 아무것도 보이지 않았다. 얼마 후에야 비로소 나는 창백한 얼굴로 누워 계신 아버지 얼굴의 얼굴과 그 옆에서 소리를 죽이고 흐느껴 우시는 어머니를 찾아낼 수 있었다.

"왜 어찌 되셨어요?"

나도 거의 울음 섞인 목소리로 어머니의 얼굴을 쳐다보며 물었다.

"오늘 새벽에 변소에 가시다가 갑자기 동풍(動風: 몸의 한 부분에 경련이 일어남)을 하셨단다."

"뭐요. 그럼 지금은?"

"글쎄 저렇게 세상 모르구 코만 고시는데 의사의 말을 들으면 저게 이 병에는 아주 나쁜 병패라는구나. 어디 다시 소생하실 듯이나 하냐? ……."

어머니는 한숨을 푹 내쉬고 다시 아버지의 얼굴을 내려다보며 우신다. 나는 그 중에도 꼭 돌아가신 줄로만 믿었던 아버지가 그래도 아직 이렇게라도 살아 계신 것이 불행 중 다행이었다.

　지금 이 자리에서 운명을 하신대도 장자인 내가 아버지의 곁을 지키고 있는 것만도 아주 돌아가신 것에다 비할 수는 없는 일이다. 아니, 그보다도 어떻게 하던지 아버지를 사선에서 구해내 드려야겠다 하였다. 나는 늦게 온 죄를 뉘우치며 아버지의 이마에 얹혀 있는 수건을 연신 찬물에 갈아 대어드렸다. 의사는 벌써 서넛이나 다녀갔다 한다.

　"아버지! 태호가 왔습니다."

　"눈을 좀 뜨구 태호를 봐요."

　이렇게 어머니와 내가 옆에서 번갈아 소리를 쳐도 대답은커녕 눈도 거들떠보지 못하신다. 그대로 혼수상태에 빠져 계셨다.

　아버지가 처음 눈을 뜨시고 잠꼬대하는 사람같이 입술을 씰룩거려 보시기는 그 후 한 시간이나 지난 뒤였다. 무엇을 찾으시는 모양이었다.

　"아버지! 저올시다. 태호올시다."

　나는 아버지의 눈 위에 얼굴을 바짝 갖다 대고 이렇게 부르짖었다. 아버지의 정기 없는 눈동자가 잠깐 나의 얼굴 위에 머물렀다가

　"음……."

하니 신음에 가까운 발음을 하시고 이어서 두어 번 아래웃입술을 경련하듯이 씰룩거리신다.

　물론 무슨 말을 하시려는 뜻인 것만은 짐작할 수 있었다. 아버지는 또 손을 좀 움직이려 한다. 그러나 그것도 말을 하

려고 입술을 씰룩거리시는 때처럼 임의대로 안 되시는 모양이다.

"저가 왔습니다. 태호가……."

감았던 눈을 다시 뜨며 나를 쳐다보시는 아버지의 입가엔 약간의 반가움의 빛이 그늘져 있었다. 나는 아버지의 손을 꽉 잡으며

"정신 차리시요! 즈들이 아버지를 지키구 있습니다."

나의 목소리는 굵게 떨려 나왔다.

"으……어……으."

아버지는 놀려지지 않는 팔을 애써 쳐들려고 하시면서 이내 입술을 씰룩거리신다. 나는 아버지의 입에서 무엇을 알아들으려고 몇 번이나 귀를 가까이 대어봤으나 무슨 말을 하시려는 것인지 도무지 알 수가 없었다. 그러나 아버지는 이따금 정신이 드시는 대로

"으……어……으…….'

같은 발음이 자꾸 되풀이하실 뿐이다.

어머니와 나는 그 말씀을 알어듣지 못하는 것이 말할 수 없이 안타까웠다. 저렇게 힘드려 하시는 말씀을 알어듣지 못하는 우리도 우리려니와 만약 당신에게 조금이라도 똑똑한 의식이 있다면 알어듣지 못하는 우리를 얼마나 원망하랴!

"아버지, 정신을 차리시구 말씀을 똑똑히 하서요."

"으……어……나……므……."

"나……무자 뭡니까, 물 말입니까?"

아버지는 다시 눈을 감고 낮은 코를 고시다가 이번에는 마치 헛소리같이 소리를 버럭 지르셨다.

"나……무……니……남……."

"알았습니다. 누님을……."

나는 이때에야 겨우 아버지의 말뜻을 가늠해내고 적이 반가운 마음으로 어머니의 얼굴을 쳐다보았다.

"어머니, 아버지는 지금 누님을 찾으십니다."

"그렇구나! 남순이를 부르시는 거루구나!"

어머니와 나는 약속이나 한 듯이 얼굴을 맞바라다보며 쓸쓸한 미소를 띠었던 것이나, 다음 순간 어머니는 갑작스레 잊었던 설움을 다시 생각해낸 것처럼 눈물을 흘리시며 나직한 한숨을 내쉬는 것이었다.

"마득 그 애의 일이 뼈에 사무쳐 잊지를 못하면 저렇게 죽게 된 자리에서두 딸의 이름을 부를까……. 허기는 딸두 같은 자식이기는 하지만……."

나는 어머니의 이런 말을 듣고는 다시금 가슴이 멍클해지며 집을 떠난 누님이 그리워졌다.

마지막으로 딸의 이름을 부르시는 아버지의 마음, 그리고 지금 눈물을 흘리시는 저 어머니의 마음! 두 분의 가슴이 아플진댄 어찌 하나의 오라비인 나의 가슴속이 편할 수 있으랴.

"나……므……남……."

아버지의 힘없는 손길이 무엇을 붙잡으려고 허공을 더듬으실 때

"아버지 안심하십시요, 누님을 저가 아버지 앞에 다려다 드리겠습니다."

나는 아버지의 손목을 힘있게 잡고 몇 번이나 이렇게 부르짖었다.

다음날 점심때가 좀 기운 후에 나는 아버지의 병환이 좀 돌리신 듯한 기미를 보고는 S역에서 십 리나 더 들어가 있는 U읍으로 누님을 다리러 떠났다. 다른 사람을 보낼 수도 있기는 하나 그보다도 아버지의 그처럼 간곡한 소원을 나는 꼭 나의 조그만 수고로 갚아드리리라 맘먹었던 것이다.

누님에게 일어난 어처구니없는 사고

S역까지는 기차로 한 시간이나 남짓이 걸렸다.

정거장을 나서니 해는 이미 지고 개어스름이 된 때이다. 싸늘한 가을바람이 얼굴에 차다. 나는 U읍까지의 표를 사가지고 자동차에 올랐다.

몇 해를 부려먹다가 이런 시골로 쫓아 보낸 것인지 알 수는 없으나, 포드식 낡은 자동차는 자갈 깔린 신작로를 몹시도 들까불면서 달리고 있었다. 멀리 가까이 둘러선 검은 산들이 마치 무슨 무서운 짐승들같이 둔하게 꿈틀거리고 있다.

나는 여기도 꽤 산두메로구나 느껴지자 내가 왜 이 차디찬 밤바람을 쐬며 이 생소한 곳을 가고 있나 하는 생각이 새삼스러이 머리에 떠올랐다.

"누님을…… 누님을 만나러……."

나는 어느덧 나도 모르게 입 속으로 웅얼거리고 나직한 한숨을 내 쉬었다. 다음 순간

"누님은 누굴 위해 뭣하러 이런 곳에 와 있나?"

하는 생각이 들자, 갑자기 콧마루가 시큰하며 눈알이 알싸해지는 것을 느꼈다.

누님은 불쌍한 사람에 틀림없다. 나이 삼십이 넘도록 슬하

에 딸자식 하나나마 없이 어미의 정을 모른다는 것은 확실히 여인으로서 불쌍한 여인이며, 그보다도 아직 늙지도 않은 젊은 몸이 이런 멀고 먼 생소한 곳에 와서 뭇사내들의 밥치닥거리나 해주는 부엌데기노릇을 하고 있는 것은 인간으로도 자못 불우한 편이다.

"어서 가서 누님을 만나보자!"

캄캄한 하늘에는 몇 개의 별들이 그 조그만 눈을 반짝이며 추운 듯이 떨고 있다. 산천은 깊이 잠들었고, 밤바람은 얼굴에 찬데, 자동차는 그저 털먹거리고 갈 뿐이다.

이야기 속에 이야기라고나 할지 알 수 없다.

허나, 나는 누님이 밟아온 그 험난하고도 쓸쓸한 반생을 말하려면 암만해도 이 이야기 먼저 끄집어내지 않을 수 없다.

십칠 년 전-누님이 열한 살 때라니까 아마 나는 아홉 살 때라고 할 수 밖에 없다. 물론 까마득히 오랜 일이다. 아니 어찌 생각하면 어제 일처럼 손에 잡힐 듯도 싶다.

어느 무더운 여름날이었다. 엄마는 앞개울로 빨래를 나간 새에 남순이(누님)와 나만이 대문 앞에 나와서 옆집 복희네 담장 위에 뻗어 오른 담쟁이덩굴 이파리를 따다가 장뗑이에 꾸려놓고 소꿉질을 해가며 야금야금 먹고 놀 즈음이었다. 갑자기 저편 언덕 위에(우리 집 앞에는 언덕이 있었다) 삼봉이놈의 얼굴이 덜렁 나타나더니 우리를 보고

"요놈의 새끼들, 왜 어제 우리 집 강아지를 때렸어!"

하고, 대뜸 네 어미가 어떠니 애비가 어떠니 하고 진욕을 퍼붓는 것이었다.

그는 우리 집에서 서너 집 건너 사는 목수장이 아들로 동리

아이들을 잘 때리고 남의 물건을 뺏어가기도 잘하는 아주 왈 패 각다귀다. 어머니는 늘 삼봉이와 놀지 말라고 우리들에게 이르시곤 했다. 지금 이 녀석이 우리를 보고 즈이집 개를 때 렸다는 것은 다른 뜻이 아니다. 한창 피기 시작한 울타리 밑 꽃밭에 그놈의 개가 들어와서 모두 망쳐놨기에 홧김에 개를 좀 때려준 것이다. 그것도 우리들이 한 게 아니라 어머니가 그런 것이다.

"요, 쌍놈의 자식들아, 맛 좀 보련!"

사실 어느 편이 쌍놈의 자식인지 그는 이렇게 오지게 욕을 하며 달려들 생각은 안 하고 허리춤에서 무엇을 끄내었다. 나는 처음에 그것이 무엇인지 몰랐다.

"요놈의 계집애 너 이 활촉으루 눈깔을 맞히겠다."

그 녀석이 이렇게 말하고 손에 가지고 있든 것을 쳐들어 우리 앞으로 겨눌 때에야 나는 그것이 활인 것을 알았다. 바로 이와 똑같은 순간이었다.

"아이쿠 엄마!"

하는 날카로운 외마디 비명의 소리에 등 뒤를 돌아왔을 때 나는 어린 마음에도 자지러지게 놀랐다.

바로 내 뒤에 앉아있던 남순이가 땅 위에 폭 쓰러 박혀서 울고 있지 않은가! 급히 남순이의 얼굴을 쳐들었을 때 나는 두 번째 깜짝 놀라지 않을 수 없었다. 바로 그 무서운 화살이 남순이의 한쪽 눈에 푹 꽂혀있고 얼굴은 온통 검붉은 피에 젖어 있었다.

참으로 무서운 일이다. 나는 사지를 바둥거리며 동리가 떠나갈 듯이 울어제치는 남순이의 왼쪽 눈에서 화살을 뽑아내었다. 확실히 나의 이 두 손으로 뽑아내었다. 동리 사람들이 모여 들었다. 일변 누가 전했는지 어머니가 뛰어왔다.

"이게 웬일이냐, 이게 웬일이냐! 우리 남순이 눈을 빼간 놈이 뉘 새끼냐, 내 이놈을 잡아 죽이겠다."

어머니는 미친 사람처럼 하늘하늘 날뛰었다. 마침내 어머니는 기절을 해버렸다. 남순이는 업혀서 병원으로 갔다.

남순이가 보통학교에 들어간 것은 그 후 2년이 지난 뒤였다. 그러나 입학한 지 며칠이 못 가서 그는 고만 학교에서 쫓겨나왔다. 애꾸눈이 병신아이를 잘못 들였다는 것이었다. 아버지는 분개하여 교장을 만나보고 책상을 주먹으로 치며 싸움을 하였다. 그러나 결국 남순이는 남들이 다니는 학교엘 못 가고 집에 있게 되었다.

그는 동리에 나갔다가도 가끔 울며 들어왔다.

"엄마, 아이들이 자꾸 애꾸눈이라구 욕을 해!"

"나 나가기 싫여, 아이들이 막 놀리는 거 뭐."

남순이는 가끔 이렇게 말하고 밖에 나가기를 꺼리었다. 이런 때면 엄마는 왠지 모르게 혼자 치마 끝으로 눈을 닦곤 하였다.

나는 소위 하나인 외아들이라고 해서 집에서는 제법 난 체하고 뽐내었다. 조그만 폭군이었다. 그래 반찬이 조금만 입에 맞지 않거나 가지고 싶은 것을 얼른 주지 않는 때면 으레껏 그 투정을 엄마보다도 만만한 남순이에게 하곤 했다.

"이년의 애꾸눈이, 왜 고기를 안 줘!"

"너 한 눈깔마저 먼다."

이렇게 심사를 부리고는 아버지나 엄마에게 가끔 엉덩이를 얻어맞았다.

결국엔 시댁에서 쫓겨난 누님

누님이 성례를 한 것은 그의 나이 스무 살 되던 봄이었다. 그런데 이상하게도 그날은 날씨조차 망해서 아침부터 봄비답지 않은 궂은비가 줄기차게 쏟아졌다. 그래도 나는 소위 후행을 간다고 꽃가마 뒤에 우쭐렁거리고 따라갔다. 매부 될 신랑은 색시보다도 십여 년은 위됨직한 수염이 시꺼멓게 난 사내였다.

처음 몇 달 동안은 누님도 퍽 얼굴이 좋았다. 우리 아버지와 어머니도 근친하러 오는 누님을 맞을 때마다 기뻐하고 반가워했다.

그런데 언제인가 한번 누님이 왔을 때에는 어머니와 누님의 눈에 모두 눈물 흔적이 보였다.

어느 날 내가 변소에 가서 잠깐 들으니, 어머니와 누님이 마주앉아 훌쩍거리며 그래도 가보라거니 안 가겠다거니 옥신각신 다투는 소리였다. 그래도 나는 누님이 왜 그처럼 좋아하던 시집엘 안 가겠다고 뻗대는지 그 속사정을 알 수 없었.

저녁 때 어머니에게 조용히 물어보았다.

"엄마 왜 누님이 울었수?"

"언제?"

"아까 낮에 울지 않았수 엄마허구, 내가 다 봤는데 머."

어머니는 한숨을 푹 내쉬더니

"말마라. 시어미의 구박이 여간 자심하지 않다는구나. 그뿐 아니라 매부두 요즘 와서는 누이를 퍽 몹시 미워한다는구나. 그렇지만 글쎄 천신같이 착하구 바지런한 저 애에게 무슨 죄가 있겠니, 참 애매하지 모두가 웬수의 그 눈 때문이다. 눈 때문이야……."
하고는, 하염없이 먼 산을 바라보시며 눈물을 흘리셨다. 나는 속으로 뭐 별 얘기가 아니구나 생각했을 뿐이다.

그 후 어머니의 말을 들으면 매부 되는 자는 한집에 있으면서도 누님의 방에 들어와 본 지가 벌써 일 년이 넘는다 하며 심지어 누님이 갖다 주는 밥상은 먹지도 않는다고 한다. 시어미는 시어미대로 학대가 심한데다가 남편까지 이 꼴이 되니 말 아니었다. 그나마 미워만 하면 미워하는 대로 견디어 가겠으나 매부는 술만 좀 먹은 날이면 집에 들어와 으레히 누님을 때려주고 하루바삐 네 집으로 가라고 등을 밀어내다시피 한다고 한다.

이럭저럭 반년이 더 지나 어느 진눈깨비 내리는 겨울날인데 하루는 문밖에서 사람 기척이 나며 사람을 나오라고 하기에, 내가 뛰어 나가보니 짐꾼 하나이 왕산만 한 수장궤를 짊어진 채 그들먹하니 앞을 가로막고 서서

"이 집이 박 서방 댁이오?"
묻는다.

"그렇소, 그게 대관절 어데서 오는 거유?"
나는 암만해도 의아한 생각이 들어 이렇게 물었더니

"저 대복동 강 서방 댁에서 오는 거유."
하고, 지게를 대문 앞에 세운다.

나는 이때에야 이것이 누님의 시가에서 오는 물건인 줄 알았으나 그래도 대체 이것을 왜 우리 집으로 지워 보내는 것인지 가늠 못했다가 나중에 어머니가 나와서 마치 죽은 자식이나 대한 것처럼 울어대는 소리를 듣고야 그 곡절을 알 수 있

었다.

　누님은 이날 저녁때나 되어 집에 돌아오셨는데 오면서 길에서도 얼마나 울었는지 두 눈이 부석부석해 보였다. 누님은 죽을 마음을 먹고 P강 근처를 몇 시간이나 배회하다가 그래도 부모와 동생의 얼굴이 보고 싶어 돌아왔다는 것이 그의 눈물겨운 고백이었다.

　하여튼 누님은 이날 시집에서 쫓겨 온 후로는 다시 남들과 같이 시집살이를 못하고 무료한 세월을 친정에서 보냈다. 생각하면 이날은 누님이 여인으로서의 가장 본격적인 비극의 첫 막을 연 날이다. 처음 얼마동안은 누님도 다소 마음을 잡은 모양이었으나 차차로 날이 갈수록 그는 제 자신의 앞에 닥쳐올 딱한 운명을 자탄하는 듯 정신 나간 사람처럼 우두머니 앉아서 이따금 깊은 한숨을 몰아쉬곤 했다. 더욱 이웃 색시들이 친정으로 나들이 갔다 오는 때라든지 아무개가 첫 아들을 낳고, 아무개가 또 딸을 낳았다고 하는 때 같은 때는 누님의 얼굴엔 그들을 부러워하는 선망의 빛이 역력히 떠오르는 것을 나는 보았다.

　언젠가 하루는 단옷날이 되어 골목골목은 추궁으로 추천하러 나가는 색시들로 꽃밭을 이뤘는데, 밖에 나갔던 내가 집에 들어와 보니까 부엌문 어귀에 누님 혼자 시름없이 앉아 있었다. 나는 방금 밖에서 보고 들어온 거리의 풍경을 이야기한 끝에
　"누님두 한번 나가보구료."
하고, 무심히 말했드니 누님은 갑자기 얼굴빛이 달라지면서 무슨 말을 할듯할듯하면서도 못 하였다.
　"누님두 참 딱허우. 오늘 같은 좋은 날에 집안 구석이 당허

우. 소풍두 할 겸 좀 댕겨오구료."

내가 자분참 권해봤더니

"오죽 팔자 존 사람이 그런 델 댕기는 줄 아니? 나 같은 것이 야……."

말을 채 마치지도 못하고 그대로 치맛자락에 얼굴을 파묻는다. 고요한 낮이었다. 피어 헐크러진 해당화 가지에는 벌들이 붕붕거리며 허대고 있었다. 나는 어찌도 누님이 측은하고 가엾어 보였든지 그만 밖으로 나와 버렸다.

누님에게는 아모런 희망과 미래가 없었다. 그래도 시집살이할 때에는 얼굴에 분장도 바르고 머리도 기름 발라 곱게 빗곤 하더니 요즘 와서는 그냥 내버려두어 가뜩이나 화색 없는 얼굴이 더욱 보잘것없다. 혹 유심히 디려다보면 나이에 비하여 얼굴이 퍽이나 겉늙어 보이는 때도 있었다.

"너 뭘 그렇게 골똘히 생각하구 있니? 젊은 아이가 그러다가 병나기 쉽겠구나."

누님이 넋을 잃고 앉았는 것은 보고 어머니가 이렇게 주의를 시키는 때도 종종 있었다.

운명을 받아들이고 세상 밖으로 나아가다

어느덧 삼년이 지났다.

누님은 아버님이 개신개신 벌어들이는 밥만 먹고 있다가 차차로 면구스런 생각이 들었는지 어떤 내지인집에 오마니로 들어가서 자기의 입이나마 얻어먹고 있었다. 또 가을철이 닥쳐들면 백삼장(白蔘場)의 여공으로 다녔다. 단잠을 못 자고 첫새벽부터 백삼장에 들어가서 하루 종일 손끝이 지달토록 미삼(尾蔘)

을 따고 백삼을 깎는 대야 그 공전은 불과 이삼십 전에 지나지 못하는 것이나, 그래도 누님은 한철밖에 없는 이 계절노동(季節勞動)만은 매년 놓치지 않으려고 악바리같이 덤벼들었다.

고생은 될지언정 누님이 이렇게 무슨 일에고 마음을 붙일 때면 한결 그의 얼굴에 화기가 돌아 아버지나 어머니도 안심을 하시지만, 누님이 다시 집안에 들어있게 되어 그 얼굴에 애수와 근심의 빛이 그늘지게 되면 그나마 집안의 화기라고는 깡그리 사라져버리고 만다.

"누님은 이 세상에서 무엇을 제일 좋아허우?"

어떤 날 나는 누님의 근중을 좀 떠보려고 이렇게 물었더니

"내겐 아무것두 존 것이 없다."

하고 누님은 늘 무미한 대답을 할 뿐이다.

"그래두 가지구 싶은 거라든지 먹구 싶은 거라든지 입구 싶은 거라든지 그 중에 욕심나는 것이 더러는 있을 게 않유?"

"아무것두 없다!"

"돈두?"

"돈두 싫다."

"허허허……."

나는 한참이나 혼자 소리를 내어 웃다가

"그럼 왜 그렇게 단잠두 못 자구 새벽부터 백삼장엘 다녔수? 고생인들 여북 했겠소, 그것두 자미요?"

"……."

"돈이 싫테믄 그런 델 왜 다녔느냐 말이요?"

"내가 돈아 모아 뭘 하겠니, 허구헌 날 부모님이 벌어다 주시는 밥만 먹구 앉아있기가 면구스러워서 내 입벌이라두 하잖

것이지……. 몇 푼 안 되는 돈은 따루 뒀다가 이 담에 익종이 (내 아들 이름) 학교에 다닐 때 보태 쓰게 할 생각이다."

나는 다시금 미래와 희망을 못 가진 누님의 암담한 앞날을 내다보는 듯해서 마음이 쓸쓸해졌으나

"만약 사둔댁에서 누님을 다시 오라구 부르면 어떻게 하겠소?"

하고 기어코 묻고 싶었던 문제를 끄냈더니

"가지!"

누님은 서슴지 않고 대답한다.

이러한 그였다. 혹 누가 그더러 그까짓 시집을 단념하고 다시 재가하는 게 어떻겠느냐고 물을라치면 그것을 무슨 큰 모욕으로나 생각하는 모양이었다.

"나는 이미 강씨 집 귀신이니 죽더래두 그 집 대문 앞에 가서 죽겠다!"

이것이 누님의 유일한 대답이요 고집이었다. 어쩌면 지금도 그는 시집에서 다시 오라구 부를 날이 있을 것을 막연히나마 기다리고 있을지도 알 수 없다.

여기에 순진하고도 완고한 그의 동양적 윤리관이 깃들어있는 대신에, 꽃다운 청춘을 속절없이 늙히지 않을 수 없는 기막힌 운명이 가로 누워있는지도 알 수 없다.

누님은 마침내 두 달 전에 산 설고 물 설은 U읍으로 갔다. 고모부의 친척 되는 사람이 그곳에 새로이 큰 제지공장을 세우게 됐는데 그 공사장에 가서 인부들이 밥을 지어주는 것이었다.

아버지는 죽는 순간까지도 딸의 앞날을 걱정했다

나는 그날 밤으로 누님을 모시고 집으로 돌아왔다.

다음날 아침 아버지는 누님이 왔다는 말씀을 듣고 퍽이나 반가워하셨다.

"너 어레 왔구나."

몇 번이나 애를 쓰시다가 겨우 이 한마디의 말씀을 하시고는 그 잘 가누어지지도 않는 손을 쳐들어 딸의 손목을 꽉 잡고는 목이 메어 말씀을 못하셨다.

누님도 마침내 참고 참았던 설움이 터져서 그대로 아버지 이불섶에 얼굴을 파묻고 울어버렸다. 그러나 다음 순간 아버지는 무슨 깊은 생각에 잠기신 듯 또는 무한한 괴로움을 스스로 참으려고 애쓰시는 듯 말없이 두 눈을 감고 계실 뿐이었다.

"고생인들……."

이윽고 아버지의 두 눈에서는 굵다란 눈물이 샘솟듯 흘러내렸다.

"안 됐다, 안 됐다……."

잠꼬대하듯이 같은 소리를 두어 번 연거푸 중얼거리시고 다시 눈을 감으셨다. 고요한 방안엔 누님의 울음소리만 낮았다 높았다. 그 사이에 늙은 사발시계의 재깍 소리가 여느 때보다 유난스레 똑똑히 들렸고…….

나는 누님을 말릴 생각도 안 하고 그대로 바라보고만 있었다. 이런 태도가 나에겐 가장 어울릴 상 불렀다. 뭣보다 나는 이런 때 누님의 우시는 것까지 간섭하고 싶지는 않았으니까.

그러나 점심때쯤 되어 아버지의 병세는 갑자기 더치기 시작했다. 육십 평생을 오직 우리들 칠남매를 키우기에 골몰하셨던 아버지! 간곤한 생활에 얽매어 하루도 편안한 삶을 못 이뤄보셨던 아버지! 이제 이 거룩한 아버지는 마지막으로 우리의 옆을 떠나시는구나 생각할 때 참으로 앞이 캄캄하였다. 태양이 없는 세상은 암흑일 뿐이다. 대들보가 부러진 한 개의 건물은 무너질 수 밖에 없다.

"여보 정신을 좀 차리우. 이 자식들을 두구 당신은 어찌 눈을 감으려우."

먼저 어머니의 안타까운 부르짖음이 내 옆에서 일어나자

"아버지…… 아버지……."

우리 칠남매의 목소리가 아득해지려는 아버지의 의식을 가차이 불러 보려고 애썼다.

그것은 마치 거센 바람에 꺼질 듯 파득거리는 촛불을 두 손으로 에워싸고 다시 살아나기를 기다리는 때처럼 안타까웁고 아슬아슬한 순간이었다. 그러나 한편 나는 이런 때일수록 마음이 약하거나 조급해선 안 되겠다 생각했다. 뭣보다 냉정한 이성이 필요하다.

"이게 무슨 짓들이냐, 아버지의 귀에 울음소리가 들려선 안 된다. 울려건 나가 울어."

옆에서 악머구니(참개구리) 끓듯 우는 동생들을 우선 이렇게 꾸짖지 않을 수 없었다. 방안은 잠깐 고요해졌다.

"아버지 정신을 차리서요!"

하마하마 커져버리려는 아버지의 마지막 호흡을 붙들고 나의 모든 의식은 그 뒤를 쫓아가며 부르짖었다.

"아버지!"

"아버지!"

넓은 광야를 홀로 걸어가며 소리치듯 나의 목소리는 그렇게도 떨리었다. 구슬폈다.

헌데 이상한 일이었다. 기적을 보는 것처럼 신기로웠다.

"으 어 으……."

갑자기 감았던 눈이 다시 떠지며 아버지는 이렇게 알아듣지 못할 무슨 소리를 웅얼거리셨던 것이다. 아직도 하고 싶은 말씀이 남아 있는 모양이었다. 나는 아버지가 필시 무슨 유언을 하시려는 것 같아서 두 귀를 바싹 기우려 보았다.

"으어으……."

"……."

"으 어 으……."

"……."

참으로 딱한 일이었다. 아버지의 말씀을 우리는 암만해도 알아들을 수 없었다.

얼마 지난 후에야 나는 아버지의 표정과 손짓과 말씀을 종합해서 그 뜻을 다소간 이해할 수 있었다. 매부를 불러 달라는 것이었다.

그래 일변 아이를 사둔댁에 보내 보았다. 매부는 집에 있으나 머리가 아파서 못 오겠다 하였다. 장인 되는 어른의 마지막 유언인 것을 알면서도 오기를 피하는 그가 괘씸한 생각이 들어 이번에는 어머니가 가보기로 하였다. 누님이 쫓겨 온 후로는 한 번도 그 집 문안에 발길을 들여놓지 않았던 어머니도 이번만은 당신이 손수 가겠노라 자청하셨던 것이다. 만약 그래도 오지를 않으면 그 집 대문짝을 절구공이로 바수고 오겠

2장. 애꾸눈 누님의 홀로서기: 김소엽의 「누님」 53

다는 것이 집을 나설 때의 어머니의 말이었다.
아버지는 다시 혼몽 상태에 빠졌다. 그것은 매우 지루한 시간이었다.
"형님, 저기 매부가 와요!"
밖에 나갔던 동생이 뛰어 들어오며 이렇게 고함을 지른 것은 거의 한 시간이나 지난 뒤였다.
순간, 나는 야릇한 심리 상태에 빠졌다.
"그러면 그렇지, 네가 안 오고 배기냐?"
그 중에도 나는 약간의 정복감(征服感) 비슷한 것을 느끼며 들어오는 매부를 정중히 맞아들였던 것이다.
우리 집에 한 발을 들여논 매부의 태도는 그러나 매우 어색해 보였다. 고개까지 푹 숙인 양은 마치 법정으로 끌려 들어오는 죄수를 연상케 한다. 가장 무탈하고 유쾌하여야 할 처가의 출입을 이렇게도 거북하고 부자연스럽게 하고 있는 그도 한편으론 딱한 인간이었다.
오지 못할 곳엘 온 듯 그는 방안에 들어와서도 선뜻 장인 곁으로 내려가지를 못했다.
"여기 앉으시게."
미우니 고우니 해도 사위는 사위였고 장모는 장모였다. 어머니는 이내 웃방에서 모본단 방석(이것은 참 좀처럼 내놓지 않던 방석이다)을 내려다가 매부를 앉게 하였다. 죽일 놈 살릴 놈 하다가도, 떡 마주 대하면 그렇지 못한 것이 인간의 상정인 듯싶다. 더욱 정에 약한 여인인 어머니는 그러했다.
허나, 어머니가 친절하면 친절할수록 매부는 더욱 어색해했다. 마치 가시방석에라도 앉은 것처럼 불안스러운 눈치였다.

이쪽은 어떤가 하면 나 역시 매부와 대면하는 것이 결코 유쾌한 것은 아니었다. 방안의 분위기는 이상하게도 나의 가슴을 무겁게 내리누르고 있잖은가. 내가 이렇게 그와 한자리에 앉아보기는 참 오래간만이다.

언제인가 한번 그를 찾아가서는 다신 안 볼 사람처럼 막 닦아세웠던 것이다. 그런 후로는 혹 노상에서 마주채더래도 남인 양 어석버석 서로 외면해온 것이다.

"아버지, 여기 매부가 왔습니다……."

나는 매부가 아버지 곁으로 가차히 내려앉게 하고 가만히 아버지를 흔들어 보았다.

"매부가 왔습니다."

"……."

아버지는 대답이 없으시다. 입 근처에 손을 대봤다.

비록 미약하기는 하나 아직 더운 김이 있다. 맥도 있다.

"저가 왔습니다."

이번에는 매부가 불러보았다. 아버지는 그냥 혼수상태에 빠져 계셨다.

얼마쯤 지난 후에 좀 깨나신 듯한 기미를 보고 나는 다시 아버지를 흔들어 매부가 왔다는 것을 귀뜸해드렸다. 아버지는 단작 감았던 눈을 번쩍 뜨시고

"으어?"

하셨다.

"저올시다. 동호올시다."

아버지는 이 소리에 더욱 새로운 의식이 드시는 듯 손까지 쳐들려 하셨다. 그리더니 다시 눈을 감으시고 나직한 코를 고

르신다.

두 번째 눈을 뜨셨을 때에는 어눌하나마 먼저보담은 항결 발음이 똑똑하였다.

"점 부구 싶어서……."

"……."

이번에는 되려 이쪽에서 말이 없었다. 아버지는 손짓을 해서 누님을 앞으로 부르셨다.

웃목 한 구석에 돌아앉아서 치마 끝으로 눈물을 닦고 있던 누님이 아버지 곁으로 내려가 앉았다.

"느들이 이렇게 나란히……."

아버지는 다음 말을 하시지 못하고 히물히물 아래턱을 떨었으나 입언저리엔 확실히 만족의 미소가 있었다. 이렇게 함께 앉아 있는 것을 보기만 해도 대견하신 모양이다.

"기뿌다, 느들이 인저는……."

그러나, 다음 순간 나는 그것이 아버지의 어림없는 착각인 것을 깨달았다. 아버지는 방금 당신의 입으로 누님을 앞으로 불러 앉히시고도 잠깐 생각이 빗드신 모양이다. 무거운 정적이 방안을 휩쌓다. 아버지는 또 말씀이 없었다.

"동호-."

아버지가 다시 눈을 뜨시고 사위의 이름을 부르실 때 방안의 공기는 이상하게도 긴장해졌다. 아버지의 목소리는 놀라리만치 분명하다.

"너두 이저는…… 철이 들었겠구나. 저앨 다시 다려가렴. 소원이다……."

"……."

"왜 대답이 없니?"

"……."

순간. 아버지의 두 눈은 무서운 빛을 띠고 매부를 노려보았다.

"왜 대답이 없니?"

두 번째의 질문이 아버지의 입에서 떨어졌다.

"차차 하지요."

"차차라니? 늙어 죽은 뒤에?"

"……."

긴장한 침묵이 그곳에 있었다. 누님의 흐느껴 우시는 소리만이 간간 들릴 뿐이다.

"왜 대답이 없니?"

아버지는 마지막인 듯싶은 질문이 떨어졌을 때에야

"곧 다려가겠습니다."

매부의 입에선 이런 대답이 나왔다.

"정말인가?"

"네……."

아버지는 다시 한번 다짐을 받고서야 안심이 되시는 모양이다. 안색이 다시 평화해지셨다.

"자네는 내 사위야……."

자못 만족하신 듯이 사위와 딸의 손목을 잡고 아버지는 감격에 넘쳐 눈물을 흘리셨다.

그렇게도 기뻐하시는 얼굴을 나는 근래에 처음 보았다.

X

이날 저녁 때 아버지는 주무시는 듯 고요히 세상을 떠나시고 말었다. 사흘 후에 장례를 치르고 누님은 다시 부엌데기 노릇을 하러 U촌으로 떠나셨다.

생각해 볼 문제

◁ 눈을 다쳐 애꾸가 된 남순은 왜 입학한 지 얼마 안 돼서 학교에서 쫓겨났을까?

- 근대시기에는 장애인에 대한 인식이 좋지 않았는데, 특히 외양적으로 장애가 있으면 더욱 차별을 받았다. 그만큼 장애인의 인권의식이 희박했던 것이다. 작품 속 서술자인 태호도 어렸을 때 자신보다 위인 누님에게 반말이나 욕을 했던 것도 장애인에 대한 편견과 무지에서 나온 표현임을 알 수 있다.

'보기 좋은 떡이 먹기도 좋다', '옷이 날개이다.', '빛 좋은 개살구' 등은 모두 외모를 중요하게 생각하는 데서 나온 표현이고, 옛사람들이 인물을 평가하는 기준인 '신언서판'에서도 사람의 첫인상이나 겉모습을 먼저 보았음을 알 수 있다. 그래서 남순도 단지 외모가 혐오스럽다는 이유로 교육 받을 기회를 박탈당했다. 그리고 결혼도 늦게 할 수 밖에 없었지만, 시댁의 구박과 학대로 원만한 결혼생활도 할 수 없었다.

◁ 임종을 앞둔 장인이 사위를 불러 들여 남순과 다시 결합할 것을 요구하고 약속을 받았음에도 왜 사위와 남순은 약속을 저버렸을까?

- 남순의 아버지는 장애인이 사회에서 받는 시선과 차별에 대해 잘 알고 있었다. 특히 여성장애인은 현실에서 홀로 살아가기가 더욱 힘들었다. 그래서 아버지는 임종 때까지 남순의 미래를 걱정했고, 딸을 보호했던 자신의 역할을 사위에게 맡기고자 했던 것이다.

그러나 사위는 남순의 외모를 못마땅하게 여긴 뒤로 구박과 학대를 하고 집에서 쫓아낸 뒤로 한 번도 남순을 찾지 않았던 것으로 봐서, 처음부터 다시 결합할 마음이 없었다. 남순도 자신의 처지를 깨닫게 되면서 오히려 남편에게 의지하기보다는 단순노동이나 부엌데기로 생활하며 스스로 자신의 삶을 개척해갔던 것이다.

3장.
문둥이 남편을 둔 아내의 고충:
김정한의 「옥심이」

「옥심이」는 김정한(1908~1996)이 1936년 《조선일보》에 연재한 단편소설이다. 이 작품은 일제 식민지 치하의 농촌 현실을 냉엄하게 보여주는 소설이라고 평가받고 있지만, 한편으로는 문둥병을 가진 남편을 둔 옥심이의 애환과 가족들이 지닌 심적 부담, 고충 등이 생생하게 담겨져 있는 작품이기도 하다. 「옥심이」의 줄거리는 다음과 같다.

주인공 옥심이는 5살 된 아들 수복이와 문둥이 남편을 둔 여인이다. 집안에서는 가산을 탕진하면서 남편의 병을 고치려 약을 쓰지만 남편 천수의 병은 낫지 않고, 집안 형편은 점점 어려워진다. 문둥이 남편 때문에 과부 아닌 과부로 살고 있던 옥심이는 백양사에서 소작인들을 동원하여 공사를 하는 곳에서, 시아버지 허 서방을 대신하여 일하게 된다. 이곳에서 같은 고향 사람인 안 십장을 만나게 되고, 안 십장의 호의로 쉽게 의무부역을 끝마친다. 옥심이는 같이 일하는 만두할멈의 '수절이니 의리 같은 건 소용없다.'는 부추김에 흔들리던 와중에 안 십장이 다가오자 마음이 풀어져 지켜온 정조를 무너뜨리고 만다. 그럼에도 옥심이는 쉽사리 안 십장을 따라 나서지 못한다. 그러던 중 문둥병에 걸린 남편 천수가 옥심이에게 잠자리를 요구하자 옥심이는 남편을 피하고, 의무부역이 끝났음에도 불구하고 돈을 번다는 핑계로 부역을 나가며 안 십장과 남몰래 만남을 가지기 시작한다. 그러나 남편 천수에게 만남이 들통나고, 옥심이는 그 길로 안 십장과 함께 도망친다. 하지만 결국 옥심이는 아들 수복을 잊지 못해 되돌아오고, 시아버지 허 서방은 옥심이를 받아들인다. 결국 아내를 받아들이지 못한 남편 천수가 소록도로 떠나는 것으로 끝이 난다.

옥심이는 문둥이 남편을 두고 가족을 떠나지만 모정을 이기지 못하고 다시 돌아온다. 그러나 깨어진 관계는 다시 회복되지 못한다. 이러한 옥심이의 심적 갈등을 통해 평범한 삶을 살고 싶다는 마음과 남편을 부양해야 한다는 현실 사이에서 흔들리는 아내의 고뇌를 느낄 수 있다. 또한 한센인 가족의 생활상, 한센인들이 살았던 움막의 모습, 치료약 등 한센인의 생활 모습을 세세하게 보여주고 있다는 데에 그 의의가 있다.

본문은 최대한 원작을 훼손하지 않는 범위에서 일부 어려운 단어를 현대어로 풀이하였다. 또한 줄거리에 따라 내용을 나누고, 해당 내용을 요약하여 소제목으로 달았다.

문둥이 남편을 둔 옥심이

봄은 고양이처럼 옥심이의 귀천 없는 마음속에도 기어들었다. 시아버지의 말림도 듣지 않고 자진해서 나온 일이나마 도무지 낙이 붙지 않을 뿐, 이따금 미친 피가 전신을 욱신욱신 쑤시고 두 귀가 절로 멍해지며— 마음은 한층 더 걷잡을 수 없이 뒤설레었다.

"휴우—."

그네는 자갈을 파다 말고 옹송그렸던 허리를 펴며 헛되이 긴 한숨을 뽑는다. 그리고 우두커니 서서 한참동안 내 아랫편을 바라보다가는 불시에 수줍은 생각이 들었던지 다시 그 자리에 움츠리고 앉는다. 그러나 눈은 역시 흘금흘금 그쪽으로만 끌렸다.

"어기경, 치영 치영, 응차 차야……."

거기서는 소 같은 사내들이 둘씩둘씩 짝을 지어서 목도를 메고 지나간다. 비틀비틀 어설픈 다리들이 어지러운 돌 사이를 공교롭게 빠져 나간다. 낡은 참바로써 느지막하게 얽맨 차돌이, 새로 깨뜨려진 시퍼런 모서리로써, 헤어진 감발에 가까스로 싸인 뼈다리를 아찔하게 받아줄 때마다 목도 소리는 더욱 급해진다—.

"아차 차 차, 차양 차양……."

그들의 잦은 숨결이, 마치 기관차의 피스톤처럼 헐떡인다. 황토물 든 옥양목 봄살이의 잔등이 땀기름에 흠뻑 젖고, 불쑥 두드러진 어깨위에는 매끄럽게 달은 목도채가 삐걱삐걱—.

이리하여 그 한산인부들은, 무거운 돌덩이와 함께 '도로'가 기다리는 곳으로 움직여 간다.

'차양— 놓고' 소리가 바쁘게, 돌은 다시 실한 '도로' 위에 실리고 '도로'는 풀죽은 농민들의 손에 밀려 끼익 소리를 길게 내며 냇가를 떠나 커브진 비탈을 더위잡는다. 쑥대강이를 수그리고 배때기가 땅에 닿도록 안간힘을 쓰는 농민들의 넓적한 볼기짝들이 기름을 짜듯이 우습게 삐죽거렸다.

옥심이는, 아니 다른 여자들도 그 꼴을 보고는 한참동안 킥킥거린다.

"그놈의 궁둥이들 참 아깝게 흔뎅거린다."

다 늙은 만두할멈도 오그랑 쪽박상(시들어서 쪼그라진 작은 박)에 웃음을 담으며 봄다운 농담을 하였다. 그러나 그의 호미는 결코 쉬지를 않았다.

'도로'가 향해 가는 두미산 중턱— 띠를 두른 듯이 황토가 벌겋게 드러난 곳이 백암사로 통하는 신작로 공사장이다. 거기서도 흰 옷을 입은 농민들이, 카키빛 양복의 감독과 십장들의 매에 쫓겨 물 만난 개미떼처럼 이리저리 허덕인다.

"언제나 끝이 날겐지?"

"누가 안담? 똥개한테나 물어보우."

여자들은 다시 우물공삿격(공동 우물 같은 곳에서 물을 긷거나 빨래 따위를 하면서 잡담을 즐기는 일을 비유적으로 이르는 말)으로 게걸거리며, 길바닥에 깔 자갈만 판다.

"에그 참 이 바쁜 철에 이게 무슨 짓일까?"

"글쎄 말야. 남 보리밭도 못 매게……."

그들은 모두 부역을 나온 백암사 소작인들의 아내와 어머니들이었다. 역사가 길고 돈 많고 산수 좋기로 유명한 백암사에서는, 자동차의 통래가 자유롭도록 봄 들자 이 공사를 시작했다. ― 그래서 소작인들에게 무리한 부역을 통고하고 똥개란 별명을 가진 얼굴이 거머무투툭하고 청부업자에게 일을 맡겼던 것이다. 청부업자 측에서는 삯전 안 드는 이 순적백성(중국 고대 순임금 때의 백성이란 뜻으로, 착하고 어진 백성을 이르는 말)들을 혹독한 물매로써 눈도 못 뜨게 뒤볶아 댔다.

바람이 불려거든 지전 바람이 불고
풍년이 지려거든 처자 풍년이 지거라.

아까 가던 '도로'가 어느새 애처로운 아리랑을 바꿔 싣고 화살같이 비탈길을 내려 쏟다.
"수복어머니!"
만두할멈은 별안간 무슨 생각이 난 듯이 옥심이를 건너다보았다.
"왜요?"
옥심이도 호미를 쥔 채 머리를 들었다. 여자 스물여섯 살이면 한창 사랑의 진미를 알 때이겠지만, 있어도 오히려 없는 건만 못한 사내 밑이라, 해말쑥한 얼굴에는 수심기만이 사무쳤다.
"글쎄, 수복어머니는 이대로 그만 늙을 텐가?"
만두할멈은 오그랑 쪽박상에 이상한 웃음을 담았다.
"왜요―?"
옥심이는 그네의 뜻밖에 소리에도 어여쁜 보조개에 한갓 파리한 웃음만 지어보일 따름이다.
"왜라니? 이 늙은 것도 봄철이 돌아오면 그저 공연히 마음이 뒤숭숭해지는 때가 많은데, 글쎄 젊은 청춘으로서 어떻게 한

해 두 해도 아니고 온······."

"그것 다 팔짠걸 어떻게요!"

마지못해서 하는 옥심의 대답.

"팔짜?"

"······."

"흥 팔짜란 게 다 뭐유? 고치면 그것도 팔짜라우. 나 같은 바보가 못 고쳤지······. 참 지낸 일 생각하면—."

하고 만두할멈은 잠깐 한숨을 쉬고 나더니

"수절이니 의리니, 그것 다 소용 없소. 쉬운 말로, 누가 열여덟부터 오늘날까지 과부로 늙은 날 위해 열녀비 세워줍디까? 그까짓 것 또 세워준들 뭘 하우. 비석에서 밥 아니 나올 바에야. 어쨌든 세상 따라 사는 것이 제일이요. 백암사 주지 보시요. 계집이 몇이나 돼도 산중에선 그래도 산부처님이니 뭐니 해서 떠받들고 주지 노릇만 땅땅 잘해 먹지 않수."

옥심이가 연해 말이 없는 것을 보고 만두할멈은 짜장 갑갑한 듯이,

"이런 말 하는 것이 괜히 수복어머니의 마음만 더 어지럽게 하는 것 같소마는, 수복어머니 일이 마치 지내온 내 일 같이 앞이 감감해서 하는 말이요. 인생이 두 번 있는 게 아니고, 또 여자같이 어리석은 게 없소. 아니 할 말로 수복어머니가 그렇게 되고 수복아버지가 성해 보슈만 여태 그냥 있었겠소? 아무리 속아 사는 인생이라 해도, 알고서 속는 건 어리석은 짓이지 뭐유?"

만두할멈의 쪼그라진 웃음 주름에는, 자기와 비슷한 길을 밟으려는 여인에 대한 동정의 쓰디쓴 빛이, 깊이 아로새겨져

있었다.

　옥심이는 그러지 않아도 울가망하던 답답하던 속이 한결 산란해졌다. 대소쿠리에 자갈을 반나짓 담아 들고, 게다리걸음으로 타박타박 '도로' 곁으로 아기작거려 가는 만두할멈의 뒷모습을 바라보다가는 불현듯 몸서리를 친다. 고대 닥쳐올 자기의 신세 같아서……. 이윽고 그네는, 남모르게 손등으로 눈물을 씻고, 수건을 더욱 숙게 내려썼다.

　(만두할멈 말마따나 내가 참 어리석지! 속담에 젖먹이 두고 가는 년은 자국마다 피가 맺힌다고 하지만 수복이도 인제 그만큼 자랐으니, 어미 없어도…… 그것도 모두 제 팔자, — 그만 어제 그 안 십장의 말을 들을까……)

　옥심이는 마침내 이런 생각에 사로잡혔다. 안 십장이란 사람은 친정 곳 사람으로서 일찍이 사방공사 품팔이를 다니더니, 그만 그 길로 미끄러져서 한산인부가 되어 고향을 등진 발록구니다.

　"야아, 이거 어쩐 일이오? 당신이 여기 나와 있을 줄이야!"

　안 십장이 아무 가림 없이 놀랄 때, 옥심이는 어쩐지 부끄러우면서도 일변은 반가웠다.

　"시집살이가 매우 고달프지요? 소문은 풍편에 더러 들었소만—."

　안 십장은 마치 친오빠나 되는 듯이 위로조로 말을 꺼냈으나 주체스럽게 말끝을 이상하게 돌리고 돌아갔다.

　(과연 그이가 정말 그런 생각을 가졌다면…….)

　옥심의 마음은 연방 들떴다. 부서진 뱃바닥에 물결이 스미어 들듯이 옥심의 의지가지 없는 가슴에는, 안에게 대한 야릇한 생각이 점점 깊게 파고들었다.

땡땡땡땡……!

두미산 중턱에 자리 잡은, 흰 천막의 공사 사무소 앞에서 종소리가 요란스럽게 울리자, 고대하던 점심시간. 냇가의 깎아지른 듯한 언덕 위에서, 안 십장의 '시마이!' 소리가 떨어지기가 바쁘게, 석수장이들은 뚫어 둔 바위 구멍에 화약을 집어넣고, 여자들은 부리나케 손발을 씻고는 사쁜사쁜 징검다리를 건너간다. 옥심이도 치맛자락을 걷어쥐고, 유달리 흰 종아리를 조심스럽게 끼우뚱거렸다.

"빨리들 피하시오!"
하고, 석수장이들도 범불 본 사람처럼 돌아도 안 보고 내 건너편으로 달아난다.

여자들이 시내 이쪽 언덕 위에 피해 와서, 더러는 어린것을 받아서 젖을 빨리고, 더러는 굳어진 강보리밥 수건을 펴려 할 때, 남포는 우람스럽게 터졌다.

꽝—! 꽝—!

벼락 치듯한 소리를 내며 바위가 깨부숴진다. 산기슭 꿩새끼란 놈이, 장난하다가 들킨 남녀처럼 깜짝 놀라며 푸드득 꿩꿩. 어미 품에서 젖을 빨던 어린것도 금시에 빨간 혀끝을 떨며 놀란 소리를 빼— 지르고, 여자들은 일제히 눈을 두릿거린다. — 아름이 넘는 돌덩이들이 사뭇 공중제비를 넘어 철버덩 철버덩 냇물을 치고, 부서진 돌조각들이 놀란 종달새처럼 튀어 솟구치고 나면, 아지랑이 낀 먼 산이 한참씩 와르르 운다.

남포질이 끝난 다음에, 여자들은 비로소 안심하고 밥주머니를 끌렸다. 누르퉁퉁한 강보리밥들! 그러나 그들은 맛나게 먹었다. 만두할멈은 이도 없는 입을 오물오물— 오그랑 쪽박상을 우습게 실룩거렸다. 마치 얼굴로써 음식을 씹기나 하는 듯이. 옥심이도 강보리밥 먹기에는 아까울 만큼 흰 이빨로써 술 끝에 꿰든 장아찌를 진득진득 물어 떼였다.

그럴 때 마침, 신록이 자욱한 백암사 골짜구니에서 시커먼 귀신까마귀 너덧 마리가 떼를 지어 날아 나와 여자들의 머리 위를 빙— 한바퀴 돌더니, 다시 깊숙한 그 절골로 나래를 돌렸다. 어찌 보면 그들을 비웃는 것도 같고, 어찌 보면 그들로부터 그 엄청난 강보리밥 한 주먹조차 마저 뺏으려는 듯이.

"망할 놈의 까마귀들! 오늘도 또 재수는 없어 놨겠지."

"글쎄 말야, 그 음흉한 놈의 짐승들이 왜 하필 남 밥 먹는 데 와서 그 요망을 떨고 간담!"

여자들은 입을 씻으며 옹알거렸다.

"산골에서 배웠을 테지."

"참 그럴 말이 아니라, 난 정말 저놈의 짐승만 보면 이내 중 생각이 나겠지."

"생각나거든 살러 가지."

만두할멈도 한마디 비쭉했다.

"애구 징글징글해! 누가 그 짓을 해요. 어떤 년들은 그래도 본서방을랑 다된 헌신짝 차 던지듯이 차 버리고 중서방을 널름널름 잘도 얻어 갑디다만, 그게 어디 사랑일까요? 더러운 년들!"

"그래도 요즘 중 마누라만큼 편한 팔짜가 또 있다구요? 아주 바로 부처님보다 더 높게 떠받들어 주는걸 뭐."

"그야 그렇지요? 그러니 년들이 아주 기가 펄펄허잖수."

"그럴 말이 아니라, 세상이 아주 뒤집혔지. 내가 이 수복어머니만한 나일 때만 해도 중들이 그저, 속인만 보면 허리가 동강이 나도록 굽신거렸고, 또 그때야 웬걸 중에게 논밭이란 것이 있었다구."

만두할멈은 잠깐 생각에 잠기는 듯하더니,

"……그렇던 것이 오늘날에 와서는, 두미산 밑 넓은 들판이 거의 다중의 토지가 됐거던. 그나 그뿐인가, 요즘에는 되레 중을 보고 코가 땅에 닿도록 대강이를 숙여야만, 이 엄청난 보리밥 한 덩어리라도 겨우 얻어먹을 둥 말 둥 하단 말야. 아주 영 처자 사타구니에 불알 나게 변했지. 수복어머니가 지금 내만 나이 될 때는 또 얼마나 변할는지?"

만두할멈은 힘없는 한숨을 길게 뽑으면서, 뼈만 남은 주먹을 뒤로 돌리더니, 꼬부라진 허리통을 톡톡 쳐댔다.

옥심이는 곁사람의 말은 듣는 체 마는 체, 파란 잔디 위에 나른한 다리를 내던져 놓고는, 우두커니 저편 보리밭 쪽만을 바라보았다. 그 사래 긴 밭에서는 자기와 같은 젊은 여인들이며 새파란 처녀들이 김을 매느라고 한창이다. 무럭무럭 자란 보리줄을 걸타고 버틴 그들의 건강한 다리들, 더구나 갈맷빛 홑치마가 얇게 착 감긴 동그래한 엉덩이 위에 빨간 댕기가 아기자기하게 빛나는 광경은 그림과 같이 예뻤다. 그들은 아무 시름없는 자연의 딸처럼, 종달새같이 즐겁게 재잘거렸다. 더구나 처녀들의 거침없는 웃음은 하늘같이 맑고 깨끗하게 울렸다.

옥심이는 문득 지나간 자기 일이 생각났다. 자기에게도 그러한 황홀한 시절이 있었던 것이다. 가슴속에 야릇한 꿈을 품고, 피어나는 꽃을 보아도 수줍은 생각이 들던 시절이. — 그렇다. 저렇게 동무들과 밭을 맬라치면, 안 도령(지금의 안 십장) 따위가 몇 번이나 '아이구 죽겠네!' 하면서 반도 못 찬 모풀 바지게를 느직하게 끼우뚱거리며 지나갔던 것이었다.

그렇던 것이 '첫날밤'이란 하룻밤을 자고부터는 세상이 차차 달라지고, 한 겹 두 겹 꿈이 벗겨지고…… 그리하여 수복이를 낳은 뒤로는 지금과 같은 신세— 봄도 도리어 원수, 산다는 낙이라고는 털끝만치도 없게 되었다.

생각에 잠긴 채, 옥심의 눈은 절로절로, 멀리 뵈는 자기 동네 앞, 냇가의 조그만 오막살이로 돌아갔다.

(어서 죽기나 했으면……!)

문득 이런 생각이 들었다가, 그녀는 별안간 큰 죄나 지은 듯이 두 눈에 눈물을 그렁그렁 담았다. 그리고, 분홍 저고리의 옷고름을 들어 눈물을 씻으려니, 눈물이 제 먼저 남색 끝동에 뚜덕뚜덕 얼룩을 지었다.

아무리 약을 써도 낫지 않는 문둥병

옥심이가 그날 일을 마치고 집으로 돌아온 때는 벌써 날이 저문 뒤라, 물 한 동이도 반반히 못 이는 두 시누이가 저녁밥을 짓느라고 굴속 같은 부엌에서 괴 싸우듯이 앙알거리고 있었다. 옥심이는 부리나케 그 일을 안아 맡아서, 밥을 잦힌다, 쑥국 간을 본다 해서, 제 딴에는 있는 솜씨 없는 재주 다 내가며 정성껏 얼버무려, 앓는 시어머니께 상을 드리고, 철부지한 시뉘 동생들의 밥까지 낱낱이 날라 주고는, 겨우 마음이 놓이는 듯이 불도 아니 켠 부엌으로 돌아와서, 몽당 빗자루를 깔고 아궁이를 향해 앉았다. 그러나 밥술 들 염은 반점도 없었다.

미상불 배도 고프고 목도 말랐으나 그것도 다 귀찮아, 바로 눈앞에 있는 따뜻한 물 한 모금도 마시지 않고— 그렇게 우거지상을 하고 앉아 있을 때에, 방안에서는 그래도 서로 잘 먹고 살려고들 야단이다. — 간장에 밥티를 넣었으니, 내 국을 왜 떠먹었느니, 저쪽으로 내켜 앉으라느니 어쩌느니, 그러다가 수복이가 또 빼— 하고, 잇달아 시어머니의 '아서라, 그 소리 듣기 싫다!' 하는 날카로운 핀잔 소리가 들리자, 옥심의 썩다 남은 가슴속이 또 한 번 대못을 처박듯이 쓰라렸다.

이러한 난리를 겪은 옥심이는 밥 한술 입에 떠 넣지도 못하고, 남 먹은 그릇만 차곡차곡 가시어 뒤 폐 없이 살강에 설겆고 나니, 그제야 마침 사립 앞에서 시아버지의 기침소리가 어험, 하고 들렸다.

"아버님 이제 돌아오십니까?"

어느덧 부엌에서 나선 인사였다.

"오냐. 넌 벌써 왔니? 고단허지?"

부드러운 말소리였다.

"삯밭매기보다 어때?"

"괜찮아요."

"응—. 그런데, 왜 불도 안 켜놓고 그러니? 인제 설거지냐?"

"다 했습니다."

"자, 이것 받아."

시아버지는 무슨 종이 뭉텅이를 내 주며, 옥심의 귀에 입을 갖다 대더니, 나지막한 소리로써 살짝,

"약— 약이다."

하고는 방으로 들어갔다.

"수복이는 오늘 잘 놀았나?"
하는 소리가 뒤미처 들렸다.

옥심이는 아무리 속이 상하고 답답할 때라도, 이 시아버지의 말씀만 들으면 햇빛에 눈 녹듯이 그 자리에서 속이 고대 풀어지는 것 같았다. 그녀는 냉큼 시아버지의 밥상을 갖다 드리고 다시 부엌으로 들어와서, 신문지로 두텁게 봉해 둔 바라지 문턱에 귀를 가지고 갔다.

"왜 인제 와요?"

시어머니의 꼬집는 듯한 소리가 들렸다. 시아버지는 젓가락 소리만 딸각거릴 뿐, 아무런 대답이 없다.

"어디서 놀았소?"

"……."

"왜 암말도 안 해요? 종일토록 뭘했소?"

"이거 왜 남 밥도 못 먹게 이 지랄이냐? 인젠 좀 살 만한가 부다."

시아버지는 마지못해 입을 뗀다.

"뭐가 살 만해요? 남 죽는 줄도 모르고, 어디를 그렇게 싸다니며 놀아요?"

"놀긴 누가 놀아? 네가 밤낮없이 자빠져 누웠지!"

"안 놀면 그럼 무얼 했소? 이 어린것들을 모풀 캐라고 내쫓아 놓고, 참 기가 막혀서 온!"

"……."

"대관절 어디 갔다 왔소?"

"약 지으러."

"약은 어디 있나요?"

"쳇! 누가 네 약 지어 왔을 줄 아니?"
"만첩 써야 안 낫는 그놈의 병에 또 무슨 약을 지었소? 돈이 곧 썩었지 썩어! 아이구, 그 놈 얼른 죽지도 않고……. 돈은 또 웬 돈이 있었소?"
시어머니는 연방 더 앙앙거렸다.
"빚 냈지."
"흥! 인젠 또 작은딸년을 마저 팔아 먹야겠군. 큰년은 공장에 팔더니, 이것들은 어디 팔겠고."
"……."
"어쩌자구 빚은 자꾸 그리 내 쓰우? 어떤 눈 빠진 놈이 뭘 보구 또 빚은 주는지 온……."
"……."
"뭘 가지구 갚으려우?"
"인젠 못 갚지. 저승에 가서 혹 잘 살게 되면 몰라도 ……."
"참 속도 태평이다. 저러니까 사람들이 모두 순님금이라고들 놀리겠지. 그 빚 내느니 외상 비료나 좀 얻어 올 것 아니요."
"아니, 참 그럴 말이 아니라, 오늘 백암사 농사조합에도 가 봤는데 나헌테는 비료 대부 못허겠다고 허더군. 무슨 심본지 온……."
"뭐요? 비료 대부를 못 하겠다구요. 왜 그럴까요— ?"
시어머니는 어지간히 놀란다.
"모르지. 중의 속 누가 안 담?"
"또 논 떼어 갈 심보가 아니겠소?"
"그럴는지도 모르지."
시아버지는 남의 일같이 신풍스럽게 말했다.

"아이구, 그럴 게유, 그래요. 또 바위네도 돈 떼일 때 그리드라우. 인제 큰일 났소. 큰일 나!"

"……."

"아이구, 모두가 천수 그놈 죄지. 병신자식 둔 죄지. 그놈만 아니드면, 이집 살림이 이다지는 안 망했을 게고, 딸자식도 공장에는 안 보냈을 게고…… 그놈 한 놈 바람에 인제 이 집안이 씨도 손도 없이 다 망하고 말 거유, 아이구 더런 놈 얼른 죽지도 않고…… 원수 원수 그런 원수가 또 있을까……?"

"거 무슨 소리냐? 요망스럽게!"

시아버지는 끊일 줄 모르고 종종거리는 아내를 낯이 없게 통 쏘아 주고는, 쓴 혀를 두어 번 끌끌 차더니 곰방대를 툭툭 툭 떨어뜨렸다. 숨을 죽여가며 듣고 있던 옥심이는 겨우 정신을 가다듬고 부엌을 나왔다. 그날 밤이 새도록 그네는 잠 한숨을 이루지 못했다.

안 십장의 말에 흔들리는 옥심이

사흘날로써 옥심의 집 부역은 마지막이었다. 그네는 안 십장의 호의로써 다행히 꾸지람 한마디도 듣지 않고 일을 마쳤다. 물론 그 대신 그보다 못지않게 마음 괴로운 바야 있었지만. 그리고 그것이 옥심이로 하여금 일을 마쳤다는 것이 기쁘다기보다 오히려 적이 섭섭한 생각까지 가지게 하였다.

(내가 웅천이 아닐까 ……?)

옥심이는 은근히 무슨 말이 있기를 기다리는 듯한 안의 앞을 잠자코 떠났을 때, 이런 생각을 아니할 수가 없었다. 안의 그 적적한 눈매를 못 잊어 하면서. 그래서 그녀는 다시 꿩 잃은 매같이 되어, 그날 저녁에도 병든 남편에게 밥을 가져다주고, 흐느적흐느적 집으로 돌아올 때였다. 막 동네 앞 돌다리를 건느려니,

"옥심이!"

하고, 뒤에서 누가 불렀다.

오랫동안 안 불리던 이름일 뿐더러, 때가 때요, 또 장소가 장소인 만큼, 옥심이는 도깨비나 만난 듯이 머리끝이 쭈뼛하고, 등줄기가 선뜩하며 발이 땅에 붙었다. 그리고 가슴속이 쌍방망이를 치듯이 두근거렸다.

"옥심이! 놀랄 것 없소. 내요!"

두 번째의 소리에 옥심이는 겨우 뒤를 돌아보았다. 목소리도 더러 듣던 소리거니와, 훌쭉한 키에 구겨진 '나까오리'를 푹 눌러쓴 꼴이, 달빛에 얼핏 보아도 안 십장이 분명했다. 그는 뚜벅뚜벅 옥심의 곁에 가까이 오더니,

"놀랐죠?"

옥심이도 그제야 마음을 놓고,

"그럼요, 놀라잖구!"

"잠깐 헐 말이 있어서—."

안은 바쁘게 눈짓을 하고서 서슴없이 돌아선다. 할 말이 어떠한 것인지 옥심이도 대강 짐작은 했지만, 망설일 새도 없는지라 못 이기는 척하고 안을 따라섰다. 안은 도깨비처럼 아무 말도 없이 시내 위쪽을 향해서 성큼성큼 발을 바삐 떼어놓았다. 옥심이 역시 귀신에게라도 홀린 듯이 사박사박 모래를 밟으면서 잠자코 그의 뒤만 따라 갔다.

그들은 한참동안 밋밋한 포플러 그늘을 지나고, 자갈밭을 갸

우뚱거리고, 큼직큼직한 돌 사이를 더듬어 나가서 마침내 높다란 낭떠러지 밑에 다다랐다. 그 가파른 절벽 밑에서, 냇물은 비로소 강물처럼 커다란 굽이를 지우며 빙 감돌아 흐른다. 벌써 돌다리는 보이지 않고, 거기서는 비록 어떠한 일이 일어나더라도 볼 사람, 들을 사람 있을 리 없었다.

"저기가 좋겠죠."

안은 옥심이를 데리고 바로 절벽 밑으로 갔다. 그리고 그들은 겨우 무거운 짐을 벗은 듯이 은가루 같은 세모래 위에 두 다리를 쭉 뻗고 나란히 앉았다. 그러나 옥심의 가슴은 새삼스럽게 뛰기 시작했다. 하긴 여태 외간남자와는 서로 말도 가까이 잘 못해본 그녀였던 만큼 아무리 어릴 때 한 동네에서 같이 자라난 안이기로서니 그러한 곳에서, 더구나 아닌 밤중에 같이 앉게 되고서야 부끄러운 정과 두려운 생각이 북받치지 않을 수 없었다.

"옥심이!"

안은 비로소 말을 높였다.

"나를 미친 사람으로 생각허실 테죠?"

안은 짐짓 예사로운 태도로 말을 꺼냈다. 옥심이는 여전히 침 먹은 지네처럼 말문이 열리지 않았다.

"옥심이도 잘 알듯이 난 원래 배운 데 없는 만무방이고, 이놈의 팔뚝밖에는 아무 것도 가진 것 없는 맨털털이지만, 남을 속이거나 해치는 허릅숭이는 아니오."

안은 상일로만 닦인 사람이라, 말씨는 그리 부드럽지는 못해도, 결코 우악스럽거나 음충맞지는 않았다. 그는 옥심이를 안심 시키려는 듯이,

"당신도 물론 세상일이란 것을 잘 짐작했을 테지만, 나도 거칠은 일을 해 오면서 근 십년 동안이나 말 갈 데, 소 갈 데 다 찾아다니며, 입이 쓰도록 이놈의 세상맛을 보아왔소. 결코 장난으로 아무 주책없이 옥심씨를 성가시게 하는 게 아니요. 그리 생각하시고 옥심씨도 옛날 우리 커날 때 모양으로, 가림 없이 얘길 좀 해 봐요."

안은 그제야 '나까오리' 앞전을 약간 밀어 올리며 마음을 늦추었다. 그러나 옥심이는 연방 더 아미를 숙였다.

무거운 침묵이 시작되었다. 냇물은 달빛을 가득 실은 채 커다란 파문을 지으며 빙빙 감돌아 돌고, 젊은 남녀의 가슴속은 가물에 물 잦아지듯 바작바작 졸려들었다. 이따금 호젓한 밤바람이 화석같이 잠자코 앉은 그들을 마치 달래기나 하듯이 신선한 들향기를 흐뭇이 뿜어 주며 스쳐가나, 겨우 옥심의 흰 목덜미 위에 처진 고수머리카락만이 잠깐 설레일 따름 침묵은 계속되었다.

이윽고 안은 무슨 결심을 한 듯이 물 위로부터 시선을 돌리며 침착한 어조로써,

"옥심이!"

하고 입을 먼저 떼었다.

"나를 따르기가 싫습니까? 싫거든 말씀해 줘요. 우린 천성이 긴 이야기 할 줄 모르니까요."

맺고 끊는 듯한 말조였다.

"생각은 있더라도……."

옥심이도 박부득이 모기만한 소리로써 입을 떼긴 했으나 끝을 맺지 못했다. 안은 말에 힘을 얻은 듯이,

3장. 문둥이 남편을 둔 아내의 고충: 김정한의 「옥심이」

"생각은 있더라도…… 어떻단 말씀이요?"

등달아 물었다.

"걸리는 게 많아서……."

"뭐가 그렇게 맘에 걸리우? 그 모양 돼서 누운 남편이?"

"그것도 그렇지만, 그보다 어린 걸 어떻게 떼놓겠어요?"

옥심의 말은 어느덧 눈물에 젖기 시작했다.

"그야 그럴 거요. 나도 옥심의 마음속을 모르는 바는 아니오만, 당신의 처지가 하도 딱해서 하는 말이요. 초로 같은 한평생을 어찌 그리 허무하게 내버리려 하오? 구구히 맘에 낄 필요가 없다고 생각해요. 당신같이 마음이 고운 사람이길래 여태 붙어 있었지, 웬만한 여자 같아 보시오. 벌써 무슨 탈이 나잖았는가? 열녀니 뭐니 하는 것도 거 다 옛날 얘기지요. 지금 시대에 맞지 않는 소리. 그야 당신의 남편이 다른 병 같으면 당신이 꿈엔들 그러한 생각을 가지며, 낸들 또 감히 그러한 죄될 엄두를 내겠어요."

안은 토정(吐情)을 시작하였다.

" ―병이 병인 만큼, 당신의 친가에 와 있던 그 해― 아마 그러께였지요― 그때부터 나는 그런 생각을 내봤어요. 뭐 너무 그리 꼼꼼스럽게 생각할 필요는 없어요. 그야 옥심씨의 말과 같이 어린것 하나가 몹시 걸릴게요마는, 그건 그래도 조부모가 있고 하니, 제대로 다 자라날 것 아니요?"

옥심이도 문득 안에게 손목을 잡힌 줄은 물론 알았지만, 구태여 빼려고 하지 않았다.

"따라가시겠죠?"

안은 처음으로 금니를 엿보이며 빙그레 웃었다. 그리고 옥심의 어깨 위에 고요히 손을 얹었다. 옥심이는 절에 간 색시처럼, 사내가 하는 대로 그의 곁에 뽀듯이 다가앉았다. 그러나, 놀란 비둘기같이 가슴의 고동은 갑자기 더 높아졌다.

어스름 봄 달은 그들의 등을 고요히 비쳐주고, 물결은 발 밑에서 한가롭게 철썩거렸다. 그리고 먼 성뚝 위에서는 뻐꾸기 소리가 구슬프게 뻐꾹뻐꾹 높았다 낮았다, 그들의 마음을 더욱 들쑤시었다. 시내 아래쪽에는 커다란 바위돌들이 마치 기괴한 짐승처럼 달빛에 조을고, 흰 구름 둥실 뜬 먼 하늘을 향하여 명매기도 짝을 지어 낄낄, 봄밤을 못 잊으며 울고 갔다.

그들은 밤이 꽤 이슥해서 그곳을 떠났다.

움막에서 사는 문둥이 남편 천수

톡, 톡, 톡!

하루도 빼지 않고 새벽마다 떨어대는 시아버지의 담뱃대 소리에, 옥심이는 깜짝 놀라 잠이 깨었다. 그러나 먼동이 트이려면 아직 멀었다.

옥심이는 이불 밑에 추위에 웅크렸던 몸을 주욱 뻗으며 기지개를 한번 쓰고는, 얇은 자리옷으로 반만큼 덮인 한쪽 다리를 들어 이불위에 내던지고 돌아누우면서, 곁에 자는 수복의 얼굴을 무심코 들여다보았다. 그리고 그의 땟국 얼룩이 진 얼굴을 고이 쓰다듬어 준 다음 다시 몸을 반듯이 돌리고는 우두망찰하게 허공을 쳐다보았다.

몸은 풀죽은 행주같이 늘어져 나른한데, 지난밤 일이 꿈인 듯 또 머리를 쳐들었다. 병든 남편을 위해서 몇 해 동안이나 꼿꼿이 과부와 같은 생활을 해 오다가, 그만 우연한 동기로 말미암아 그렇게 허술히 정조를 무너뜨린 것이 적이 안타깝기도 하였으나 또 달리 생각해 볼 때에는 그까짓 쓸데없는 인정이니 의리니 하는 곰팡내 나는 인습에 얽매여서, 두 번 없는 인생을 망치는 것보다는 오히려 그렇게 하는 것이 영리하다기보다 옳은 일 같기도 하였다. 그러나 옥심이는 과연 자기에게 선뜻 안을 따라 나설 용기가 있을까 의심하였다. 아니, 도저히 그런 행동이 취해질 것 같지 않았다.

그날 낮, 옥심이는 뒤숭숭한 가슴을 안고 내 건너 남편의 움막을 찾아갔다. 벌건 대낮에도 사립문을 꼭 달아 두고서 등짐장수 밥 짓듯 시커먼 뚝배기에 쓴너삼 뿌리를 달이고 있던 천수는 아내가 그렇게 한낮에 찾아온 것을 의외로 알고, 또 덜 좋아하였다.

"멀 하러 왔어?"
온 사람 정도 모르고 퉁명스럽게 헤던졌다.
"놀러 왔어요."
옥심이는 적적한 웃음을 띠었다.
"흥, 팔자 좋군! 가서 밭이나 매라우."
천수는 귀찮은 듯이 코웃음을 치고는 쳐다보지도 않았다.
"……."
"어서 가!"
천수는 약 화로에 부채질을 하면서, 연방 더 시무룩해졌다. 뚝배기에서는 메슥메슥한 쓴너삼 내음새가 모락모락 올라오는 김과 함께 풍겼다.

옥심이는 남편의 그렇게 차디찬 태도가 다소 원망스럽지 않은 바도 아니었지만, 그보다 불쌍한 생각이 앞서서 넋 잃은 사람처럼 우두커니 남편의 하는 대로만 바라보고 있을 따름이었다.

천수의 얼굴에는 아직도 지난날의 그림자가 어렴풋이 남아 있었다. 그러나 빛깔은 무섭게도 검노르게 시들어졌다. 그는 문둥이다.

옥심이가 그와 결혼을 한 것은 지금부터 칠년 전. 그래서 지금 다섯 살 되는 수복이를 낳던 그 해 봄부터 천수는 앓기 시작했다. 처음에는, 어릴 때 논에 뜨거운 쇠죽을 지고 가다가 불행히 통 밑바닥이 빠져서 데인 자리가 새삼스럽게 덧나더니, 그것이 꼬투리가 되어서 결국 무서운 병이 되고 말았다. 그리하여 그것이 동네 사람들에게 알려지자, 시대가 시댄지라, 그는 하는 수 없이 지금의 움막으로 쫓겨나듯이 옮겨온 것이었다. 그러나 그는 이를 악물고 병만 고칠 생각이지, 아내까지도 만나기를 싫어하였다.

"가라는데 왜 안 가고 있어?"

그는 무섭게 눈을 흘기며 못마땅한 듯이 아내를 노려보았다.

"저가 있으면 어때요?"

"안 돼! 가, 어서!"

"글쎄요, 있으면 어때서 그래요. 저야 가나오나 일반이죠."

옥심이도 말끝이 약간 비쭉해졌다.

"쳇! 집에서 또 무슨 속상한 일이 있었나부다. 그러지 말고 어서 가!"

천수는 그만 귀찮은 듯이 제 방으로 들어가버렸다. 옥심이가 화로에 숯을 두어 개 더 깨넣고 불을 보고 있으니까,

"어디, 여기 좀 와 봐."

뜻밖에 소리를 낮춰서 불렀다. 옥심이는 무슨 영문인지도 모르고, 방문 앞으로 가 보았다.

"왜 가라니 안 가고 어름거려? 가기 싫거든 이리 좀 들오게!"

옥심이는 남편의 눈치가 조금 수상스러웠으나, 설마 그러리 짐작하고 방안으로 들어갔다. 그리고 매캐한 냄새가 코를 폭폭 찌르는 우중충한 방안을 한번 빙 둘러보고는 자리에 앉았다. 그을음 앉은 서까래가 죽은 구렁이처럼 구불구불 드러나 있는 천장에는 어지럽게 거미줄이 얽히고, 거칠게 바른 흙벽초차 군데군데 헐어져서, 낡은 삿자리 위에 여기저기 매흙이 떨어져 있는 꼴이 아무리 보아도 사람이 사는 방 같지는 않았다.

천수는 오뚝하게 모으고 세운 두 정강이를 깍지 낀 팔로써 우겨 안고 아래쪽에 우두커니 앉아있을 뿐, 좀처럼 말이 없었다. 옥심이는 이윽히, 그의 입에서 무슨 말이 나올는지 짜장 궁금히 여기다가, 마침내 자기가 먼저 입을 떼었다.

"인제 좀 나아요?"

천수는 잠자코, 고개만 두어 번 가로 흔들어 보였다.

"왜 그다지도 약효가 아니 날까요? 돈도 약도 없는 터전에 그만큼 썼거니와, 우선 아버님과 저가 캐다 드린 쓴너삼 뿌리만 하더라도 짐으로 몇이나 될 텐데……."

"글세 말야."

천수는 떡심 풀린 입맛을 다시었다.

"약도 약이지만, 그동안 당신이며 집안사람들이 겪은 고생이며 설움인들 여북하겠어요. 모진 놈의 병도 있지!"

옥심이는 한쪽 정강이를 세우고 앉은 채, 비둘기같이 부드러운 소리로써 중얼거렸다.

"아아니, 병이 모질다기보다, 원수의 목숨이 모질어서 그렇지! 그만 뒤어졌으면 좋을 텐데……."

"무슨 말씀을 그러시오? 목숨이란 건 하늘에 매였다는데."

"하늘 아니라, 그보다 더한 것에 매였다 하더라도 쓸데없는 목숨이면 살아서 뭘 해!"

하고, 남편은 뼈만 남은 주걱턱을 더디게 떠죽거리며 말소리를 적이 높였다.

"―차라리 죽고 말 일이지! 이 이상 더 집안사람들과 나 자신을 망신시키고, 설움 보이고, 고생시킬 낯이 또 어디 있겠어?"

"그렇지만……."

"그야 생각할수록 맘에 걸린다기보다 한 되는 것을 말하자면 이루다 들 수가 없겠지만, 낫지 않을 병인 이상 살아서 그 공 못 갚을 바에야 차라리 죽어서 걱정이나 덜어주는 게 옳지."

옥심이는 말문이 막힌 듯이 잠자코 남편의 입만 어이없이 바라보았다.

"그러나, 목숨이란 정말 모진 것이야."

하고, 천수는 말을 계속하였다.

"나도 이놈의 병이 들기 전에는 문둥이를 볼 때마다 왜 죽지 못하는지, 하고 욕을 했더니, 사실 내가 그런 병이 들고 보니, 그것들의 마음을 가히 알겠거든. 문둥이의 목숨도 성한 사람의 목숨과 마찬가지란 말야. 그리구 생각도, 세상이 천대하면 할수록 살고 싶은 생각이 더 꿋꿋하게 나더구나……. 그야 나도 여러 번 독약을 손에 쥐어도 보았지만, 그것은 다 뜻대로 안 되더군. 사람이란 내일에 속아 산다는 말이 있지만, 문둥이도 그래 오늘이나 나을까, 내일이나 덜할까 하는 사이에, 나도 어느덧 오년이란 긴 세월을 자개 속의 게같이 살아오며, 결국 자네 신세까지 망쳐 놓았지만, 지나고 보니 모두가 내 잘못, 모진 목숨의 탓이야. 그러나 인젠 그리 멀지 않을 거야."

천수는 마치 사과나 하는 듯이 아내의 손목을 잡으며 한숨을 쉰다.

지긋지긋한 침묵―. 옥심이는 못 이기는 듯이 손을 잡힌 채 엉쇠판을 겪어 오느라고 애면글면 터덕거린 자취가 앙상하게 남은 얼굴에 또 한 줄기의 눈물을 드리웠다.

"옥심이!"

이윽고 그를 쳐다보는 남편의 눈에는 별안간 이상한 빛이 얼른 지나갔다. 제 남편이면서도 옥심이는 불안한 생각이 불쑥 들었다.

천수는 약간 떨리는 듯한 팔에 점점 힘을 주면서 아내를 지그시 당겼다. 옥심이는 당황히 물러앉으면서, 손을 빼려고 했다.

"싫으냐?"

천수의 숨소리는 불시에 커졌다. 마치 성낸 황소처럼. 그리고 옥심의 또 한 손을 마저 잡으려 할 즈음에, 공교히 수복이란 놈이 어디서 엉엉 울며 찾아왔다.

그것을 다행으로 옥심이는 겨우 손을 빼어가지고 밖으로 나왔다.

"왜 울어?"

옥심이는 아직도 두근거리는 가슴을 누르면서 수복이의 곁으로 다가섰다.

"왜 우느냐 말야!"

"애들이 때려요."

수복이는 울음 반, 말 반이다.

"왜?"

"문둥이 애라면서……."

옥심이는 그만, 말은커녕 숨이 탁 막힐 듯 했다.

"오냐, 그렇다! 네 아비는 문둥이고 여기는 문둥이가 사는 집이다. 냉큼 가거라! 다시는 모두 내 눈앞에 보이질 말아라!"

뜰에 있는 사람이 질겁을 하도록 문을 부서지라고 열어젖뜨리며, 남편은 고래고래 고함을 쳤다.

놀란 수복이는 갑자기 울음소리를 거두고 눈만 휘둥그레지며, 어미의 치맛자락을 덥석 거머쥐었다. 쑥대강이 같은 머리 밑까지 진땀이 배이고, 입가엔 콧물 눈물이 뒤엉킨 그의 때 묻은 옷고름에는 푸석푸석 마른 뻘기가 제 손으로 반 웅큼 가량 매달려 있었다.

"냉큼 다 가거라! 나는 문둥이다. 다시는 인제 내 곁에 오지를 말아라!"

천수는 화를 못 이기는 듯이 두꺼비처럼 배를 불룩거리며 흘겨보았다. 옥심이는 남편이 화를 내는 원인을 모르는 바가 아니지만, 그냥 모르는 척 하고, 수복이를 등에 업기가 바쁘게 그곳을 물러나왔다.

밀회 현장을 들키고 도망가는 옥심이

그 뒤부터, 옥심이는 남편에게 밥을 가져다주는 것까지 주저하였다. 아니 저어하였다.

"제 사내 밥 심부름을 싫어하는 년이 있나 온? 그럼 누구더러 가져다주란 말인가?"

시어머니는 방구석에서 코끝도 내놓지 않고, 그저 옹알거리기만 했다. 그러나 시아버지는 옥심의 마음속을 대강 눈치챘던지, 틈만 있으면 손수 가져다주었다.

만약 옥심이가 가져갈 때에는, 반드시 수복이를 데리고 갔다. 그럴 때마다 천수는 애초부터 방문을 열어도 보지 않거나, 그렇지 않으면 옥심이가 돌아서기가 바쁘게 밥함지를 마당으로 팽개쳐 엎었다.

그처럼 천수는 저번 날 그런 일이 있은 뒤부터는, 말이며 태도가 갑자기 사나워졌다. 그리고 마침내 병에도 낙담이 되었던지, 전날처럼 약도 또박또박 쓰지 않았다. 천수의 그와 같이 내던진 태도는 옥심이로 하여금 퍽이나 슬프게도 하였지만, 한편으로는 도리어 그의 홍뚱홍뚱한 마음에 반사적으로 아주 딴 생각도 북돋우어 주게 되었다.

옥심이는 다시 신작로 공사장에 일을 하러 다니기 시작했다. 물론 이번에는 부역이 아니고, 바로 돈벌이였다.

시아버지는 안심치 않아서 처음에는 몇 번쯤 말리어도 보았지만 며느리의 간청이라 혹시 그 편이 며느리의 마음에 조금이라도 위로 되는 일인가보다 생각하고, 나중에는 구태여 말리지도 않았다. 옥심이는 아침 일찍부터 저녁 늦게까지 만두할머니와 함께 돌자갈을 팠다. 물론 삯이야 도무지 말도 아니되지만 그까짓 것은 애초부터 문제가 아니었다. 어째도 좋았다. 그리하여 옥심이는 가끔 저녁이면 안 십장을 따라서 냇가를 거닐었다. 미친 것처럼 이슬에 치맛자락이 젖는 줄도 모르고, 물론 만두할머니도 눈치는 채었지만 알고도 모르는 체하였다.

그러나 돌아오는 것이 늦으면 늦어질수록 집에서는 옥심이를 점점 의심하게 되었다.

"뭘 하고 인제 와?"

시어머니가 꼬집고 뜯듯이 물으면,

"만두네 집에 들렀다 왔어요."

옥심이는 대범하게 얼러맞추었다.

"만두네 집에는 무슨 볼일이 그리 많은가? 무슨 금덩이라도 묻어 뒀나?"

시어머니가 끝내 앙칼지게 나가면, 옥심이는 그만 입을 다물고 새무룩해질 뿐이다. 그런 다음에야 시어머니가 뭐라고 게걸거리든, 그저 신청부같이 제 방에만 들어가 버리면 그만이다. 시아버지는 원래 천성이 태평이라 며느리가 일찍 돌아오면 일찍 오는가보다, 늦도록 안 오면 그저 아들의 밥이나 가져다 줄 따름이지, 아내처럼 미주알고주알 캐지는 않았다.

그러나, 세상일을 누가 보증하랴? 싸고 싼 향내도 난다는 격으로, 옥심의 일도 그만 하룻저녁 사이에 탄로가 나고 말았다.

그가 역시 안 십장의 뒤를 따라서 냇가를 더듬어 내릴 때였다. 공교히 그들의 뒤에 돌연히 사람 그림자가 하나 우뚝 나타났다. 찬물을 집어쓴 듯이 놀란 그들은 서로 쳐다보기가 바쁘게 고양이처럼 허리를 옹크리고 바위 사이를 날렵하게 빠져 달아났다.

"예끼, 연놈들! 가긴 어딜 가니? 가만 게 있어!"

뒤에서 우람스런 호통소리가 터지고, 커다란 돌덩이가 그들의 발 앞에 벼락 치듯 떨어졌다.

"요오시(어디보자)!"

안은 순간 발을 멈추었으나,

"안 돼요! 남편이여요."

하고, 옥심이가 꿋꿋이 말리는 바람에, 그만 못 이기는 듯이 다시 달음질을 쳤다.

"예끼, 연놈들! 정 거기 못 섰겠니?"

뒤에서는 걸쌈스런 위협소리와 함께 연방 돌덩이가 날아 닥쳤다. 앞선 그들은 흘금흘금 뒤를 돌아보면서, 손을 맞잡고 내달렸다. 옥심이가 몇 번이나 넘어질 뻔하는 것을 안은 손싸게 껴안아가며 바위틈을 타내리고 여울목을 성큼성큼 뛰어 건넜다.

"아이구, 내 죽는다—."

급기야 뒤에서 먼저 외마디소리가 났다. 아마 돌 틈에 내꽂힌 모양이었다. 그러나 쫓기는 남녀는 들은 체 만 체. 공교로이 냇가를 빠져 나와서 우묵한 보리밭 속으로 기어 들어갔다. 마치 선불 맞은 돼지새끼처럼. 그리고 한참 네 발걸음을 치다가, 드디어 보릿골 사이에 납작하게 앉아서 숨소리를 죽였다.

"죽일 연놈들, 어디로 사라졌나?"

다시 일어나서 뒤를 밟는 천수의 미친 듯 헐떡거리는 숨소리가, 선뜩하게 그들의 코앞을 지나갔다.

이윽고, 그들이 보릿대 사이로 살며시 고개를 내밀었을 때,

"예끼 화양년! 너가 가면 몇 발이나 갈 줄 아니?"

천수는 한쪽 다리를 절뚝거리면서, 으스름한 냇가를 잇달아 내쫓고 있었다. 역시 쓸데없이 돌을 내던져, 풍덩풍덩 헛물만 치면서.

남편의 그 우습고도 추근추근한 꼴이 보이지 않게 되었을 때, 옥심이는 겨우 마음을 가다듬고 안을 따라 일어섰다. 땀과

이슬에 옷은 함빡 젖어, 풀 죽은 치맛자락이 아직도 부들부들 떨리는 듯한 그의 종아리 짬에 징그럽게 휘감겼다.

"어쩌면 좋겠어요?"

옥심이는 걱정스럽게 물었다.

"뭐 어쩔 게 있나요. 언제라도 한번은 탄로가 나고야 말 것인데! 인젠 박부득이 이곳을 떠나야죠."

안은 벌써 결심이 다 된 대답이다. 두 사람은 필대로 다 핀 보릿대를 헤치고 다시 으슥한 냇가로 나왔다.

옥심이가 안을 저만큼 뒤 세우고 자기 집 울타리 밖에 살짝 왔을 때는, 밤도 이미 이슥한 뒤였지만, 허방을 짚은 남편의 분하게 퉁퉁거리는 소리가 아직도 야경스럽게 들렸다.

"더러운 년 같으니! 난질을 해도 분수가 있지, 사지를 째어 놓을 년!"

삼 이웃이 다 알도록 떠들어댔다.

"난 처음부터 그년의 눈치를 대강 알아봤어. 그년이 웬걸 일이 하고 싶어서 신작로 역사를 갔을 게라구? 그저 제 맘이 꼴리니 제 길 제 닦으러 간 게지 뭐."

시어머니도 기가 펄펄하게 등달아 야단이다.

옥심이는 실인즉 어떻게 옷이나 갈아입었으면 하고 와 본 것이지만, 판세가 판세라, 그렇지 않아도 데인 가슴에 도리어 겁만 더 집어 먹고서, 그만 입은 그대로 안을 따라 도망질을 나섰다.

모정에 돌아온 옥심이와 가족을 떠나는 문둥이 남편

옥심이가 떠난 뒤, 그의 시집은 걷잡을 수 없이 망해 들어갔다. 천수의 병은 될 대로 다 되어버리고, 시어머니는 줄곧 잔병 치레만 하고 누워서 세월을 보내니, 아무리 시아버지 허서방 혼자서 똥줄이 빠지게 터덕거려 봐도 도무지 폭이 맞질 않았다.

게다가 설상가상으로 옥심이가 떠나고 닷새도 못 지나서, 근 십년이나 부쳐오던 절논— 그 논 까닭으로 신작로 부역까지 나간 백암사 논이지만— 너마지기까지 턱없이 중에게 떼이었으니, 뭐 도무지 말이 못되게 옹색해졌다. 그리 되고 보니, 논이라곤 인제 팔다 남은 별똥지기가 겨우 손바닥만 하게 쳐졌을 뿐, 그것으로 많은 식구가 살아 나간다는 것은 철부지한 농촌 지도원들의 잠꼬대지, 아예 안 될 말. 제 아무리 물신선 같은 허서방일지라도 속이 졸리지 않을 수가 없었다.

그러나 허서방은 이렇게 두 발목에 무거운 쇠사슬을 얽맨 듯하고, 애면글면 억판을 허덕거리면서도 겉으로는 여전히 만고태평이다.

"이러다가 말경에 어떻게 허실 테요?"

마누라가 푸념을 시작하면 그는 으레,

"사는 대로 살지 뭐. 설마 산 사람의 입에 거미줄 치겠어!"

"참, 속도 알 수 없다. 남자가 돼서 어찌 저렇게도 맘이 허무할꼬 온!"

"허무 않으면 어떻게 해? 무슨 별수가 있담? 이놈의 세상을 고치기 전에는 제에기, 한동안은 제법 보천교니, 무슨 당이니, 갈라먹는 세상이니 뭐니 하고 떠들썩하더니……. 요즘은 그놈의 정감록도 아마 쓸데가 없는 모양이지!"

허서방은 선하품만 할 따름이었다. 그리고 어쩌다가 남의 일이라도 가서 팔자에 없는 술잔이나 걸치고 오는 저녁이면,

그만 방이 비좁게 큰 대자로 뻗치고 누워서, 불밤송이 같은 수염을 들썩거리며, 만고강산을 혼자 가느니 어쩌느니 하고 노래도 아닌 것을 한참 엉얼거리다가는 저도 모르게 그만 쿨쿨 쇠잠이 들어버린다. 그러나, 설령 그러한 때라도 먼동만 트이면 누구보다도 먼저 일어났다. 마치 그것이 근 오십년 동안을 하루도 빼지 않고 지켜 온 철칙(鐵則)이나 되는 듯이.

그는 안 십장을 따라간 며느리를 구태여 원망하지도 않았다. 아무렇게나 차려다 들이미는 밥상을 대할 때마다, 떠나간 며느리의 그 찬찬한 솜씨가 새삼스럽게 생각 아니 나는 바도 아니었지만, 그렇다고 해서 안을 따라가 어느 공사장에서 밥장사를 시작해서, 제법 재미를 보며 오붓하게 살아간다는 며느리의 소식이 풍편에 들었을 때에도, 결코 아내처럼 박하게 미워하지도 않았다. 모든 것을 오히려 자기 자신의 불우한 팔자로만 돌렸다.

이렇게 해서 날이 가고 달이 바뀌고 하는 동안에, 천수는 마침내 양잿물까지 먹어보았으나, 불행히 죽어지지도 않고, 가을철이 되었다. 그러나 금강산도 식후경이라고, 거둘 것 없는 천수의 집에는 가을이 와도 아무런 기쁨도 없었다. 아니 이미 보리 양식조차 떨어진 뒤라, 도리어 삼순구식의 잔인한 운명이 그들을 향하여 아가리를 벌렸을 뿐이다.

허서방은 자고 새면 남의 일을 다니고, 마누라는 밤낮 방구석에서만 고양이처럼 옹알거리기만 했다. 그리고 두 딸애는 아직도 철도 채 안든 것들이, 벌써 다라지게 땔나무를 해온다, 밥을 짓는다 해서, 집안일을 안아맡고, 수복이는 천하 천더기가 돼서, 옷도 헐벗을 뿐더러 어쩌다가 끼니때를 놓치면 으레 밥도 못 얻어먹고서, 주린 개새끼처럼 할금할금 집안 사람들의 눈치만 엿보았다.

그러던 어느 날, 천만 뜻밖에 옥심이가 조그만 보퉁이 하나만 들고서 되돌아왔다. 천수의 집에 있을 때 보다는 훨씬 얼굴이 푼더분하고, 옷 꼴도 꽤 말쑥하였다.

옥심이는 보퉁이를 마당가에 내던지기가 바쁘게 주린 짐승같이 수복이를 와락 끌어안고 미친 것처럼 느끼기 시작했다. 막혔던 홍수가 갑작스레 둑을 박차고 쏟아지듯이 오랫동안 눌러오던 감정이 불시에 터질 구멍을 찾은 것 같았다. 물론 옥심이에게는 벌써 곁에 누가 있든 없든, 또 남이야 비웃든 말든, 아랑곳할 바 아니었다. 다만 수복의 굴왕신 같은 낯바닥에 자기의 눈물 얼굴을 맞대고 비빌 뿐이었다. 수복이도 오래 떨어졌던 어머니라 반가운 정이야 여북 컸으랴마는, 어머니의 우악스런 태도에 무슨 영문인지 모르고, 그저 얼떨한 채 어머니의 하는 대로만 맡겼다.

"수복아!"

옥심이는 꿈이나 아닌가, 아들의 얼굴을 보고 또 보았다. 그리고 목 메인 소리로써,

"엄마 얄밉지?"

그러나 수복이는 그 말궐랑 알아들을 수 없고, 갑자기 자기도 눈물을 글썽 담으며, 대답이라고 하는 것이,

"엄마! 인제 가지 마!"

하고, 도리질을 하였다.

그때야 마침내 안방 문이 탁 열리며, 시어머니가 새파란 얼굴을 내밀었다.

"이년아, 뭘 하러 이 집에 또 왔어?"

칼날 같은 말이 쏟아지기 시작했다—.
"어서 나가거라, 뵈기 싫다! 이 돌팔이 같은 화양잡년아!"
그러나 이보다 더한 것도 이미 각오하고 온 옥심이다.
"왜 안 나가니, 이년아? 어서 나가거라! 그만큼 이 집 망신을 시켰으면 됐지, 또 뭘하러 도로 왔어? 이 모진, 벼락 맞아 죽을 년아!"
시어머니는 이를 아드득아드득 갈아 부치면서, 물 퍼붓듯이 후욕패설을 해 던졌다.
그래도 옥심이는 수복이를 품에 안은 채, 화석처럼 고개를 숙이고 가만히 서 있었다.
"저런 뻔뻔한 년 같으니, 그래도 썩 안 나갈 테야? 맞아 죽기 전에 냉큼 나가거라!"
시어머니는 짐짓 어른 틀거지를 내보이며 아주 쥐 잡듯이 닦아세우더니, 그만 기가 다 된 듯이, 이번엔 마루턱에 앉아 있는 딸년들을 내쫓으며,
"이년들아, 너흰 무슨 구경삼아 보고 있니? 빨리 가서 네 오빠나 데리구 와!"
그러나 그 말이 미처 끝나기 전에 천수는 어디서 벌써 소문을 들었던지, 한쪽 다리를 질질 끌며 들이닥쳤다.
"그년 어디 있어요?"
하기가 바쁘게, 천수는 옥심이를 향해서 게걸음을 쳤다. 그리고선 짚고 온 대막대기를 휘두르더니, 몰강스럽게 옥심이의 아랫동아리를 후려갈겼다.
"에구머니!"
하고, 옥심이는 수복이를 안은 채 사정없이 넘어졌다.

"죽어라, 이년아!"

눈도 뜰 새 없이 개 잡듯한 물매질이 연해 시작되었다. 낯바대기든 어디든, 옥심의 몸에는 순식간에 푸른 줄이 애처롭게 주욱죽 드러났다. 그러나 옥심이는 이를 악다물고 좋이 매를 받았다. 죽어도 좋다는 듯이. 그리하여 옥심이가 거의 죽었다시피 늘어졌을 때, 천수는 곁에 있는 보퉁이를 마저 걷어 차버리고는, 제바람에 부치어서 그만 뒤로 털썩 주저앉기까지 하였다. 그러나 그는 번개같이 일어나서 다시 매를 치켜들었다.

"백 번 죽여도 아깝잖을 년! 그처럼 못 견뎌서 난질을 나간 년이 왜 또 들어왔어? 이 더러운 구렁이 같은 년! 나가거라 빨리!"

천수의 독한 매는, 또 한 번 옥심의 늘어진 허구리를 끊어지라고 갈겼다.

"어서 그년 몰아내라! 남부끄럽다. 뵈기 싫다!"

시어머니는 말릴 줄은 모르고, 짜장 시원한 듯이 아들을 부추기었다. 겁을 먹은 수복이는 울타리 곁에서 경풍 앓는 애처럼 왈왈 떨며 울어대고, 옥심이는 늘어져 누운 채, 맞은 자리만 실룩거렸다.

사립문 밖에는 어느덧 철없는 애새끼들이 구경이라고 모여 서고, 솔가지로 얽맨 울타리 구멍으로는 온 동네 여자들이 서로 들여다보려고 야단이었다.

"나가거라, 이 망할 년아!"

급기야 천수는 아내의 한쪽 다리를 덥석 치켜들고는, 개 끌듯이 끌었다.

"아이고 수복아, 수복아!"

옥심이는 그제야 외마디소리를 지르면서 끌리지 않으려고

두 손에 힘을 주어 땅바닥을 긁는다.

"너 여의곤 못 살겠더라……!"

그때 마침, 산에 갔던 허서방이 집채만 한 나뭇짐을 해서 지고, 사립문을 들어섰다. 그는 심상치 않은 뜰 안 광경을 우두커니 바라보더니, 이내 낌새를 챈 듯이 아무렇게나 나뭇짐을 벗어 던지고는 뚜벅뚜벅 아들의 앞에 다가서며,

"그게 누구냐? 왜 그러니?"

허서방은 부러 놀란 빛을 숨기며 대범하게 물었다.

"이년이 되돌아왔어요. 죽일 년 같으니!"

"응, 수복어미로군!"

허서방은 돌아온 며느리를 잠깐 굽어보더니, 다시 아들을 향해서,

"너 그 손 얼른 떼렸다!"

"못 놓겠어요."

아들은 연해 끌었다.

"떼라면 곧 떼어야지!"

허서방의 뚜렷한 눈에 불같은 것이 번쩍하였다. 그는 못마땅한 듯이 아들의 손을 확 뿌리쳐버리고서, 며느리를 안아 일으켰다. 그러나 옥심이는 다시 시아버지의 무릎 앞에 힘없이 쓰러졌다.

"아버님! 죄 많은 년을……."

옥심이는 말을 마치지 못하고 흑흑 느끼기만 하였다.

"왜 도로 왔어?"

허서방의 말은 너그러운 듯하면서도, 엄한 곳이 있었다.

"수복이를 못 잊겠어요……."

옥심의 느낌은 더욱 커졌다. 기다란 한숨이 줄곧 터져 올랐다.

허서방은 그렇게 되리라고 생각하던 것이 결국 그렇게 되었다는 듯이, 고개만 두어 번 끄떡거리고는, 다시 며느리를 추어일으켰다.

"아이고 저런 웅천 좀 봐! 그만 또 속는구먼. 애도 곤도 없는 바보지 뭐야!"

마누라의 빈정거리는 소리가 들리자, 허서방은 곁에 있는 지겟작대기를 들어서 안방쪽을 보고 핑 내던졌다.

"예끼 가살이 같은 년!"

작대기가 밑창살을 지끈 부수고 방안으로 튀어 들어가자, 아내는 그만 쥐 죽은 것 같이 끽소리가 없어졌다.

그러나 천수는 참다못해 아버지에게 와락 덤벼들며 옥심이를 몰아내려 했다.

"이놈이 미쳤나!"

허서방은 아들을 힘대로 떠밀어 버렸다. 천수는 두어 발이나 나가자빠지면서,

"그 더런 잡년을 이 집에 또 두겠단 말씀요? 집안이 망하려니 참 ……. 안 되어요, 안 돼! 내가 죽었으면 죽었지 그년은 기어이 내쫓고 말거예요!"

천수는 연방 악담을 하며, 분에 받쳐서 전신을 와들와들 떨어댔다.

"너가 나가거라! 이 더러운 놈아! 그렇지 않으면 이 애비를 좋게 잡아먹든지? 전라도 소록도가 그렇게도 무섭더냐? 이 소 같은 놈아!"

평생 화를 잘 아니 내던 아버지의 커다란 눈에서 갑자기 시

퍼런 불이 촬촬 떨어졌다. 그것을 본 천수는 그 괄괄하던 기가 금시에 탁 꺾이고, 그만 뿔 빠진 쇠상이 되어서, 원망스러운 듯이 아버지를 잠깐 쳐다볼 뿐, 다시는 두 말도 못하고, 그곳을 물러나갔다.

이윽고, 내 건너 천수의 움막에는 시뻘건 불이 활활 불어올랐다.

옥심이는 그 말을 듣자 별안간, 미친 듯이 일어서다가 쓰러지고, 쓰러져서는 다시 일어나려고 애를 썼다. 그러다가 시아버지에게 손을 맡기고 간신히 울타리에 몸을 의지한 채, 내 건너편을 바라보았다. 막집은 벌써 불덩이가 되어 있었다. 하늘을 찌르는 듯한 불길을 등지고 떠나가는 남편의 뒷모습을 보자, 그는 다시 그 자리에 쓰러졌다.

허서방은 괴나리봇짐도 없이 어기적거리는 아들의 뒤꼴을 끝까지 지켜보다가, 혼잣말조로,

"제에기, 나도 문둥이나 되었더면, 차라리 소록도에라도 갈 것을!"

옥심이는 처음으로 시아버지의 눈에서 눈물이 뚝뚝 떨어지는 것을 보았다. 그는 그러한 시아버지를 떠나간 남편보다 더욱 가엾게 생각하고, 영원히 모시고 섬기리라고 굳게 마음속에 맹세하였다.

생각해 볼 문제

◁ 옥심이 돌아온 그날, 천수는 자신이 머물던 움막을 태워버리고 가족을 떠나 소록도로 향한다. 시아버지 허서방은 왜 남편 천수가 떠나는 것을 말리지 않았을까?

- 시아버지 허서방에게 남편 천수는 '아픈 손가락'이었다. 허서방은 문둥병에 걸린 아들을 포기할 수 없어 5년 동안 가산을 탕진해가며 돌보았다. 그러한 허서방 이 아들에게 소리치고 또한 떠나는 것을 말리지 않은 이유는 옥심이가 모성 때문에 돌아왔다는 것을 알았기 때문이다. 결국 허서방은 "제에기, 나도 문둥이나 되었더면, 차라리 소록도에라도 갈 것을!"이라 한탄하며 아들을 따라가고 싶은 마음을 내비치나 차마 같이 가지는 못하고 아들의 뒷모습을 바라보며 눈물만 훔친다.

◁ 「옥심이」에서 문둥이 남편 천수는 가족들과 함께 살지 않고, 홀로 떨어져 움막에서 살아간다. 실제 문둥이들의 삶은 어떠했을까?

- 소설이 쓰여진 1930년대는 문둥병자, 즉 한센인들이 많은 시기였다. 민간에서는 한센병이 쉽게 전염되고 한센인들이 어린아이의 간을 빼먹는다는 잘못된 소문이 유행했으며, 실제로도 한센인들의 모습이 흉측했기 때문에 어디에서나 배척당했다. 그래서 한센인들은 그들끼리 모여 살거나, 천수처럼 가족과 따로 떨어져 움막을 짓고 살 수 밖에 없었다. 또한 조선총독부에 의해 강제로 소록도로 보내지는 한센인들도 많았다.

4장.

이기심에 밀려난 문둥이 엄마의 비극:
김동리의 「바위」

「바위」는 월간지 『신동아』 1936년 5월호에 게재된 김동리(1913~1995)의 단편 소설이다. 원작은 민간신앙 중 하나인 망부석설화를 바탕으로 어느 한센인의 일대기를 그렸다. 한센병은 흔히 나병 혹은 문둥병이라 불렸는데, 나균에 의한 일종의 전염병이었다. 이 병은 현대의학으로는 치료가 충분히 가능하나, 근대까지도 치료가 어려웠다. 전염병이란 이유와 피부가 흉하게 부풀어 오르고, 사지가 떨어지는 후유증으로 인한 장애 때문에 한센인은 오랜 세월동안 주변인의 편견과 핍박을 견뎌야 했다. 원작은 근대 한센인과 그 가족이 견뎌야 했던 고통을 잘 그리고 있다. 「바위」의 줄거리는 다음과 같다.

읍내 가까운 기차다리에는 거지와 병자, 장애인들이 모여 살고 있다. 그중 신참인 아주머니는 술이라는 장성한 아들과 남편이 있었던 한센인이다. 토막을 지어 생활할 정도로 가난했지만 행복했던 술이 가족은 술이 어머니가 한센병에 걸리자 풍비박산이 난다. 술이는 어머니의 약값으로 결혼자금이 다 들어가자 집을 나갔고, 남편은 아내를 독살하려다 실패하자 마찬가지로 집을 나간다. 술이 어머니는 잃어버린 가족을 찾아 헤매다 이윽고 복바위가 있는 마을에 도착한다. 술이 어머니는 영험한 힘을 지녔다던 복바위에 소원을 빌었고, 마침내 술이를 만난다. 안타깝게도 두 사람은 회포를 풀기도 전에 다음의 만남을 기약하며 급히 헤어진다. 그날 이후 술이 어머니는 틈만 나면 복바위를 갈며 소원을 빈다. 그러나 마을 사람들은 흉악한 몰골의 술이 어머니를 경계한다. 사람들의 눈을 피해 술이 어머니는 하는 수 없이 복바위를 멀리 바라보며 마음으로만 소원을 빈다. 그러던 어느 날, 술이 어머니는 시장을 거닐다 술이가 감옥에 갇혔다는 이야기를 듣고 큰 절망에 빠진다. 설상가상으로 손수 지은 토막도 마을 사람들이 불을 놓아 불타버리고 만다. 술이를 만날 수 있다는 실낱같은 희망이 토막의 잿더미처럼 사라지고 만 것이다. 다음날 술이 어머니는 복바위 위에서 싸늘한 주검으로 발견된다.

「바위」를 통해 당시 사회 소외층이 어떤 삶을 살았는지 살펴볼 수 있다. 또 끊임없이 버림받으며 비참하게 살아야 했고, 존엄 없이 죽어야 했던 술이 어머니의 일대기를 통해 근대시기를 살았던 한센인의 고통을 조금이나마 공감할 수 있을 것이다.

본문은 원작을 바탕으로 일부 어려운 단어와 문장을 현대식 표현으로 풀이하였다. 또한 이해를 돕기 위하여 장애인물에 초점을 맞추어 이야기를 나누고, 새롭게 소제목을 달았다.

세상이 버린 자들, 다리 아래 모이다

　북쪽 하늘에서 기러기가 울고 온다. 가을이 온다. 밤이 되어도 반딧불이 날지 않고 은하수가 점점 하늘 한복판으로 흘러내린다. 아무 데서나 쓰러지는 대로 하룻밤을 세울 수 있던 집 없는 사람들에게는 기러기 소리가 반갑지 않다.
　읍내에서 가까운 기차 다리 밑에는 한 떼의 병신과 거지와 문둥이들이 모여 있다. 거적으로 발을 싸고 누운 자, 몸을 모래에 묻고 누운 자, 혹은 포대로 어깨를 두르고 앉은 자, 그들은 모두 가을 오는 것이 근심스럽다.
　"아, 인제 밤으론 꽤 싸늘해."
　늙은 다리병신 하나가 이렇게 말하자,
　"싸늘하더니, 사지가 마구 웅크려드는구만."
　곁에 있던 곰배팔이(팔이 없는 이를 낮잡아 부르는 말)가 이렇게 받았다.
　한쪽에서는 장타령을 가르치느라고 법석이다.
　"요놈의 각설이 요래도 정승 판사 자제로 팔도 감사 마다고 동전 한 푼에 팔려서……."
　이까지 할 즈음에 '선생'은 또 손을 들어 그것을 중지시키고 나서 훈시를 주었다.
　"몸짓이 젤이야, 엉덩이 뽑는 거며 고갯질 허는 거며 빼딱허게 서서 침을 뽑는 거며 모두 장단이 맞아야 돼."
　훈시가 끝나자 두 거지 아이는 이내 소리를 지른다.
　"네 선생이 누구냐 나보다도 잘 헌다. 시전 서전을 읽었나 유식하게도 잘 헌다. 논어 맹자를 읽었나 대문대문 잘 헌다."
　이번에는 고갯짓이며 손짓이며 엉덩이 놀림이 모두가 잘 되었다. 일동은 만족한 듯이 '아아' 하고 웃었다.

문둥이 떼가 모인 아랫머리에서는 기차가 지나가자 곧 새로운 화제가 생긴다.

"아주머이, 아들 소문 자주 듣는교?"

"……."

'아주머이'는 고개만 두른다. 그녀는 같은 무리 중에서도 제일 신참자이다.

한참 동안 침묵, 검은 우울만이 그들을 싸고 있다.

"참 인제 왜놈들이 풍증 든 사람들을 다 죽일 게라더군."

"설마 죄 없는 사람들을 죽일라고."

마을에서 온 '아주머이'가 대꾸하였다.

"아아 인제 날씨가 차가워서."

곁에 있는 젊은 자가 또 이렇게 중얼거리자 '아주머이'는 불현듯 아들 생각이 난다. 작년까지는 그에게도 아들과 영감이 있었던 것이다.

한센병으로 산산조각 난 가족

아들은 술이란 이름이었다. 그는 나이 삼십이 가깝도록 그때까지 아직 장가를 들지는 못했으나 그에게는 일백 몇 십 원이란 돈이 저축되어 있어서 같은 동무들 중에서는 그를 부러워들 했다 한다. 그는 항상 이백 원이 귀가 차면 장가를 들고 살림을 차리리라 했다고 한다 하여, 먹고 싶은 술도 늘 참고, 겨울에 버선도 대개 벗고 지냈으며, 그 흉악한 병마의 손이 어미에게 뻗치지 않았던들 그래도 처자나 거느리고 얌전한 사람의 일생을 보냈을 것이라 한다.

술이는 그의 저축에서 어미의 약값으로 쓰다 남은 이십여 원을 하룻밤에 술과 도박으로 없애 버리고, 그날부터 곧 환장한 사람이 되어버렸다. 두 눈에 핏대를 세워 거리에 돌아다니며 마을 사람들을 공연히 욕하고, 싸우고, 그의 어미의 토막에다 곧잘 불을 놓으려 들고 하다가, 금년 이른 봄 나뭇가지에 움이 틀 무렵, 표연히 어디로 떠나 버린 것이라 한다.

아들을 잃은 영감은 날로 더 거칠어져 갔다. 밤마다 술이 취해 와서는 아내를 때렸다. 때로는 여러 날씩 아내의 밥을 얻어다 줄 것도 잊어버리고 노상 죽어 버리라고만 졸랐다.

"그만 자빠지라문."

"……."

"나도 근력이 이만할 때라사 꽝꽝 묻어나 주지."

아내는 이 말을 들을 때마다 몹시 울었다. 몇 달 전까지만 해도 그는 아내와 함께 남의 집 행랑살이에서 쫓겨 나와 마을 뒤에 조그만 토막을 지어 아내를 있게 하고, 자기는 집집마다 돌아다니며 날품도 들고 술집 심부름도 하여, 얻어 온 밥과 술과 고기 부스러기 같은 것을 그녀에게 권하며,

"먹기나 낫게 먹어라."

측은한 듯이 혀를 차곤 하던 그가 아니던가.

금년 이른 여름 보리가 무수히 필 때다. 먼 마을에서는 늑대가 아이를 업어 갔다는 둥, 어느 보리밭에는 문둥이가 있다는 둥, 흉흉한 소문이 마을에 퍼질 무렵이었다. 영감은 술에 취해서 아내의 토막을 찾아왔다. 그의 품속에는 비상 섞인 찰떡 한 뭉치가 신문지에 싸여 들어 있었다. 그것은 저녁때였다. 아내는 거적문을 열어 놓고, 모지라진 숟가락으로 사발에 말라

붙은 된장찌개를 긁고 있었다. 영감을 보자, 손을 들어 낯에 엉기는 파리 떼를 날리며 우는 상으로 비죽이 웃어 보였다.
"허엄."
영감은 당황히 품속에 든 떡 뭉치를 만졌다. 토막 안에 들어가서도 영감은 술기운에 알쑥해진 눈으로 한참 동안 덤덤히 그의 아내를 바라보고 있다가 문득 또 한 번 품속을 더듬었다.
처음, 떡을 받아든 아내는 고맙다는 듯이 영감을 쳐다보며 또 한번 비죽이 웃어 보였다. 그러나, 비상(비석으로 만든 독극물) 빛깔을 짐작할 줄 아는 그녀는 떡 속에 섞인 그 거무푸레 하고 불그스레한 것을 발견한 다음 순간, 무서운 얼굴로 한참 동안 영감의 낯을 노려보고 있었다.
먼 영에서 뻐꾸기 우는 소리가 들려 왔다.
이윽고 여인은 모든 것을 이해하고 얼굴을 수그렸다. 송장처럼 검고 불긋불긋한 얼굴에 눈물이 흘러내렸다.
영감은 난처한 듯이 외면을 하였다. 그는 침을 뱉으며 자리에서 일어났다.
"이 원수야, 그만 자빠지라문."
그는 무안스러운 듯이 또 한 번 침을 뱉었다.
이튿날 마을 사람들은 다음과 같은 이야기들을 수군거렸다. 아내는 남편이 나와 버린 뒤에도 혼자서 얼마나 더 울고 나서 마침내 그 떡을 먹기는 먹었으되 쉽사리 죽지 못하고, 할 수 없이 어디로 떠나 버렸다는 것이었다. 그리고 토막 속에는 벌건 떡을 수두룩하게 토해 내놓더라는 것이었다.
여인은 그의 힘으로 갈 수 있는 여러 마을을 헤매었다. 그것은, 저잣거리보다 구걸이 쉬움이 아니라, 행여 그리운 아들을 볼까 함이라 하였다. 노숙과 구걸로 여름 한철이 헛되이 갔다. 설마 가을 안에야 아들을 만나겠지 한 것이 사뭇 헛턱이었다. 이즈음엔 영감도 그립다.

'나도 이만할 때라사 꽝꽝 묻어나 주지.'

하고 못 견디게 죽음을 권하던 영감이 본다면 그래도 겨우살이 토막 하나는 곧잘 지어줄 것 같았다.

어느 날 그녀는 하다못해 자기 손으로, 기차 다리 가까이 있는 밭 언덕 안에 조그만 토막 하나를 지었다. 토막이래야 모래흙에다 나무막대 서너 개 치고, 게다가 거적을 두른 것쯤이니 고작 서리나 피할 정도였다. 하나, 이것만으로도 그녀에게는 여러 날 씨름이었다. 입으로 코로 눈으로 구멍마다 모래가 박혔다. 살은 터질 대로 터지고 뼛속은 저리고 쑤시었다.

복바위가 들어준 소원

이틀을 정신없이 누워 앓았다.

사흘째는 밭 임자가 왔다. 그는 무어라고 한참 동안 욕질을 하고 나더니,

"오늘이라도 곧 뜯어 내지 않으면 불을 놔버릴 게다."

큰소리로 이렇게 외치고는 돌아갔다. 그러나 또다시 지을 힘도 없을 뿐더러, 그 근처에는 달리 적당한 자리도 없었으므로, 그녀는, 비록 불에 살리는 한이 있더라도, 그것을 뜯어 낼 수는 없었다. 기어이 이 기차 다리 부근에서 떠나가기가 싫었던 것이다. 그것은 기차 다리에서 장터로 들어가는 마을 어귀에 커다란 바위 하나가 있었기 때문이었다. 복을 주는 바위라 하여 '복바위'라고도 하고, 소원성취를 시켜 준다고 하여 '원바

위'라고도 하고, 범이 누운 것 같다고 하여 '범바위'라고도 부르며 이 바위의 이름은 이밖에도 여럿이 있었다. 복을 빌러 오는 여인네는 사철 끊이지 않았다. 주먹만 한 돌멩이를 쥐고 온종일 바위 위에 올라앉아 바위 등을 갈다가는 손의 돌이 바위에 붙으면 소원이 성취되는 것이라 하였다. 어떤 여자들은 연 사흘씩 밥을 싸고 와서 '복바위'를 갈기도 하였다.

이 바위를 아끼고 중히 여기는 것은 복을 빌러 오는 여자들만이 아니었다. 동네 아이들은 와서 말놀이를 하고, 노인들은 와서 여기다 허리를 기대어들 구경을 하고, 마을 사람들은 누구나 다 이 바위를 대단하게 여기는 것이었다.

술이 어머니도 어쩐지 이 바위가 좋았다. 자기도 저 바위를 갈기만 하면 그리운 아들의 얼굴을 만나 볼 수 있으리라 하였다. 그녀는 몇 번인가 마을 사람들의 눈을 피해 가며 술이의 이름을 부르며 '복바위'를 갈았던 것이다.

그녀가 '복바위'를 갈기 시작한 지 한 보름이 지난 뒤, 우연인지 혹은 '복바위'의 영검이었는지, 그녀가 주야로 그렇게 그리워하던 아들을 만나보게 되었던 것이다. 사방에서 장꾼이 모여드는 아침 장터에서 그녀가 바가지를 들고 음식점으로 들어가려 할 때 문득 소매를 잡는 사람이 있었다. 순간 그녀는 직감적으로 그가 술이인 것을 깨달았다. 고개를 들었다. 그리하여 아들의 낯을 보았다. 순간 어미의 희고 긴 덧니가 잠깐 보이었다.

아들은 어미의 손을 잡고 걸음을 옮기었다. 장터에서 조금 나가면 무너진 옛 성터가 있고 그 옆으로 오래된 지름길이 있었다. 길은 가을 풀로 덮이고 지나다니는 사람의 그림자도 보이지 않았다.

두 사람은 풀로 덮인 길바닥 위에 앉은 채 서로 잡고 불렀다.

"엄마."

"술아."

그들의 눈에서는 쉴 새 없이 눈물이 흘러내렸다.

"엄마 어디서 어째 지냈노, 어째 살았노…… 엉엉엉…… 엄마……."

"……."

어미는 긴 덧니를 젖히며 자꾸 울기만 하였다. 피와 살은 썩어 가도 눈물은 역시 옛날과 변함없이 많았다.

"엄마, 날 얼마나 찾았등교, 얼마나……."

술이는 어머니의 무릎에 얼굴을 묻으며 목을 놓고 울었다. 길바닥 잡풀 속에 섞여 핀 돌메밀꽃 위에 빨간 고추짱아 한 마리가 날아와 앉았다. 길 건너 언덕에서는 알록달록한 뱀 한 마리가 돌 틈으로 들어가고 있었다.

"내 얼른 돈 벌어 올게, 엄마 나하고 살자…… 내 돈 벌어 올 때까지 부디 죽지 말아."

아들은 어미의 어깨와 팔을 만져 주며 이렇게 당부했다. 그의 붉은 두 눈에서는 하염없는 눈물이 자꾸 솟아 나왔다. 그들은 다시 장터로 들어갔다.

술이는 주머니에서 돈 '석 냥 반'을 털어 어미의 손에 쥐어 주며, '한 사날' 뒤에 다시 찾아오기를 약속하고 떡집에서 헤어졌다. 해는 벌써 설핏하였다. 사람들은 바쁜 듯이 소리를 지르며 오고 가고 하였다. 소를 몰고 오는 사람, 나무를 지고 가는 사람, 아이를 등에 업은 채 함지에 무엇인지 담아 이고 섰는 여자, 자전거를 타고 달리는 소년, 인력거 위에 앉아 흔들거리며 가는 '하까마(하의로 입는 일본 전통복장)' 짜리, 그들은 혹은 지껄이고, 웃고, 혹은 멱살을 잡고 싸우고, 혹은 무엇을 먹으며 울고…… 벌떼처럼 쑤알거리고 들끓는 속에, 그는 고개를 수그린 채 어정거렸다.

―'복바위' 지나 기차 다리.

그는 혼자서 몇 번이나 입속으로 이렇게 중얼거리며, 빈 지게를 등에 걸친 채 장터를 서성거렸다.

그는 오래간만에 읍내 장에 들어와서 아주 그의 아버지의 소식도 알고 나갔으면 하는 것이었다. 그러나 아무도 그에게 똑똑한 소식을 전해 주는 사람은 없었다. 중풍으로 반신불수가 되어 거리에 돌아다닌다고도 하고, 천만에 걸려 헐떡이며 읍내 어느 주막에서 심부름을 해 주고 있다고도 하고, 하나도 들어 시원한 소식은 없었다.

한센인에 대한 편견이 빚어낸 비극

술이 어머니는 아들을 한번 만나보고 난 뒤부터는 아들 생각이 더 간절해졌다. 그녀는 날마다 장터에 기웃거리며 돌아다니고 있었다. 그러나 아들은 제가 약속한 사날이 지나고 보름이 지나고 한 달이 지나도 나타나지 않았다. 그럴수록 다만 한 가지 믿고 의지할 곳은 저 바위뿐이었다. 저 '복바위'가 저대로 땅위에 있는 날까지는 언제든 그의 아들을 만날 수 있을 것이며 그리고 자기의 병도 어쩌면 아주 고칠 수 있을는지도 모른다고 생각하였다.

―그저 비가 오나 눈이 오나 '복바위'만 갈아라.

그녀는 사람들이 다 잠든 밤이면 그 아프고 무거운 몸을 끌고 언제나 남몰래 바위를 찾아와 어루만지는 것이었다.
　그러나 이번에는 '복바위'의 영검이 먼저와 같이 그렇게 쉽사리 나타나지 않았다. 이것은 아마 그녀가 언제나 캄캄한 어둠 속에서만 갈아서 이 '복바위'가 잘 응해주지 않는 것이라고 생각하였다. 그래 그 이튿날부터는 사람들이 보지 않는 틈을 타서 될 수 있는 대로 낮에 갈기로 하였다. 그러나 이와 같이 낮에 사람의 눈을 피하기란 지극히 어려웠다. 그날도 그녀는 역시 자기의 아들을 만나게 해 달라고 바위를 갈고 있다가 마을 사람의 눈에 띄게 되었다. 어느덧 새끼줄이 몸에 걸리는가 하더니 그녀의 몸은 곧 바위 위에서 떨어졌다. 그리하여 다리 밑까지 새끼줄에 걸린 채 개같이 끌려갔을 때는 온몸이 터져 피투성이가 되고 의식조차 잃고 있었던 것이다. 나중 간신히 정신을 차려 눈을 떠보았을 때, 동소임이 물을 길어다 바위를 씻고 있었다.
　그 뒤부터 여인은 언제나 이 바위 곁을 지나칠 적마다 발을 멈추고 한참 동안 그것을 물끄러미 바라보는 것이었다. 곁에 오면 절로 발이 붙는 것도 같았다. 그녀에게 있어서는 바위가 한없이 그립고 아쉽고 그리고 원망스럽고 밉살머리스럽기도 하였다. 자기의 모든 행복과 불행이 전부 다 저 바위에 매인 것만 같이 생각되었다. 이날도 진종일 장터에서 헤매다 돌아오는 길이었다. 저녁때였다. 산과 내와 마을이 모두 놀에 싸여 있었다. 그녀는 여느 때와 같이 바가지를 안고 마을 앞을 지나가고 있었다. 바가지에는 밥, 떡, 엿, 홍시, 묵, 대추, 두부, 국수, 콩나물, 조기 대가리, 북어 꼬랑이 이런 것들이 한데 섞여 범벅이 되어 있었다. 머리는 깊이 떨어뜨려졌고, 다리는 무겁게 끌리었다. 그녀는 가끔 머리를 돌리고 한참씩 섰다가는 바가지를 한 번씩 들여다보고 나서 다시 걸음을 옮기곤 하는 것이었다.

"내가 아까 왜 좀 다지고 묻지 못했던고?"

그녀는 몇 번이나 이렇게 중얼거렸다. '아까'라고 하는 것은 묵전에서 묵을 얻고 있을 때 그 곁에서 감을 팔고 있는 늙은이가 어떤 사람과 더불어,

"술이가 아주 나올라 몰았나?"

"여섯 달 받았다는데 하마 나와?"

이런 이야기를 주고받고 하던 것을 귓전으로 얼핏 들은 것 같았기 때문이었다. 그때 자기는 묵을 얻느라고 곁의 사람의 이야기에 귀를 기울이지 않았고 또 거기서 자기 아들의 이야기를 하고 있으리라고는 꿈에도 생각하지 못했던 것이라 아주 무심히만 흘려듣고 말았던 것인데, 이제, 동네 앞길을 지나 저만큼 '복바위'를 바라보고 내려오노라니까 문득 장에서 들은 그 말이 머리에 떠오르는 것이었다. 분명히 그때 그 늙은이들은 '술이'라고 하던 것같이 지금은 생각되는 것이다.

'아차, 분명히 술이라고 하던 거로.'

생각할수록 확실히 술이라고 한 것이었다. '술이'라고 하던 것이 지금도 곧 귀에 들리는 것 같았다. 그녀는 발을 멈추고 서서 도로 장으로 나갈까 하고 망설이다가 또 한 번 바가지를 들여다보고는 그대로 바위를 향해 걸어 내려가고 있었다. 온몸은 욱신거리고 아팠다. 두 다리는 그 자리에 그냥 거꾸러질 것같이 무겁고 머릿속은 열병을 앓듯 어찔어찔하였다.

그녀가 바위 앞까지 왔을 때 해는 이미 떨어진 뒤였다. 먼 들 끝에서 어둠이 날개를 펴기 시작하는 어슬녘이었다. 그녀는 언제나와 마찬가지로 바위 앞까지 와서는 걸음을 멈추고 고개를 들어 그것을 물끄러미 바라보았다. 그리고는 다시 고개를 돌려 토막 있는 곳을 바라보았다. 바로 그때였다. 그녀의 눈에 비친 것은 언제나 그 자리에서 바라보던 그 조그만 토막이 아니라 훨훨 타오르는 불길이었다. 한순간 그녀는 자기의 눈을 의심하고 나서 다시 보아도 역시 불길이었다. 순간 그녀는 화석이 되는 듯했다. 감은 눈에도 찬연한 불길은 역시 훨훨 타 오르고 있었다. 감아도 불, 떠도 불, 불, 불, 불……. 그녀는 나무토막처럼 바위 위에 쓰러졌다.

이미 감각도 없는 두 손으로 바위를 더듬었다. 그리하여 바위를 안은 그녀는 만족한 듯이 자기의 송장같이 검은 얼굴을 비비었다.

바위 위로는 싸늘한 눈물 한 줄기가 흘러내렸다.

이튿날 마을 사람들이 이 바위 곁에 모이었다. 그들은 모두 침을 뱉으며 말했다.

"더러운 게 하필 예서 죽었노."

"문둥이가 복바위를 안고 죽었네."

"아까운 바위를……."

바위 위의 여인의 얼굴엔 눈물이 번질번질 말라 있었다.

생각해 볼 문제

≪ 복바위 마을 사람들이 술이 어머니의 토막을 태웠던 이유는 무엇일까?

-「바위」가 배경으로 삼는 1930년대는 한센병이 민간에 퍼졌던 시기 중 하나였다. 이와 더불어 한센인에 대한 편견과 핍박이 본격적으로 나타났다. 겉모습이 흉물스럽고, 다리 아래나 인적이 드문 곳에 모여 살던 한센인들은 종종 미움과 두려움의 대상이 되었던 것이다.

소설의 마지막 부분에서 복바위 마을 사람들은 술이 어머니의 주검을 보고 '더러운 것'이라 칭한다. 한센인들이 술이 어머니의 토막을 불태웠던 것은 한센인의 치료법이 마땅히 없으니 문젯거리를 없애야 한다는 마음에서 비롯된 행위였을지 모른다.

소설 밖으로 나와 살펴보면, 당대 일반인들의 한센인 배척은 생각보다 거셌다.
한센병이 막연하게 전염된다는 잘못된 인식과 한센인들이 작당을 하고 사람의 간을 먹는다는 소문이 돌기 시작했다. 이뿐만 아니라 일제는 한센인들을 탄압하는 법을 제정하여 그들을 소록도 강제 이주시켰다. 근대와 일제강점기 시대의 한센인들은 여타의 비장애인들보다 어려운 삶을 꾸려나갔던 것이다.

5장.
여자로 인정받지 못한 언청이 아낙: 주요섭의 「추물」

「추물」은 주요섭(1902~1972)이 1936년에 발표한 소설로, 언청이를 주인공으로 삼아 근대를 살아간 어느 장애여성의 기구한 삶을 조명했다. 언청이는 구순구개열이라 하는데 이는 흔히 입술갈림증과 입천장갈림증을 합쳐서 부르는 말로, 이러한 기형을 타고난 사람을 낮잡아 언청이라 불렀다. 현대에는 신생아 시절에 수술을 하여 완전한 치료가 가능하나, 과거에는 이러한 기형이 그대로 안면장애요소로 남았다. 원작에서는 언년이가 장애로 인한 추한 외모 때문에 여성으로 인정받지 못하고, 멸시를 당하는 모습이 잘 드러난다. 더군다나 외모가 중시되었던 당대 여성에게 외관의 기형은 마음과 몸의 이중 장애가 되곤 하였다. 덧붙여 사회는 이들을 냉혹하게 조소할 뿐이었다. 「추물」의 줄거리는 다음과 같다.

어느 마을에 '언년이가 아기를 가졌다.'는 소문이 돈다. 주인공 언년이는 언청이로 태어나 추한 외모로 인해 어린 시절부터 늘 놀림의 대상이었다. 어느덧 여성으로 피어난 언년이는 자연스레 이성에 눈을 뜨게 되지만, 사랑은 늘 실패하고 그에게 쏟아지는 것들은 조롱과 멸시뿐이었다. 이윽고 언년이는 매파를 통해 어렵사리 시집을 가지만, 추한 외모 탓에 첫날밤부터 소박을 맞는다. 신랑 대신 시부모를 홀로 모시던 언년이는 상심에 젖은 마음을 추스르고 새 삶을 찾아 서울로 떠난다. 그러나 언년이는 서울에서 식모라는 직업을 구했음에도 불구하고, 추한 외모 때문에 능력에 상관없이 늘 구설수의 대상이 된다. 속상한 마음을 품고 살던 어느 초가을, 언년이는 정욕을 이기지 못한 텁석부리 물지게꾼에게 희롱을 당한다. 그 이후로 물지게꾼은 종적을 감추었고, 꼬박 열 달 후 언년이는 자신과 같은 언청이 딸을 낳으며 절규한다.

언년이는 더도 덜도 말고 그저 자신을 사랑해 줄 이를 늘 찾았다. 그러나 그녀의 순수한 마음과 달리 당시 사회는 냉혹하게도 외모로만 언년이를 평가하며 '추물'이란 낙인을 찍는다. 이 낙인은 안타깝게도 지워지지 않은 채 언년이의 아이에게 대물림되고, 언년이의 비극은 끊이지 않는다. 이처럼 「추물」을 통해 이성문제, 결혼, 시집살이, 장애아의 출생 등 근대시기 여성장애인이 겪었을 법한 불우한 삶의 단면을 살펴볼 수 있다.

본문은 원작을 바탕으로 일부 어려운 단어와 문장을 현대식 표현으로 풀이하였다. 또 이해를 돕기 위하여 장애인물에 초점을 맞추어 내용을 나누고 소제목을 달았다.

언청이로 태어난 언년이

　언년이가 아기를 뺐다는 일은 언년이 자신이 생각할 적에도 거짓부렁처럼 생각되었다. 언년이를 한번만 본 사람이면 누구나 다 언년이가 아기 뺐다는 소문을 들으면,
　"원 그것두 그래두 서방이 있든 게지, 하하."
하거나,
　"아니 세상에 그걸……."
하거나 하고 무슨 큰 기적이나 발견한 듯이 서로 권하고 웃었을 것이다.

　그처럼 언년이는 얼굴이 못생기디 못생긴 추물이었다. 툭 불거진 이마가 떡을 두어 말 치리만큼 넓은 데다가 그 밑에 툭 불거진 두 알의 왕방울 눈은 금붕어를 연상시키었다. 두 눈이 툭 불거진 사이로 콧마루는 아주 없는 셈이어서 이른바 '꺼꺼대 상판'인데다가 편편하게 내려오던 코가 입 바로 위에까지 와서는 몽톡하게 솟아오른 콧잔등이 좌우 쪽으로 개발코가 벌룩벌룩하였다. 윗입술은 언청이가 되어서 왼편이 버그러졌는데 아랫니는 뻐드렁니가 되어서 언제나 입을 꼭 다물 수는 없는 형편이었다. 턱은 웬일인지 앞으로 쭉 내뻗치어서 고개를 숙인다고 해도 남 보기에는 언제나 쳐들고 있는 듯이 보이는 것이었다.

　서양서는 언젠가 추물대회를 열어서 가장 밉게 생긴 여자를 뽑아 추물 여왕을 삼고 무슨 상을 주었다던가 어쩐가 하거니와 우리 언년이가 그때 그 대회에 참석할 수만 있었던들 여왕은 떼논 당상이었을 것인데 명색 없는 조선에 태어났기 때문에 그런 대회가 열렸었던 것을 알지도 못하는 것이었다.

조물주가 하도 할 일이 없어서 갑갑했던지 이런 실없는 장난질을 한 모양인데 그래도 그 얼굴에서 취할 데가 있다면 그 두 귀일 것이다. 자세히 보면 그 두 귀는 보통 귀 이상으로 곱게 생긴 귀이었다. 그러나 도리어 이것이 미운 얼굴의 조화를 깨뜨리어 그 얼굴을 더 한층 밉게 만든 것이었다. 차라리 그 귀가 넓적 편편하고 좀 더 올라붙거나 좀 더 내려 붙거나 했던들 얼굴의 조화는 망치지 않았을 것이다.

예수는 이천 년 전에 '사람을 외모로 비판하지 말라.'고 가르쳤지만 '원수를 사랑하라.'한 그의 가르침이 지상공문으로 내려온 것과 마찬가지로 이 진리의 가르침도 또한 시행되어 보는 일이 없는 것이었다. 역시 사람은 무엇보다도 먼저 외모를 보는 것이고 외모가 훌륭하면 속에는 개차반을 품고 다녀도 높은 사람이 되었고, 특히 여자에 있어서는 얼굴의 아름다움이 거의 그 일생을 결정짓는 가장 중요한 요소로 되어 있는 이러한 세상에서 추물인 우리 언년이는 불행할 수밖에 별수가 없었던 것이다.

어려서부터도 언년이는 별명도 많았다. '토끼'니, '꺼꺼대'니, '개발코'니, '황소'니, '언청이'니 하는 별명들로 불리었고 서울로 와서는 다시 '원숭이'니, '금붕어'니 하는 새로운 별명을 더 얻었다. 사람은 어릴 때부터 벌써 불구자나 추물의 불행을 멸시와 놀림감의 가장 좋은 대상으로 삼는 잔인성과 비열을 누구나 가지고 있다. 아마 자기는 그래도 저것보다야 낫지 하는 일종의 열등감의 소유자가 만족을 얻는 데 희열을 느끼는 모양이다.

물론 언년이는 아주 어려서부터 이 놀림을 받아 왔다. 그러나 어려서는 그녀가 자기 얼굴이 그처럼 못난 데 대해서 별로 큰 설움을 느끼지는 않았었다. 동무들이 하도 따라다니며 놀려대면 한바탕 싸우고 나서는 잠시 홀쩍거리기도 했으나 오 분이 지나가기 전에 모두 잊어버리고 또다시 그 짓궂은 애들과 더불어 숨바꼭질도 하고 땅재먹기도 하고 하는 것이었다.

언청이가 된 입으로 음식을 먹는 것을 보고 '토끼 새끼처럼 호물호물 먹는다.'고 할아버지가 머리를 쓰다듬으면서 웃음의 말씀을 하던 그 시절이 어느덧 지나가 버리고 동리 총각들이 꼴을 베다 말고 모여 앉아서,

"언년이 말이냐? 토끼처럼 호물호물 먹는 꼴이란!"
하고 박장대소를 하는 시절이 이른 때 차차 언년이는 자기 얼굴에 대한 관심이 갑자기 더럭더럭 자라가는 것이었다.

그러다가 그녀가 자기 얼굴이 그처럼 못난 것이 너무도 설워서 차라리 죽어 버렸으면 하고까지 생각하게 된 때는 그녀가 열여섯 살 나던 봄이었다.

언년이가 물동이를 이고 오다가 먼발로라도 그 총각이 보이면 혼자서 얼굴을 붉히고 다리가 허둥허둥하여 어쩔 줄을 모르게 되고, 개나리꽃 울타리 안에 숨어 서서 앞길로 지나가는 그 총각을 몰래 도둑질해 내다보면서 불룩불룩하는 가슴을 두 손으로 누르고 있었던…… 그 총각의 입으로부터서,

"흥! 꼴에다가! 우물에 가서 네 생판때길 비춰 봐라."
하는 싸늘한 비웃음을 받고 난 그날 밤에 언년이는 그 우물에다가 얼굴만 비춰 볼 것이 아니라 자기 몸 전체를 던져 버리고 싶어졌던 것이다. 그러나 그렇게까지 할 용기는 나지 않고 그냥 집 뒤 언덕을 타고 졸졸졸 흐르는 작은 시냇물 속에 비

친 둥근 달에다가 그 미운 얼굴을 들이밀어 보고 보고 하면서 밤새도록 치마끈을 적시었던 것이다.

외모 때문에 생과부가 되다

언년이의 부모도 언년이를 시집보낼 일이 적이 걱정이 되었던 모양이었다. 그래서 꽤 일찍부터 매파를 내세워 먼 동리로 구혼을 시작했던 것이었다. 그들도 같은 동리 안에서는 언년이를 데려갈 총각이 없는 줄을 잘 알았기 때문에 먼 동리 모르는 곳으로 시집을 보낼 심산이었던 모양이다.

"그저 복스럽게 생겼쉔다. 남자루 태어났드라문 주원장이나 상산 됴자룡이가 됐을 상이디요. 그런데 네자루 태어났으니낀 집안 범절에 오죽하갓쉔까! 그까짓 상판이나 뺀뺀하문 멀 합네까? 그저 후해야디요. 부자집 맏메누리깜입넨다. 일 년 내내 가야 고뿔 한번 안 씻구 아홉에 나맹선부틈 글쎄 밥 짓구 농사하구. 하루같이 조밭 김을 홈차서 맸대문 그만 아니요? 어디뿐인가요. 바느질은 또 어떻게 곱게 하는디! 칠골 아낙을 다 뒈 봐야 언년이만큼 바느질하는 체니가 하나두 없디요. 자 이걸 좀 보소. 이게 그 체니 솜씨웨다가레!"

이렇게 매파는 언년이를 묘사하는 것이었다. 그리고 언제나 언년이가 바느질한 저고리를 견본으로 가지고 다니면서 실물을 구경하라고 펴놓곤 하는 것이었다. 사실 언년이 바느질은 그 동리에서 유명할 만큼 고운 바느질이었다. 얼굴로 올 재주가 모두 손가락으로 갔는지, 누가 보든지 언년이가 바느질을 그렇게도 곱게 하리라고는 생각도 못하리만큼 뛰어나는 바느질이었다. 물론 몇 해를 두고 밤을 새워 가며 배운 연습의 결과이었다. 언년이 어머니는 벌써부터 언년이의 살림 밑천은 오직 '일 잘 하는 것'이리라는 것을 간파했던지 아주 어렸을 때부터 심하게 언년이를 가르쳐 주었던 것이었다.

언년이의 바느질 솜씨 견본인 그 저고리가 몇 백 번이나 총각을 둔 집 안방에 펼쳐졌었는지는 오직 그 매파 늙은이 혼자만이 아는 일이다. 매파의 노력이 성공을 했는지 또 혹은 언년이의 바느질이 성공을 가져왔는지 하여튼 백 리나 밖에 있는 어떤 농가와 혼사는 성립되었던 것이다.

그러나 첫날밤에 언년이는 소박을 맞고 말았다. 첫날밤 신방을 뛰쳐나간 신랑은 언년이와는 마주앉기도 싫어하였다. 언년이는 생과부로 있으면서 소처럼 일하였다. 사실 그녀는 소처럼 건강하였고 소처럼 꾸준했고 소처럼 누그러져 있었다. 기회만 주었더라면 소처럼 젖도 듬뿍 내었을 것을!

이리하여 언년이는 남편이 일본 대판엔가 어딘가로 간다고 집을 나가버린 후에도 시부모를 모시고 여러 해를 살았다. 아무리 황소 같기로니, 아무리 꺼꺼대거니, 아무리 개발코거니, 아무리 언청이거니, 그녀도 젊음과 건강이 용솟음치는 한 개의 여자이었다. 날이 갈수록 그녀는 생애의 공허를 느끼고, 남편을 원망하는 마음, 사내를 그리는 마음, 미지의 새 세계를 그리워하는 마음이 자꾸만 늘어나가는 것이었다.

"팔젤 고티야갔수다."

하고 사주장이 늙은이까지 탁 터놓고 이야기해 주었다.

언년이로서 팔자를 고친다는 오직 한 가지 길은 여러 해 전부터 서울 가 살고 있는 일가집을 찾아가는 일이었다. 언제나 장날처럼 사람들이 득시글득시글 뒤끓는다는 서울로 가보면 그렇게 사람이 많다니까 자기의 미운 얼굴도 그리 유표스럽게 눈에 띄지도 않을 성싶었고 또 그렇게 떠들썩한 속에 묻혀 살게 되면 클클한 심화도 좀 나아지리라고 생각되었던 것이다.

그래서 언년이가 조그만 보따리를 한 개 꾸려 이고 시골 정거장에서 서울행 기차에 몸을 실은 것은 재작년 어떤 봄날이었다.

서울에서도 계속되는 사랑의 좌절

서울에는 창경원 벚꽃 구경이 한창이라고 사람사태가 날 지경이었다. 정거장에 내리는 저고리에 빨간 헝겊 오라기들을 하나씩 꽂은 시골뜨기 남녀들이 하나 가득 차 있어서 어디로 가야 나갈 문이 나서는지 알 수 없었다. 그러나 다행히 봉네 어미(이 여자는 언년이의 사촌형뻘 되는 사람이었다)가 정거장까지 마중 나와 주었기 때문에 고생 안하고 찾아갈 수가 있었다.

언년이는 자기도 다른 사람들처럼 빨간 헝겊 오라기를 하나 얻어 가슴에 꽂고 싶었으나 봉네 어미 수다 바람에 어리둥절한 채로 밖으로 끌려 나오고 말았다.

"언년이, 서울 구경 첨이디! 너이 새수방한테선 상게두 아무 소식두 없니? 데건 관광단이야, 촌에서 꽃구경을 오누라구. 우리두 오늘 밤엔 창경원에 나가야디. 이 구름다리루 올라가야 돼. 넘어디디 말구, 발 아랠 잘 보라구, 응! 차푀 어드캤나? 꺼내 들구 있다가 주구 나가야 되디……."

서울 와 사는 지 오 년이 넘었건만 봉네 어미는 시골 사투리를 떼어 버리지 못한 것이었다.

"뎌게 데건 뎐차디! 이제 또 데 뎐찰 타구 한참 가야 우리 집이 돼. 데 집덜 말이가? 데까지꺼이 무어 큰가? 이제 두구 보라우. 참 훌륭한 집이 많디. 이제 차차 구경하디."

이 모양으로 서울 구경 첨하는 언년이보다 봉네 어미가 더 신이 나서 지껄이는 것이었다. '이 모든 훌륭한 것들을 나는 벌써 모두 다 잘 알고 있다.' 하는 자랑스러운 마음이 언년이 앞에서 걷잡을 수 없이 발동되었기 때문이다. 아마도 봉네 어미로서는 이렇게 남 앞에서 뽐내 본 일이 일생에 이번 한번밖에 없었다고 말할 수 있었을 것이다.

그날 밤으로 언년이는 봉네 어미와 그 밖에 처음 보는 여자들 몇몇이 함께 창경원 벚꽃 구경을 갔다. 말이 꽃구경이지 사실인즉 사람 구경을 가는 것이라 하지만 하여튼 사람이 그렇게도 많이 한곳에 모인 것을 처음 보는 언년이는 그저 입을 헤 하니 벌리고 섰을 수밖에 없는 것이었다.

몇 해 전에 한번 예수장이 양고자가 왔다고 온 동리가 떠들썩할 적에 키가 구척이나 되고 홀태바지를 입은 사람이, 머리는 노랗고, 눈은 새파랗고…… 그야말로 그날 밤 꿈자리가 다 사납도록 괴상스럽고 무서운 양고자를 한번 본 일이 있는 언년이에게는 그 수없는 양고자 남녀들이 서로 맞붙잡고(원 망측두 하디) 궁둥이를 들썩거리면서 돌아가는 그림이 하얀 휘장 위에 번뜩번뜩 나타나는 것도 참으로 이상스럽고 재미있는 구경이려니와 얼굴에 분을 하얗게 바른 처녀애들이 낮같이 밝혀 논 무대 위에 나타나서 나붓나붓 춤도 추고 카랑카랑 노래도 부르고 하는 광경이야말로 천상 선녀가 하강한 것이어니 하고 멀거니 바라다보고 서 있었다. 이렇게 정신이 팔려 바라다보고 서 있을 적에 갑자기 그녀는,

"애고머니나!"

소리를 지르도록 놀라면서 몸을 흠칫하였다. 그때 그녀가 어떤 감촉을 받고 그렇게 소스라치게 놀랐는지 언년이 자신으로도 꼭 집어서 그 감촉을 묘사할 수는 없었다. 그저 한 손이 짜르르 하는 것 같았다. 그것은 다만 한순간에 지나지 않는 것이었다. 그녀가 자기 몸을 돌아볼 적에는 벌써 그렇게 짜르르한 감촉을 준 원인이 어디 있었는지 알 수 없었다. 그녀는 손잔등을 가만히 다른 손으로 만져 보았다. 오늘따라 그 손잔등은 몹시도 매끄러운 것처럼 느껴졌다. 그리고 그 어떤 억센 손에서 꼭 쥐어지는 그 짜르르한 감촉이 몹시 그리워지는 것이었다. 그녀는 가만히 손을 내려 치마폭에 쌌다. 그러나 그 몹시 짜르르한 감촉의 기대는 그녀의 온 몸을 폭풍처럼 휩싸 버리는 것이었다.

이제 그녀는 무대 위에 나타나는 온갖 신선놀음에서 정신이 떠났다. 그녀의 눈은 그냥 한 무대 쪽을 쳐다보고 있었지마는 그녀의 전 신경은 손잔등으로 모이는 것 같았다. 아니 손잔등뿐 아니라 그녀의 전신의 피부로 전 정신이 집중되는 것 같았다. 슬쩍 누가 몸을 스치고 지나갈 때마다 그녀는 몸을 바르르 떨었다. 이렇게 정신이 피부로 집중이 되고 보니 그녀를 스치고 지나가는 사람은 퍽 많은 것을 느끼었다. 팔과 팔이 맞닿도록 일부러 옆에 바싹 다가가 보는 남자도 있었다. 또 때로는 남자의 숨결이 그녀의 귀밑으로 바싹 스치는 것을 감각할 수도 있었다.

언년이는 지금 자기가 어디에 있다는 것까지 잊어버리게 되었다. 어쩐지 자기는 지금 이 세상에서 가장 어여쁜 색시가 된 것처럼 생각되었다. 그리고 저편 어디서 세상에 둘도 없을 귀공자가 자기를 기다리고 있는 것처럼 생각되는 것이었다. 언년이 자기는 지금 큰 정승의 외딸로 연당에서 글을 읽고 있고, 귀공자는 방금 담장에 드리운 무명필을 타고 넘어 들어오는 것 같은 환상을 느끼었다. 바로 그때,

"그 색시 맵시 곱다."

하고 누가 바로 귀밑에서 속삭이는 것이었다. 언년이는 그 자리에 자지러져 버릴 듯싶었다.

"저리 좀 갑시다."

하는 속삭임이 또 뒤에서 났다. 그것은 무명필을 타고 넘어 들어온 귀공자의 부드러운 속삭임이었다. 언년이는 꿈에 걷는 사람처럼 사람들 틈을 이리저리 피하여 빠져 나왔다. 그 귀공자가 어디서 그녀를 기다리고 있는가? 그것은 생각할 여지도 없었다. 오직 황홀한 환상 속에서 그녀는 사람이 적은 으슥한 곳으로 향하여 발을 옮겨 놓았다. 오직 바로 옆으로 어떤 사내가 따르고 있다는 것만을 인식하면서.

언년이가 전등불로 장식해 놓은 환한 꽃가지 아래 이르렀을 때 비로소 그녀는 자기 혼자뿐임을 인식하였다.

"에, 재수 없다. 히히히."

하면서 두 남자가 급히 저편 어두움 속으로 사라지는 것이 보이었다. 바로 그 목소리는 조금 전에,

"저리 좀 갑시다."

하던 그 귀공자의 목소리가 아니던가!

그러나 바로 등 뒤에서 이번에는

"애, 여기 하나 있다. 님을 홀로 기다리는가, 허허허."

하는 소리가 나더니 검은 제복을 입고 사각모자를 쓴 청년 셋이 언년이를 둘러싸다시피 하고 모여들었다.
 그러나 바로 그 다음 순간,
 "에키!"
하더니 세 학생은 뒤로 물러섰다.
 "괴물일세, 괴물이야."
 "그 꼴에 그래두 바람은 들어서……."
 "하하하."
 세 학생은 이런 소리를 주고받으면서 저편으로 가 버렸다.
 지금까지 아름다운 꿈속에 들었던 언년이의 환상은 산산이 부서지고 말았다. 그녀는 부지중 손으로 자기 얼굴을 만지어 보았다. 특히 언청이 된 입술이 먼저 만져지는 것이었다. 자기는 정승의 딸도 아니요, 연당에서 임을 기다리는 미인도 아니요, 꺼꺼대요, 언청이인 추물로서 소박맞고 갈 데 없어서 서울로 올라온 자기인 것이었다.
 그녀는 갑자기 그 웅성웅성하는 사람 떼가 미워졌다. 조금 전까지 선녀들처럼 보이던 그 분바른 계집애들은 더한층 미웠다. 그녀는 이 수많은 군중으로부터 멀리멀리 떠나 버리고 싶었다. 그녀는 꽃나무를 떠나서 사람들 없는 어둑신한 곳을 향하여 달려갔다. 얼마 안 가서 밧줄로 막아서 더 못 가게 된 데에 이르러서 그녀는 풀밭에 펄썩 주저앉았다. 그러고는 하염없이 울었다.
 "어머니는 나를 왜 낳았던고?"
하고 그녀는 자기를 세상에 낳아 준 어머니를 원망하였다.
 "서울은 또 무얼 먹갔다구 왔던고?"

하고 자기 자신도 원망하였다.

언년이의 울음은 풀밭에서 '잃어버린 사람 수용소'로 옮겨가고 다시 거기서 그 이튿날 아침에야 봉네 어미 집으로 옮겨갔다. 그는 봉네 어미의 집 주소도 몰랐던 고로 봉네 아버지가 찾으러 올 때까지 수용소에 머물러 있지 않을 수 없었던 것이다.

"꽃구경이 훌륭하든가?"

하는 봉네 할머니 말에 언년이는,

'다시 꽃구경 가는 년은 개딸년이다.'

하고 혼자 속으로만 대답하였다.

구설수에 가려지는 언년이의 진가

"숙자 어머닌 남편 뺏길 염려는 통 났구료."

"호호호, 그래도 일은 참 잘 한다우."

"그래두 좀 웬만해야지. 그건 너무 못났어. 난 꿈자리 사나울까 봐 걱정인데!"

언년이가 일하고 있는 주인댁에 놀러 온 양장미인이 주인아씨인 숙자 어머니와 이렇게 주고받고 하는 이야기를 언년이는 뜰 한 모퉁이에서 빨래를 하면서 모두 들었다. 언년이는 서울 온 지 두 달 만에 이 집 식모로 들어온 지 지금 며칠 안 되었다.

"흥, 내 원, 별 꼬락서닐 다 보갔네. 제가 도깨비처럼 채리구 댕기는 년이 남의 흉보구 있네. 상판대기나 빤빤하문 머이나 되나!"

안방의 화제가 언년이 자신을 중심으로 전개되었다는 것을 알게 되자 언년이는 혼자 이렇게 중얼거렸다.

"나도 첨엔 너무 꼴이 사나워서 그만 내보낼라구 그랬다우."

이것은 주인아씨의 목소리였다.

"그래도 그이가(아마 남편을 가리키는 모양) 불쌍한데 두어 두라고 해서…… 그래서 두어 보니 일은 참 잘 해요. 또 튼튼하구 부지런하구…… 또 그리구 며칠 봐나니깐 이제는 눈에 익어서 그리 과히 숭치두 않은걸……."

"어디 시골서 왔대지?"

양장미인의 목소리,

"응, 시집가던 첫날밤……."

하더니 그 아래는 소곤소곤 잘 들리지 않고, 조금 있더니 하하하 히히히 호호호 하는 큰 웃음소리가 터져 나왔다.

"봉네 어미가 모두 주둥이 질을 해 놔서……."

하고 언년이는 분노가 치밀어 오르는 것을 겨우 참으면서 다시 혼자 중얼거리었다.

"일 잘 해 줬으면 되었지. 상판 타령들은 왜 하누!"

그러면서도 언년이는 이 끓어오르는 분노를 겉으로 발표할 수는 없었다. 그녀는 아무러한 모욕이라도 달게 받으면서 붙어 있어야 밥을 얻어먹을 수 있다는 것을 지나간 두 달 동안에 너무나 역력하게 경험한 것이었다. 그것은 지나간 두 달 동안 그녀는 조금도 과장 없이 열일곱 집을 경유하여 마침내 이 집에까지 온 것이었다. 그녀는 식모로 들어간 지 하루나 이틀 만엔 으레 쫓겨 나오곤 한 것이었다.

"글쎄 일이야 어떻는지 모르지만, 이게야 꺼꺼대에다 언청이, 또 그 흥흥 하는 말소리야 어디 들어 줄 수 있어야지."

해서 퇴짜 놓는 아씨,
"언청이 된 건 그래두 괜찮은데 원숭이 밑구멍처럼 얼굴이 왜 그래?"
해서 내보내는 아씨,
"여보, 일보다두 손님들 오문 창피해서 안 됐쉣다."
해서 내보내도록 아내에게 명령하는 사랑나리.
이리하여 언년이는 이틀 만에나 사흘 만에나, 고작 오래야 닷새 만이면 다시 봉네 어미 집으로 어정어정 기어들곤 하는 수밖에 없었던 것이다.
무엇보다도 봉네 어미가,
"오죽하문야!"
하고 웃곤 하는 꼴에는 창자가 모두 비틀어지는 듯싶어서 견딜 수 없는 노릇이었다. 그래서 이제는 어떻게 해서든지 다시는 봉네 어미 집으로 찾아들지 않도록 해야겠다고 마음을 다지고 또 다져 그녀는 주인에게 잘 보이려고 부지런히 일을 해 주는 것이었다.

텁석부리 물지게꾼에게 희롱 당하다

여름도 어느덧 다 지나가고 가을이 된 어떤 일요일이었다. 주인 내외는 방금 걸음발을 떼는 숙자를 데리고 문 밖으로 놀러 나간다고 나가고 언년이 혼자서 집을 지키고 있었다.
그녀는 아깝도록 곱게 하는 그 바느질로 주인 나리의 양말 구멍을 꿰매고 앉아 있었다. 그러나 이날에 한하여 그녀의 바느질은 조금도 곱게 되어지지 않았다. 마치 여름내 몸이 빨아들였던 더위를 한목에 발산해 버리려는 듯이 그녀의 전신은 열정으로 끓어오르는 것이었다.

"일생을 혼자 지내리라, 혼자 지내리라!"
하고 결심하는 것은 매일 저녁 자리에 누울 때마다 있는 일이었다. 그러나 몸뚱어리의 자연스런 욕구는 그렇게 쉽사리 눌려지는 것이 아니었다. 여름내 그녀는 이 욕구와 싸워 온 것이었다. 푹푹 찌는 더운 방에서 빈대와 씨름하노라 밤을 밝히면서도 가끔 주인 내외가 나란히 누웠을 생각이 머리에 떠오르면 그녀는 한참이나 멀거니 두 손에 머리를 파묻고 앉아 있는 것이었다.

빨랫감으로 주인나리의 옷이 나오면 어떤 때 그녀는 몰래 그 남자 옷을 힘껏 움켜쥐어 보는 때도 있었다. 어떤 때는 밥상을 들고 들어가다가 주인 나리의 숨결이 갑자기 높아지는 것 같은 환각이 생기어 쓰러질 뻔한 때도 있었다. 그렇다고 언년이가 이 주인 나리에게만 욕정을 느끼는 것은 아니었다. 때로는 매일 물을 길러 오는 그 텁석부리 물지게꾼이 몹시 그리운 밤도 있었다. 또 어떤 때는 비옷장수, 사랑에 간혹 찾아오는 남자 손님, 심지어 어떤 때는 대변 퍼 가는 늙은이를 그리워하는 때까지 있었다. 또 때로는 생전 처음 보는 남자와 한자리에 자는 꿈을 꾸고 소스라쳐 깨는 때도 여러 번 있었다.

'내가 이다지도 음탕한 년인가?'
하고 혼자 얼굴을 붉히고 저 자신을 책하는 때가 많았다. 그러나 콧구멍만한 뜰 하나를 격한 안방에서는 지금 주인 내외가, 하는 생각이 들 때마다 그녀는 싸늘한 벽을 안아 보려고 팔을 허위적거리는 것이었다.

가을이 되면서 언년이는 더한층 이 욕구의 비등을 억제할 수 없는 것이었다.

이날도 그녀는 양말을 꿰매고 앉아서 특히 한가한 틈을 타는 이 악마의 유혹 앞에 몸을 떨고 있었다. 남자의 양말을 손에 잡기만 해도 온몸의 근육이 떨리는 듯싶었다.

이때다.

"대문 열우!"

언년이는 자기 귀를 의심하였다. 분명 남자의 목소리였다. 더구나 귀에 익은 목소리였다.

그녀는 벌떡 일어섰다. 그러나 웬일인지,

'대문을 열면 큰 죄를 저지른다.'

하는 예감이 그녀를 붙잡았다. 그녀는 주저주저하였다.

대문이 덜컹덜컹한다.

"대문 열어요."

또 다시 그 목소리다. 언년이는 자기 자신도 무엇을 하는지 모르게 고무신을 짝짝이로 끌면서 나가 대문 빗장을 덜컥 빼었다.

대문이 열리자 텁석부리 영감은 물지게를 모로 돌리면서 대문 안으로 들어왔다. 언년이는 공연히 혼자 부끄러워져서 고개를 숙였다. 그러고는 금시에 또 서운해지고 허전해졌다.

"오늘은 퍽 일으우."

하고 언년이는 물지게꾼을 따라 부엌으로 가면서 태연하게 말을 건넸다. 텁석부리는 그 소리를 들었는지 못 들었는지 아무 소리 없이 독에다 물을 주룩주룩 부어 넣더니 빈 지게를 지고 마당으로 나왔다.

"주인들은 모두 어디루 갔나?"

하고 텁석부리는 혼잣말하듯 말하였다.

"오늘은 공일이라구 문 밖으로 소풍나간다구 애기꺼정 데리구 나갔다우."

"문 밖으로? 그럼 쉬 안 들어오시겠군!"

하고 텁석부리는 또 혼잣말하듯이 중얼거리었다.

"저녁꺼정 자시구 들어오신답데다."

"흥, 혼자 집 보기 무섭지 않은가?"

텁석부리는 역시 혼잣말하듯 중얼거리며 대문께로 갔다. 텁석부리는 대문을 열고 빈 물지게를 한 통 밖으로 먼저 내보내고 몸이 반쯤 대문 밖으로 나가더니 금시에 몸이 다시 안으로 들어왔다. 그러더니 물지게를 도로, 들여다가 대문 안에 벗어 놓고서 대문을 닫고 안으로 바로 제집 대문 빗장 지르듯이 빗장을 질렀다. 언년이는 이때까지 여우에게 홀린 사람처럼 멀거니 보고만 있다가 텁석부리가 아주 안으로, 대문을 잠가 버린 것을 보고서야 갑자기 정신을 차린 듯,

"왜 그라우?"

하고 눈을 크게 뜨고 보았다. 텁석부리는 아무 소리도 없이 언년이를 향하여 벙긋 웃어 보였다. 언년이는 오직 그 싯누런 이빨을 알아볼 수 있을 따름이었다. 언년이는 갑자기 몸을 날려 달아났다. 고무신이 한짝 벗겨져서 땅에 구르는 것도 깨닫지 못하고 언년이는 단숨에 자기 방까지 뛰어 들어갔다.

이 이야기 맨 시초에 말한 아기 뺐다는 것은 곧 언년이가 텁석부리 물지게꾼의 씨를 배 안에 키우고 있었다는 것이다.

일요일 낮에 그 일이 있은 후로 텁석부리는 영 부지거처가 되고 말았다.

집에 물이 없어서 '그 망할 놈의 텁석부리 영감'을 애가 타

게 찾아다니는 것으로 외면에는 보였으나, 기실 언년이 내심에는 남모르는 초조와 절망과 비애가 차 있는 것이었다. 그러나 텁석부리는 다시 나타나지 않았다. 물은 다른 지게꾼에게 사 먹기로 교섭이 확정되어 문제는 귀결되었지만 언년이 가슴속 비밀은 귀결을 못 짓고 있었다.

그 일요일 밤새도록 언년이는 얼마나 그날 낮에 생겼던 일을 되풀이해 생각해 보았으며 또 얼마나 장래에 대한 단꿈을 꾸어 보았던고! 언년이는 이전부터 그 텁석부리는 홀아비라는 말을 어디선가 들어서 알았던 고로 이미 이만큼 일이 된 이상 그와 행랑살이라도 살림을 오붓하게 한번 차려 보리라 하는 달콤한 공상에 담뿍 취해 있었던 것이다. 그런데 이틀이 못 가서 그 꿈은 산산이 부서져 버리고 만 것이었다.

"그 망할 놈의 뒤상."

하고 언년이는 혼자 욕을 하면서도 그래도 가끔 가다가 집이 비고 혼자서 집을 보고 있게 되는 날은 속으로 은근히 또 그 일요일처럼,

'대문 열우.'

하는 텁석부리 목소리가 금시에 들려 올 듯도 싶어서 안절부절을 못하는 때가 많았다. 그러나 날이 자꾸 흘러서 첫눈이 내리게 된 때 언년이는,

'이제는 그 뒤상을 다시 찾을 도리는 영영 없구나. 나를 버리구 갔구나.'

하는 사실을 확실히 인식하게 되는 그와 동시에,

'그 망할 녀석이 씨를 내 속에 넣어 주었구나?'

하는 인식이 또한 부인할 수 없는 사실로 되고 말았다.

새로운 한 생명이 자기 몸속에서 나날이 자라나고 있다는 인식을 얻게 되자 언년이는 때로는 몹시 기쁜, 또 때로는 몹시 우울한 감정이 교차되는 것을 금할 수 없었다. 그 새로운 생명의 아버지를 생각할 때에도 어떤 날은 몹시 그립게 생각되었고 또 어떤 날은 몹시 원망스럽게 느껴지고, 또 어떤 때는 아주 막 미워서 앞에 보인다면 얼굴에 침이라도 뱉어 줄 것처럼 서두를 때도 있었다. 그러나 차차 다시 봄이 되면서 주인아씨의 입으로부터,

"참 이상한 일도 다 있지. 다른 사람이라면 꼭 애기를 뱄다고 하겠는데. 원 그럴 리두 없구. 알 수 없는 노릇이야!"

하는 소리를 듣게끔 되어서는 언년이는 세상만사에 모두 흥미를 잃고 오직 절반 이상을 자란 어린애의 출생을 기대하는 초조스러움과 일종의 공포에 가까운 감정이 그녀의 가슴에 가득 차 있는 것이었다.

이젠 그녀는 텁석부리가 다시 나타난다는 기대도 단념해 버리고 일편단심 뱃속에서 자라나는 어린것에 대하여 전 정신을 바쳤다. 그녀는 남들이 아비 모르는 아이를 낳았다고 비웃을 것도 두려워하는 바 아니었다. 자기도 다른 여자들처럼 아기를 낳을 수 있다 하는 이 기쁨을 넉넉히 그런 조소를 코웃음쳐버릴 만큼 강한 것이었다.

그러나 그녀는 차차 이 장차 낳을 어린 아기에 대한 여러 가지 세세한 조목을 붙여서 생각하기에 이르렀다. 그리하여 마침내 그녀는 밤마다 남몰래 냉수를 떠 놓고 칠성님께 빌기를 시작하였다.

그녀가 칠성님께 비는 조목은 대개 아래와 같았다.

그녀는 아들은 싫다 하였다.

꼭 딸을 점지하시되 그야말로 오래 전부터 주위들은 대로 물 찬 제비 같고, 돌아 오는 반달 같고, 양귀비 뒤태도 같은 그러한 일색을 보내 줍시사고 비는 것이었다.

그녀는 세상에서 가장 어여쁜 딸을 낳아 보고 싶었던 것이다. 그것은 이 매정한 세상에 대하여 언년이로서 보낼 수 있는 오직 하나의 복수일 것이라고 그녀는 생각하는 것이었다. 한동리서 자라면서 어렸을 때부터 곱기 자랑을 하고 다니던 이쁜이보다도 더 고운 딸, 봉네보다도 더 고운 딸, 주인집 딸 숙자보다도 더 아름다운 딸을 낳고 싶었다. 그렇게 고운 딸을 낳아 가지고,

'자, 보아라.'

하고 봉네 어미 앞에 내밀고 싶었다. 주인아씨 앞에 내대고 싶었다. 온 세상에 광포하고 싶었다. 그리만 된다면 그녀가 이때까지 이 세상에서 받아 온 온갖 조소도 모두 잊어버릴 수 있다고 생각되었다. 자기 자신이야 아무리 불행한 일생을 보냈더라도 세상에서 제일 어여쁜 처녀의 어머니 되는 자랑만 가질 수 있다면 넉넉히 위안이 되고도 남음이 있으리라고 생각하였다. 지금 그녀에게 있어서 이 세상 희망이라고는 오직 그것 하나밖에 없다고 단정하였다. 그녀의 온 장래가 여기에 결정지어진다고 생각하였다.

기적을 비는 마음! 그것은 우리 못나고 천대받고 조롱받고 무능하고 또 눌림 받는 인간들의 공통된 기원인 것이다.

추물이 다시 추물을 낳다

 이러고서 어느덧 열 달이 차매, 언년이는 봉네네 집 건넌방 윗목에 그렇게도 칠성님께 빌었던 딸을 순산하였다.
 "에미나이루군."
하는 봉네 어미의 탄식소리는 언년이의 귀에는 음악보다 더 좋았다.
 '딸이다! 내 일생에 자랑이 될 어여쁜 내 딸이다. 내 일생 받아 온 천대와 조롱을 속해 줄 내 딸이다.'
 이렇게 생각하매 그녀는 자연 눈물이 흘러내림을 금할 수 없다.
 그녀의 눈물을 달리 해석한 봉네 어미는,
 "아들이 쓸데 있나? 딸이 더 둏지."
하고 위로를 해 주었다.
 "어디 봐."
하고 언년이는 봉네 어미가 깜짝 놀라리만큼 크게 소리를 버럭 질렀다.
 그러나 봉네 어미가 쳐들어 주는 새 생명을 바라다보는 순간 언년이는,
 "억!"
하고 외마디소리를 지르면서 눈을 감았다. 봉네 어미는 아기를 다시 옆에 뉘면서,
 "제 에미 고대루군."
하고 웃음 섞인 목소리로 말하는 것이었다.
 언년이는 앞이 캄캄해지는 것 같았다. 온갖 기대, 온갖 꿈, 온 생애가 그냥 산산이 부서져 버리는 것을 느끼었다.

그렇게도 백 날을 칠성님께 빌어서 낳은 딸이, 그렇게도 세상에 둘도 없이 어여쁜 딸이 되라고 상상하였던 것이 낳아 놓고 보니 언청이였던 것이다.

"언청이가 언청이를 낳았다. 하하하하!"

이렇게 세상이 언년이 들으라고 소리소리 지르는 것 같았다.

언년이는 그래도 자기 눈이 잘못 보지나 않았나 하여 다시 고개를 돌려 옆에 누워서 발깍거리는 어린 살덩이를 들여다보았다. 그녀의 눈앞에 뚜렷이 나타나는 새로운 생명은 언년이의 일생의 부끄러움을 속해 줄 희망이 아니라 그 부끄러움에 새로운 부끄러움을 끼얹어주는 한 개의 절망이었다. 아무리 바라다보아야 그 얼굴이 그 얼굴이었다. 눈도 못 뜨고 발깍거리는 아직 채 자리도 안 잡힌 그 얼굴이언만 윗입술이 둘로 갈라진 언청이는 너무도 뚜렷하였다. 더 자세히 들여다보면 콧마루도 언년이 모양으로 없었다. 더 자세히 보면 유난히 앞으로 삐죽 내민 것처럼 보이는 것이었다. 보면 볼수록 언년이 자신과 똑같이 생긴 것처럼 보였다.

그녀는 고개를 돌렸다. 생각하면 생각할수록 분하고 원통한 일이었다. 밖에서 간간이 사람들의 떠드는 소리나 웃는 소리가 들려오면 그때마다 모두 언년이 자기와 또 어미를 닮고 세상에 새로 나온 이 새 생명을 조롱하고 비웃는 소리처럼만 생각되는 것이었다.

"추물이 추물을 낳았다!"

"하릴없이 판에 박아 낸 거야!"

"호호호호!"

언년이는 손으로 두 귀를 막았다. 그러나 그 조롱 소리는 더욱더 크게 그녀의 귀에 들려오는 것 같았다. 눈을 감으면 웃는 얼굴들의 환영이 보였다.

봉네 어미의 웃는 얼굴! 숙자 어머니의 웃는 얼굴! 숙자 아버지의 웃는 얼굴! 텁석부리 물지게꾼의 싯누런 이빨! 그러고는 갑자기 밤에 혼자서 흘러내리는 냇물가에 앉아서 미운 얼굴을 물속에 어른거리는 달 속으로 비춰 보면서 끝도 없이 울고 있는 처녀의 환영이 나타났다.

'저것이 자라나면 또 그러한 쓰라린 인생을 되풀이할 것이로구나.'

"차라리 애기 적에 가거라!"

하고 그녀는 혼자 중얼거렸다.

그녀는 가만히 옆에 있는 바느질 곱게 된 저고리를 들어 이 바둥거리는 아기를 푹 덮어 버렸다. 그러고는 그 억센 손으로 말랑말랑 하는 살덩이를 지그시 눌러 보았다. 누르고 누르면서 그녀는 저도 모르게 중얼거리는 것이었다.

"뒈데라, 뒈데라, 뒈데라!"

갑자기 아기의 발깍 소리가 그쳤다. 언년이는 몸서리치면서 얼른 손을 떼었다. 바느질 곱게 된 저고리를 바라다보니 그 밑에 덮여 있는 아기가 그처럼 밉게 생긴 아기라고는 생각되어지지 않았다. 그녀가 지나간 반 년 동안 꿈꾸던 그런 아주 이쁜 아기가 바로 그 아래 누워 있을 것처럼만 생각되는 것을 금할 수 없었다. 그 저고리가 달삭달삭 하였다. 그러나 언년이는 그 저고리를 다시 들치고 그 아래 누워 있는 아기 얼굴을 다시 들여다볼 용기는 나지 않았다. 그녀는 고개를 돌렸다.

"그래두 자라나문 좀 나아디갔디…… 그래두 체니티가 나문 좀 고와디갔디!"

하고 그녀는 중얼거렸다.

"그래두 좀 크문…… 그래두 좀 크문야 설마……."

하고 되풀이하고 또 되풀이하면서 언년이는 불어 오른 자기 젖을 두 손으로 꾹꾹 눌렀다.

젖을 짜고 또 짜면서 그녀는 긴장이 탁 풀리는 것을 느끼었다. 온몸이 몹시 피곤함을 느끼었다. 그녀가 누운 자리가 젖에 젖어서 끈적끈적해지는 것을 겨우 감촉하면서 그녀는 손을 더듬더듬하였다. 매끈매끈하는 아기의 살을 그 억센 손에 감촉하면서 그녀는 스르르 잠이 들었다.

생각해 볼 문제

◁ 작가가 언청이인 언년이를 주인공으로 삼은 이유는 무엇일까?

- 언청이로 태어난 언년이는 추한 몰골을 지녔다고 낙인찍혀 혐오스럽고 우스꽝스러운 대상으로 전락한다. 그리하여 어린 시절에는 놀림거리, 결혼하고 나서는 첫날밤부터 소박을 맞고, 식모살이 시절에는 개인의 실력은 인정받지 못하고 오히려 구설수의 대상이 된다. 심지어 물지게꾼은 언년이의 성을 가벼이 이용했고, 결국 언년이는 언청이 아이를 낳는다. 자신과 달리 아름다운 아이의 얼굴을 자랑하고 싶었던 언년이의 꿈은 '추물이 추물을 낳았다!'는 환청과 함께 산산조각 나고 만다.

이렇게 언년이를 추물로 바라보는 외부의 시선과는 달리, 실제의 언년이는 고운 성품을 지녔다. 남편 없이 지내는 시부모를 모시고, 자신의 재능을 살려 식모살이를 제대로 해내며, 장애를 지닌 아이를 죽이지 못하고 끌어안는다. 언년이를 비웃었던 주변 사람들의 생각과 달리 얼굴의 추함은 인간성과 관련이 없는 것이다.

역설적으로 본문 속에서 언년이만큼 깨끗하고 순수한 인물을 찾기 어려워 보인다. 그러나 언년이가 살았던 근대는 여자의 아름다움이 그 행복과 밀접한 영향을 미쳤던 듯하다. 덧붙여 작가는 언년이의 비극적인 삶을 통하여 개인적인 장애의 아픔과 덧붙여 사회적으로 멸시를 당해야 했던 여성장애인의 이중적인 고통을 이야기 하려 했을지 모른다.

6장.
근대 시각장애인 학교의 실상:
엄흥섭의 「실명」

「실명」은 엄흥섭(1906~?)이 1948년 『흘러간 마을』에 수록한 중편소설이다. 이 작품은 시각장애인 남녀의 사랑을 소재로 하여 근대 시각장애인 학교의 실상을 보여주고 있다.

부모의 매독 때문에 시각장애를 얻고, 가족에게 버림받은 원칠이는 신문사 직원의 도움으로 k맹아학교에 들어왔다. 이곳에서 원칠이는 시각장애인 명희를 알게 되고 둘은 남몰래 사랑을 키운다. 그러나 사감 박 선생에게 둘의 사랑이 발각되면서 원칠이는 퇴학될 위기에 처한다. 박 선생은 부잣집 딸인 명희를 위한다는 명분으로 명희 엄마에게 다른 혼처를 소개하고, 교장과 함께 원칠이의 행동을 통제하려 한다. 이후 명희가 중병에 걸려 입원을 하자 원칠이는 명희를 만나기 위해 병원으로 간다. 원칠이는 어렵게 명희를 만나지만 그곳에서도 박 선생의 방해를 받는다. 결국 명희가 세상을 떠나고, 원칠이는 k맹아학교를 나온다.

이 작품에서 원칠이가 생활했던 k맹아학교는 규율과 통제로 움직이는 곳이다. 원칠이는 명희와 사랑할 자유마저 억압당하지만, 장애 때문에 갈 곳이 없다는 절박함으로 학교를 벗어나지 못했다. 박 선생과 교장 앞에서 머리를 조아리는 원칠이의 모습은 정부기관이 아니면 의탁할 곳이 없었던 당시 장애인들의 처지를 보여준다. 그러나 장애인을 도와주어야 할 맹아학교는 오히려 원칠이를 비롯한 장애인들의 인권을 무시한다. k맹아학교는 교육기관이 아닌 장애인 수용소일 뿐이었다. 이처럼 소설 속 k맹아학교의 실상은 인간적인 삶보다 갱생을 강요하고, 장애를 굴욕적인 것으로 주입하던 일제강점기 시각장애인 수용소의 모습을 담고 있다.

본문에 수록한 「실명」은 원작을 토대로 하되 일부 낱말을 현대어로 풀이하였다. 또한 이야기의 흐름을 이해하기 쉽도록 사건에 함축된 의미를 중심으로 소제목을 달았다.

부모의 매독으로 눈을 잃은 소년

 원칠이는 하늘 밑에 살면서도 하늘이 푸르고 높은 것을 모르며 땅을 디디고 살면서도 땅이 또한 넓고 큰 것인 줄 모르고 자라난 청년이다.
 산의 높음과 물의 맑음이며 꽃과 여자의 아름다움과 숲과 바위의 장엄함을 그는 전혀 알지 못하는 맹아(盲兒)다.
 어두운 밤이 지나가고 동천이 밝아 태양이 두둥실 떠서 적(赤), 감(柑), 황(黃), 록(綠), 청(靑), 남(藍), 자(紫)…… 그 눈부신 광채로 대지를 내려 비출 때면 땅위의 모든 생물들…… 날짐승과 길짐승은 물론 나뭇잎에 매달리고 풀뿌리에 붙은 이름 모를 벌레며 하루살이에 이르기까지도 모두 감았던 눈을 뜨고 뛰고 날고 움직이며 광명(光明)의 하루를 즐겁게 기쁘게 맞이하지만 원칠이는 한 개의 인생으로 태어났으면서도 광명의 기쁨과 즐거움을 맛보지 못하는 가엾은 장님이다.
 말하자면 원칠이는 하늘과 땅과 해와 달과 별을 모르고 자라났다.
 아니 그것보다도 원칠이는 자기를 낳은 자기 아버지의 얼굴도 어머니의 목소리도 모르고 자라났다. 모르고 자라났음에 알고 싶어함이 마땅하련만 원칠이의 가슴 속을 파고 들어가 보면 오히려 그것들이 한없이 밉고 원망스러운 때가 많았다.
 사람이란 무엇이냐? 해란 무엇이냐? 달이란 또 뭐냐? 별이란 대체 어떻게 생긴 것이냐! 아니 산은? 바다는? 나무는? 구름이란 것은? 새는? 아니 붉은 빛이란 것은? 파랑 빛이란 것은? 흰 빛이란 것은? 원칠이는 이런 문제들이 자기 일생을 두고 머리를 썩여 보아도 해결할 수 없는 수수께끼인 줄 알면서도 때때로 머리를 썩이고 가슴을 앓다가는 '그렇다. 모두 암흑이다. 오직 암흑이다. 오직 암흑이다.' 하고 머리를 흔들어 버리고 만다.

그러나 원칠이는 비록 광명을 향락할 줄 모르는 불행한 자기라 하더라도 역시 육체와 정신을 가진 하나의 인생으로서 태어났다는 것에 적이 감사하며 자기 스스로 은근히 만족하는 때도 있다.

그는 시각이 없는 대신에…… 청각(聽覺)과 취각(嗅覺)과 전신에 뻗친 신경계통의 감각이 몹시 발달되고 사물에 대한 사고력과 기억력이 눈 가진 사람보다는 놀랄 만큼 우위(優位)에 있다는 데에 자기 스스로 위안을 얻고 빙그레 웃는 것이었다.

그러나 원칠이의 사고력은 언제나 원칠이의 머리를 썩이고 가슴을 태우는 데에만 소용되었다.

'왜 내가 두 눈이 다 멀었담? 제-기…….'

이런 탄식이 하루에도 몇 차례씩이나 나왔고

'차라리, 내가 병신이 되지 않으면 안 될 전생에 무슨 죄가 있다면 벙어리나 꼽추나 앉은뱅이, 조막손이를 만들지 않고 왜 하필 광명을 못 보는 쇠경을 만들었을까? 흥— 빌어먹을 것. 전생에 죄는 무슨 놈의 죄여! 아버지 어머니가 나를 잘못 만들었기 때문이지! 그렇다 아버지 어머니의 큰 실수이었다. 큰 실수이었다.'

여기까지 문득 생각해 내려오다가는 갑자기 이를 부드득 갈며 흥분해 본다.

'애비? 내게 무슨 아버지가 있어! 눈먼 나를 낳았다구 식모 노릇도 못하게 내 어머니를 쫓아내고만 그 훌륭한 부잣집 주인 나리가 내 아버진가? 흥 내 어머니도 상당히 못 났지! 아무리 식모 노릇을 하기론 매독을 가진 방탕한 주인에게 몸을 빼앗겨 처녀의 몸에 결국 나 같은 장님을 낳게 되고……. 그리고는 왜 그 집에서 쫓겨나게 되었을까? …… 아아! 내게는 에미도 애비도 없다. 나는 오직 그들의 죄악의 씨일 뿐이다. 나는 나면서부터 두 눈에서 피와 고름이 나왔다 한다. 그 집 주인 마누라에게 쫓겨난 내 어머니는 나를 업고 이 집 저 집 돌아다니며 밥을 빌었고 약 살 돈을 품팔이했다. 그러나 내 두 눈은 날이 갈수록 나빠져서 끝끝내 낫지 않고 아주 장님이 되어 버리고 말지 않았든가. 그 흔한 병원에도 내 어머니는 나를 데리고 단 한 번 못 갔다. 첫째 돈이 없어서. 둘째 갈 줄을 몰라서. 셋째 부끄럽고 무서워서. 이리하여 완전히 소경이 된 내가 열한 살이 되었을 때 내 어머니는 어느 행랑방에다 나를 남겨놓고 어떤 무서운 열병으로 서른 살도 못 된 젊은 나이에 그만 죽고 말지 않았든가. 그 뒤 나는 거리로 울며불며 먹을 것을 찾아 헤매다가 돌담에 이마를 부딪치기도 하고 개천에도 풍덩 빠져 지내든 사람들의 웃음꺼리가 되고 말지 않았든가. 그렇게 이태 동안 거리 위에서 헤매다가 열세 살 되는 해 봄 어떤 신문사에 다니시는 어른의 주선으로 이 맹아학교에 입학하게 되지 않았든가.'

맹아학교에서 만난 소녀

원칠이는 오늘밤도 잠을 못 이루고 자기 신세를 되풀이하기에 가슴을 태운다.

가을밤도 이미 깊어 K맹아학교 기숙사 안은 씻은 듯 고요하고 시들은 풀포기에 벌레 우는 소리조차 처량하다.

이따금 위이잉하고 지나치는 거센 바람에 나뭇잎이 떨어지는 소리가 바시시 바시시 들려온다.

그는 벽에서 또오옥 따아악 또오옥 따아악 울리는 기둥 시계가 '언제나 열한 시를 치나?' 하고 쥐 죽은 듯 가슴을 졸이며 귀를 기울이고 있다.

열한 시에 그는 기숙사 뒤안 아늑한 곳에서 명희라는 여자부에 있는 계집애와 만나기로 약속했기 때문이다.

이윽고 시계 바늘이 열한 시에 가까웠음인지 '찌르륵' 하고 태엽 풀리는 소리가 들리자 그는 이불을 가만히 박차고 슬며시 일어나 소리 안 나게 밖으로 나온다.

기숙사 이 방 저 방에서는 코고는 소리들이 요란스럽게 들려온다.

그는 발뒤꿈치를 들고 사뿐사뿐 복도를 지나 신장을 더듬어 누구의 것인지 운동화 한 켤레를 닥치는 대로 주어신고 벽을 만져 방향을 짐작한 다음 기숙사 벽을 붙들고 돌아 한참동안 넓은 잔디밭을 지나 기숙사와는 훨씬 떨어진 교실 뒤꼍으로 돌아간다.

바람도 자욱하고 오직 씻은 듯 조용할 뿐이다.

그는 혹시 명희가 먼저 와 기다리지나 않나 하고 일부러 발길을 주춤하고 서서 가볍게 마른기침을 해보았다.

그러나 아무 소리도 들리지 않는다.

"여봐! 명희!"

그는 가만히 입을 열고 나지막하게 불러본다. 그러나 역시 명희는 아직 와있지 않았다.

'아직 열한 시가 좀 못 됐으니까…….'

그는 두 손으로 땅을 더듬어 잔디가 깔린 곳을 찾아 가만히 내려앉는다.

명희는 원칠이보다 두 살이 어린 열여덟의 처녀다. 그도 원칠이와 마찬가지로 광명을 모르고 암흑 속에서 살아가는 눈없는 소경 계집애다.

명희와 원칠이는 이상하게도 팔년 전 어떤 해 봄 한날한시에 이 K맹아학교에 입학되어 한 집안 식구가 되었다.

그 동안 명희는 원칠이를 오빠라고 부르고 원칠이는 명희를 누이동생처럼 귀여워해 내려왔다.

보통과에서 6년 동안을 명희는 바로 원칠이 책상 앞줄에 앉아서 점자서적과 점자신문을 원칠이의 힘으로 많이 배우고 창가 시간에는 누구보다도 맑고 고운 목소리를 원칠이 앞에서 꾀꼬리처럼 노래를 잘 부르고 했기 때문에 원칠이는 명희를 다른 계집아이들보다 더욱더 사랑해 내려왔다.

명희를 은근히 사모하고 좋아하는 것은 원칠이뿐만은 물론 아니었다. 명희는 이 K맹아학교 이십 세 전후의 사내아이들의 짝사랑의 대상이 될 수 있었고 연모와 희망의 향기를 풍기는 한 떨기 꽃이 될 수 있었다.

원칠이는 명희가 다른 아이들의 연모의 대상이 되는 것이 웬일인지 심히 재미없고 싫고 불쾌하기 짝이 없었다. 혹시 명희의 마음이 다른 데로 헷갈리기 때문에 자기의 은근한 마음을 영영 몰라주면 어떻게 하나 싶은 불안스런 생각이 치밀어 올라왔기 때문이다.

그러다가도 원칠이는 자기 자신을 돌이켜 자기 얼굴이 새빨

개질 만큼 자기를 꾸짖곤 한다.

'두 눈깔이 하나도 없는 녀석이 무슨 잡스런 생각이여! 못난 송아지가 엉덩이에서 뿔이 난다구……. 그래 네 주제에 계집애 생각을 하면 어떡한단 말이냐!'

원칠이는 어느 틈에 몸서리가 치여진다. 그러나 문득 자기 자신에 반기를 들고

'아니다. 나도 인생이 아니냐. 비록 시각은 없을지언정 다른 모든 생리적 조건이 어디 하나 빠진 데가 있단 말인가. 나도 훌륭한 인생이다. 청춘이다. 이성을 연모할 권리가 어째서 내게 없단 말인가. 그렇다. 나는 명희를 사랑한다. 내 생명을 걸고 사랑해야 한다. 다만 명희의 꾀꼬리 같은 노랫소리만을 사랑할 수는 없다. 명희의 두 뺨은 보드랍겠지. 향기롭겠지. 명희의 젖가슴은 벌써 불룩불룩 하겠지. 그리고 허리 등은……. 그리고 엉덩이는……. 아아, 명희의 살이 한없이 그립다…….'

원칠이는 어느 틈에 자기의 두 눈앞이 훠어언해지는 불그레한 분홍색 흥분을 느끼었다.

어느 틈에 명희의 부드러운 두 뺨이 푸근한 살 향기를 풍기며 자기의 뺨에 닿는 감각, 명희의 상반신을 자기의 두 팔로 힘껏 껴안는 흥분된 환상, 또렷이 자기의 귀를 울리는 명희의 숨소리, 가슴 뛰는 소리, …… 그리고 코를 찌르는 명희의 살 향기!

원칠이는 어느 틈인지 다시 정신이 선듯해지며 자기로 돌아왔다.

금방 자기의 팔에 안기었던 명희는 간 곳이 없다. 금방 두 귀를 또렷이 울리던 명희의 숨소리도, 금방 코를 찌르던 명희

의 살 향기도 모두 꿈속처럼 사라지고 오직 차디찬 잔디 위에 청승맞게 쭈그리고 앉았던 자기를 발견했을 뿐이다.

그는 다시 귀를 기울이었다.

이윽고 발자국 소리가 사뿐사뿐 가까이 들려온다. 명희의 발자국이다.

원칠이는 반가워 벌떡 일어나며 나직한 목소리로

"명희!"

하고 불러 본다.

확실히 명희의 발자국 소리였건만 그러나 명희는 얼른 대답을 하지 않는다.

"명희! 왜 이제 와! 글쎄 나를 이렇게 오래 기다리게 하고……."

발자국 소리는 원칠이 곁으로 아주 가까워 온다.

원칠이는 두 손으로 명희의 몸을 더듬기 시작한다. 그러나 좀처럼 잡히어지지 않는다. 어쩐지 어떤 이상한 예감이 선뜻 떠오른다.

"명희! 어디야 응? 여기여 여기! 온 이렇게 만나기가 힘든 담!"

이 순간 갑자기 철컥하고 원칠이의 뺨을 올려붙이는 손이 있다.

"앗!"

원칠이는 정신이 몽롱해지며 가슴이 덜컥 내려앉는다. 얼굴엔 모닥불을 껴얹은 것처럼 화끈거리기 시작한다.

"이놈아! 잠 안자고 이런 데 나와서 이게 무슨 짓이야? 응?"

원칠이는 목소리의 주인공이 사감 박 선생의 목소리인 데에 더욱 놀랐다.

　명희와의 관계를, 비록 아무런 육체관계는 없지만은 명희를 자기가 좋아하고 있다는 비밀을 박 선생에게 오늘 밤 들키게 됨으로부터 비로소 느끼게 되는 부끄러움과 아픔과 원망! 원칠이는 어느 틈에 두 눈 언저리가 뜨끔 해지면서 뜨거운 눈물이 빙그르 돌기 시작한다.

　"가자. 내 방으로."

　박 선생의 어조는 날카로웠다. 원칠이는 박 선생에게 끌려 사감실로 들어갔다.

　"너 이 학교 규칙을 알지?"

　"……."

　"왜 말이 없어! 응? 너희들 불구자들을 이렇게 한 집안에다 모아놓고 기독교 자선실업회가 거액의 예산을 세워 너희들을 기르는 이유가 어디에 있는 줄 아니 응? 밤중에 자다 말고 일어나 후원 같은데 나아가 계집애 사내 만나서 못된 짓 하라고 해 놓은 것은 아니지? 응?"

　"……."

　"너 이 맹아원에 들어온 지가 팔년이나 되고 또 고등과 졸업반이니까 이 맹아원 규칙쯤은 다 알고 있겠지. 응? 어디 한번 외워봐라! 응?"

K맹아학교의 실체

　원칠이는 가슴이 울렁거리며 부동의 자세를 취하고 한참섰다가 입을 연다.

　"……새벽 다섯 시에 종이 울면 일제히 일어나 강당에 나와 하나님 앞에 기도하고 일곱 시에서 여덟 시 사이에는 아침을 먹고, 아홉 시에는 교실에 들어가 공부를 시작하고, 저녁때 공부가 끝이면 제 각각 기숙사로 돌아가 소제를 하고, 목욕을 하고 잠깐 햇볕을 쏘이다가 저녁밥을 식당에서 먹고, 밤에는 점자 신문과 서적을 읽다가 열 시에 작은 종이 울면 기도를 하고 잡니다……."

"그것뿐이냐?"

박 선생은 고함을 꽥 지른다.

"맹아부 아이들과 농아부 아이들은 서로 싸움을 말고 친형제처럼 지낼 것. 만일 싸움을 하는 자는 벌로 한 때 이상 밥을 굶을 것."

"또!"

"……."

"또 몰라? 남아는 여아와 가까이 말고 여아는 남아와 가까이 말 것을!……"

박 선생은 화를 내어 또 고함을 지른다.

"……."

"그래 명희와 언제부터 친했니? 응?"

"언제부터인지 저는 잘 모르겠습니다."

"뭣이 어째?"

"그래 그 컴컴한 교실 뒤곁에서 몇 번이나 명희와 만났니? 응?"

"몇 번인지 저도 잘 모르겠어요."

"뭣이 어째?"

"……."

"만나서 뭐했어? 응?"

"……."

"아, 뭐했어? 커다란 총각 처녀가 밤중에 교실 뒤에서 만나 뭐했어? 응?"

"저희들은 다만 서로 마음으로 사랑하고 있었을 뿐이었습니다. 결코 저는 부끄러운 짓은 하지 않았습니다!"

"뭣이 어째?"

박 선생의 어조는 갑자기 기가 막힌 발음이다.

"명희는 저를 보통과 일학년 때부터 오빠라구 늘 불러왔었어요. 그러나 저는 요새와선 웬일인지 명희를 다만 누이동생으로서만 사랑할 수 없을 것 같았습니다. 명희는 제 어두운 일생을 밝게 비추어주는 별이며 달이며 해라고 생각해요."

"그럼 너 명희와 결국 결혼하겠다는 말이냐? 응?"

"명희두 그렇게 생각한다면 결혼하려고 생각합니다."

"결혼? 흥! 이 맹아학교는 너희들의 연애유희장두 아니구 자유결혼실습장두 아니니까 내일 당장 나가! 아무리 너희들 암흑에서 살아 나가는 가엾은 인생이기로……. 도덕과 질서를 무시해서는 안 돼. 암흑의 세계에도 도덕과 질서가 필요해! 응?"

"……."

"너 며칠 전에두 두 사람 쫓겨 나간 것 알지? 규칙을 어기다가!"

"용서해 주십시오!"

"무얼 용서해달라는 거야!"

"앞으로는 기숙사 규칙은 잘 지키겠습니다!"

"이제 그따위 소리하면 소용 있을 줄 아니? 너희들 같은 부정한 것들을 깨끗한 이 학교에다 붙여 나두면 큰일이 나! 큰일이!"

"네? 부정한 것들이라구요? 선생님 그게 무슨 말씀이세요 네?"

"듣기 싫어!"

"선생님 저는 명희의 손목하나 까딱해보지 않았습니다. 다만 마음으로 명희와 저는 서로 사랑하고 있을 뿐입니다."

"그 따위 쓸데없는 말 말구 어서 가 자빠져 자구 내일 아침에 봇짐을 챙겨!"

박 선생의 말소리는 여전히 냉정하였다. 원칠이는 한참 섰다가 다시 입을 연다.

"선생님 한 번만 용서해 주십시오 네? 선생님!"

"나는 용서할 수 없어! 나는 오직 사감으로서 이 기숙사 규칙대로, 이 맹아학교 규칙대로 하는 것뿐이니까 응? 어디 할 말이 있으면 해봐라? 응!"

"선생님! 규칙도 사람이 만든 것 아닙니까? 광명을 모르고 자라난 저의 소경이 오직 이성의 사랑을 찾음으로 새 영혼을 위로하려한 것이 그다지 잘못입니까? 생각해 보세요. 저는 앞으로 다섯 달만 지내면 저를 키워주고 가르쳐준 이 맹아학교 하구두 이별을 하고 저는 저대로 거칠고 더 한 층 캄캄한 의지가지없는 세상으로 나가게 되지 않습니까. 저는 그때를 생각하면 한없이 슬프고 화만 납니다. 저는 두 눈만 없었다 뿐이지 육체 조직이 멀쩡한 젊은 놈입니다. 그러면서두 두 눈이 없는 소경이기 때문에 세상에 나아가면 저와 결혼할 여자가 없을 것입니다. 결혼이 다 무엇입니까! 얼굴만 봐도 침 뱉고 달아나겠지요. 만일 저를 불쌍히 여기어 제게 결혼을 청하는 여자가 있다면 그는 사람이 아니라 신이겠지요, 성녀이겠지요,

만일 그러한 사람이 있더라도 저는 단연코 그 여자의 행복을 위해서 그 여자와 결혼을 하지 않을 것입니다. 저는 역시 제 처지와 같이 암흑세계에서 헤매는 맹녀(盲女)와 결혼 하는 게 마땅하리라고 생각합니다."

원칠이의 음성은 어디엔지 비장한데가 있었다.

"그래서 명희와 연애를 한단 말인가?"

박 선생의 어조는 풀이 좀 죽어졌다.

"뭐 연애를 하고 싶어 하는 것은 아니에요. 지두 모르는 사이에 명희의 목소리가 귀엽고 사랑스러워진 것뿐입니다."

"좌우간 내일 직원회를 열어가지고 이 문제를 결정할 테니까 들어가! 어서!"

박 선생의 어조는 어느 틈인지 또 강경해진다.

원칠이는 더듬더듬 발길을 옮기어 기숙사 제 방으로 돌아왔다.

명희두 만나지 못하고 사감에게 들키어 망신을 당하게 된 오늘밤의 기분은 한없이 불쾌하고 우울했다.

'명희는 혹시 나를 싫어하지 않나? 그러면 왜 아까 저녁 때 식당에서 돌아오다가 제가 먼저 내게 만나자고 약속을 했을까? 아니 무슨 사정이 생겼을까? 나를 찾아 나오다 뜰 앞에서 넘어져 다리를 다치고 그대로 들어가지나 않았을까?'

원칠이는 이렇게 미련을 가져보면서 엉금엉금 벽을 더듬어 제자리로 들어갔다. 방안에선 여기저기 코 고는 소리가 난다.

그는 살뜻이 아까 걷어차고 나아간 이불 가닥을 더듬어 덮으며 다리를 뻗는다.

이 순간 곁에서 누구인지 원칠이의 한쪽 귀를 말없이 잡아

끄는 사람이 있다.

"아야야야야…… 누구여? 동식이여?"

원칠이는 가만히 입을 열고

"아 끌지 말구 놔아 귓병 나면 어쩌라구 이래 응? 어서 놔! 놔!" 하고 은근히 애원한다.

"너 혼자만 살살 피해나가서 뭘 사가지고 들어왔어 응? 군밤 사왔지? 나 좀 안 줄 테야? 혼자 살짝 소리 안 나게 먹으면 누가 모를 줄 알구? 안주기만 해봐! 자는 놈들 일으켜 덮쳐 버릴 테니까……."

남의 속도 모르고 동식이는 원칠이 귀를 그대로 잡아끈다.

"귀를 놔 어서 귀를 놔야 군밤이구 생밤이구 줄 게 아냐?"

귀를 쥐었던 동식이의 손이 슬며시 놓인다.

원칠이는 소리 안 나는 기막힌 웃음이 뱃속에서 솟아올랐다.

"자, 인제 귀를 놨으니까 밤을 내야지 어서!"

"내 바로 말하지 군밤 사러 나갔다온 건 아니야!"

"거짓말 마러! 입에서 군밤내가 나는데 그래? 어서 내 잔말 말고 조용히 말할 때 내야지 그렇잖으면 재미없어!"

원칠이는 실로 기가 막히었다. 어느 틈에 또 귀가 붙들리었기 때문이다.

"놔, 놔, 놔, 내지 내."

"얼른 내, 어서, 용서해 줄 테니!"

귀 잡은 손이 또 스르르 놓인다.

"사실은 군밤 사러 가다가 사감헌테 들켜서 야단을 맞구 도로 오는 길이야!"

"참말이야? 그럼 그 돈을 내, 그 돈을 내, 내가 사올게!"

원칠이는 감쪽같이 제 꾀에 넘어갔다. 허는 수없이 머리맡에서 제 '쓰메에리' 웃양복을 더듬어 가지고 속 포켓에서 십전짜리 한 푼을 끄내어 동식이의 손에 쥐어준다.

"그런데 어떻게 또 담을 뛰어넘나? 제에기 가다가 다리마저 부러져라. 그렇지만 담 뛰어 넘는 덴 내가 선수니까 염려 없지!"

동식이는 두런거리며 더듬더듬 벽을 돌아서 밖으로 나간다.

동식이가 나간 뒤 캄캄한 방 안엔 코고는 소리가 높았다 낮았다 할 뿐, 방 하나에 정원이 여섯 명 다다미가 여섯 장 깔렸으니 다다미 한장 위에 한 명씩 거처하는 셈이니까 여공 기숙사보다는 거처하기가 넓은 셈이지만 두 눈이 없는 그들은 가끔 이마를 맞부딪거나 발부리들이 걸려 채이거나 해서 몹시도 협착하고 거북하고 갑갑하였다.

원칠이는 누구인지 자기의 배 위에다 사정없이 다리를 덥석 올려놓는 데에 깜짝 놀랐다.

그는 가만히 다리를 배 위에서 내려놓았다. 그러나 이번에는 누가 또 기지개를 켜며 몸부림을 치더니 문짝을 거세게 걸어찼다.

유리창이 '찌르르르' 하고 복도에까지 울린다. 원칠이는 자기도 잠이 들면 그렇게 험하게 자려니 생각해본다. 누구인지 저쪽 벽 밑에서는 이를 부드득 갈아붙이기도 하고 입맛을 쩍쩍 다시기도 하고 방구를 피이 하고 뀌이기도 한다.

또 누구인지 코를 드르렁 골던 아이는 갑자기 코 골던 소리를 뚝 그치더니 뭐라고 중얼중얼 잠꼬대를 하다가 벽을 툭툭 걸어찬다.

이윽고 동식이가 군밤을 사갖고 들어오는 소리가 들렸다.

원칠이는 군밤을 먹을 생각보다도 내일 벌어질 자기와 명희와의 문제에 새삼스럽게 머리통을 조린다.

교장선생 이하 수많은 직원들이 꽉 둘러앉은 사무실에 불려가서 질책을 당할 것을 생각하면 얼굴이 또 다시 확확 달아올라온다.

누구와 싸움을 했기 때문에, 또는 동식이처럼 밤중에 담을 뛰어 넘어가 군밤을 사다가 먹었기 때문에, 또는 한방 안에서 누구의 물건이 없어지기 때문에, 장난을 하다가 유리창을 깨었기 때문에…… 불려가게 되어 질책을 당하게 되었다면 오히려 훨씬 걱정이 가볍고 얼굴도 덜 붉어 오를 것이 아닌가!

'그러나 내게는 아무 죄도 없지 않느냐! 나도 인생이요 나도 청춘이 아니냐! 명희와 사랑을 속삭인들 무엇이 죄며 무엇이 부끄러운 짓이냐! 더구나 나는 명희의 젖가슴 한 번 만져보지도 않은 깨끗한 내가 아니냐!'

원칠이는 까닭 없이 이런 정의감에 흥분되어 올랐다.

'그렇다. 나는 아무 죄도 없다. 나에게 죄를 들려 씌울 자가 있으면 나는 비록 두 눈이 없을망정 그 자와 끝까지 싸워서 이겨야 한다.'

여기까지 흥분되어 올라온 원칠이의 귀엔 사무실에서 자기를 둘러싸고 비웃는 여러 선생들의 목소리들이 한데 뒤섞이어 들려왔으므로 고개를 좌우로 흔들어 그 소리를 잊으려 했다.

'명희는 이런 것두 모르고 잠이 들었을까? 나중에 나왔다가 나를 만나지 못했기 때문에 혹시 내가 약속을 어기었나? 오해를 하고 불쾌한 기분이 부풀어 올라와 아직도 잠을 이루지 못

하지나 않을까?'

원칠이의 머릿속에는 어느덧 명희 생각이 꽉 들어찼다.

'그렇다면 명희는 나를 오해하고 원망하겠지! 내일 명희도 불리어서 나와 함께 질책을 당할 테지, 혹은 나와 함께 요전 아이들처럼 퇴학을 당할는지두 모를 일이다.'

이렇게 생각하매 명희가 심히 가엽고 애처롭다. 자기 때문에 다섯 달 남은 졸업두 채 못 마치고 이 맹아학교에서 쫓기어 나가게 되고 그렇게 됨으로써 자기 집에서 —비록 그의 집은 부자라 하지만— 더욱 더 학대를 하게 될 것이다. …… 학대가 심함으로써 명희는 날마다 세상과 자기 운명을 원망하고 비판하다가 아아 혹시 자살이라두 한다면? 하고 원칠이는 자기 스스로 머리끝이 쭈뼛해지며 진저리가 치여진다.

'명희를 구할 자 오직 나뿐이다. 지금 나는 명희를 구해야 한다. 오늘밤 나는 명희를 구해야 한다.'

원칠이는 가슴에서 불길이 홱 퍼져올라왔다.

어느 틈엔지 원칠이는 이불을 걷어차고 벌떡 일어나서 방문을 열고 밖으로 나오고 있었다.

원칠이는 벽을 더듬어가지고 아까처럼 방향을 찾은 다음 사감실 쪽으로 갔다.

박 선생의 검은 속내

사감실 안에서는 뜻밖에 무슨 이야기 소리인지 두런두런 들리기 시작한다.

'자정이 다 된 이때 누구와 그렇게 이야기들 한담?'

원칠이는 선뜻 귀를 기우리였다. 여자의 맑고 고운 목소리다.

'웬 여자가 밤중에 젊은 남선생을 찾아와 두런거린담?'

원칠이는 사감실 창문 밖에 바짝 붙어 섰다.

"아 글쎄 선생님도 참 장하시유. 벙어리 쇠경들을 대체 어떻게 가르칩니까. 더구나 원 게다가 이렇게 밤에까지도 사감 노릇을 하시니……."

"원 천만에요. 벙어리 장님이라구 깔볼게 아닙니다. 어떤 생리학자의 말을 들으면 사람의 신체구조나 어떤 감각기관에 결함이 있을 때는 그 결함이 있는 반면에 반드시 그 결함이 있는 부분 이외의 감각기관이나 구조의 일부로 그 결함 때문에 소모되지 못한 에네르기이가 전부 모인다는군요. 구체적으로 말하자면 '애꾸눈'의 힘이란 두 눈 가진 사람의 한 눈의 시력보다 훨씬 강하고, 다리병신은 팔 기운이 세고, 팔병신은 다리 기운이 센 거라거나, 귀머거리가 대개 시력이 좋고 눈치가 빠르고 감각이 예민한 거라거나, 장님은 청각이 예민한 거라거나……, 그러나 사실 뭐어니 뭐어니 해두 장님같이 불쌍한 것은 없죠."

박 선생의 말이 그치기도 전에 여자는

"참말 불쌍하구 말구요. 어찌 말루다 하겠습니까. 선생님도 잘 아실 테지만 제 딸년두 글쎄 그게 인물이야 멀쩡하게 참 어디 빠진 데가 있어요. 오직 그 두 눈이 없는 탓으로 해서 이 학교에 입학시켜 선생님들 애만 태우게 해드려 뭐라고 원 감사의 말씀을 드려야 좋을런지, 자주 찾아와 뵌다 뵌다 하면서두 집안 살림이 단순하질 못할뿐더러 또 와서 그 두 눈두 없는 것이 어미라구 반가워 날뛰는 양을 보면 저절루 눈물이 흘러내리구 해서 차라리 아주 죽은 자식처럼 잊어버리자구 한 것인데, 원 그처럼 걱정까지 하시고 전화를 해주셔서 참 뭐라구 감사한 말씀을 여쭤야할지……."

여자의 이야기가 그치기도 전에

"원, 별말씀을 다허십니다. 오히려 저희들이 잘못해서 따님 병을 내여는 것 같아서……."

박 선생의 어조는 적이 떨리며 나왔다.

"아이유, 선생님두 애당초에 그런 말씀일랑 말아주세요. 그리고 제 딸년이라고 뭐 유달리 특별 취급을 마시고 다른 애들과 꼭 같이 취급해 주세요. 먹는 음식이나 잠자리나 학습 시간이나 별것 없이 그저 똑같이 취급해주시면 그저 저는 감사하겠습니다."

"원 부인께서두 별말씀을 다허십니다. 따님이라구 어디 특별히 대접해서 해드리는 게 있습니까. 하하하."

"아니에요! 자는 시간이라거나 일어나는 시간이라거나 먹으러 가는 시간이나 기도 시간이나 할 것 없이 규칙에서 조금이라두 어김없이 훈련을 시켜주세요. 이 학교에 입학하기 전 집에서야 그저 불쌍하다구 방임주의로 키웠죠. 그래 그런지 성질이 아주 날카로워서 학교에 있을 동안 좀 엄하게 교육을 시켜주시면 내년에 졸업시켜 집 뒷방에다 처박아두더라두 좀 나아질 게 아닙니까!"

"네, 네, 알아듣겠습니다. 그러나 뭐 댁 따님은 사실 부인에게 믿구 이런 말씀을 드리는 게 아니라 비록 불행하게 광명을 못 볼지언정 역시 일류가정에서 부인과 같으신 현숙하신 어머니의 가정교육을 받은 표가 나더군요."

"원, 별말씀도……. 쇠경 딸년한테 가정교육이 다 무엇입니까. 그저 죽은 자식처럼 내던져 키운 걸 가지구!"

"뭐 이 학교 맹아들이 이백여 명이 넘습니다만 품행이며 언어며 예의범절이 댁 따님만 같다면 저희들은 그야말로 거저 편안히 앉아 놀고먹겠습니다. 도대체 이백여 명 맹아 가운데에는 심히 불운한 가정환경에 자라난 사생아, 기아, 고아 ······의 경력을 가진 것들두 있는가 하면, 한다한 장안 명사 부호의 자녀도 있어 그야말로 의식주에 호화스런 생활을 하던 도련님 아가씨들두 있구 해서 그 성격과 개성들이 하나하나 판이하게 다르기 때문에 일률적으로 기계적으로 형식적으로 취급할 수는 없습니다. 그렇지만 뭐 그들의 개성이니 성격이니 만을 존중시하다가는 이 맹아교육은 못해나갈 테니까요!"

"물론 그러실 테지요!"

여자는 나지막하게 별반 흥미 없이 대꾸를 한다.

"그런데 참, 마님께 전에도 말씀드렸지만 따님 약혼문제는 어떻게 생각해 보셨습니까?"

박 선생의 어조는 약간 부드럽고 무슨 애원에 가까이 들린다.

"글쎄요. 선생님 말씀은 늘 감사합니다만, 벼룩두 낯짝이 있다구 병신 딸을 가지고 무슨 염치루 버젓한 청년하구 약혼을 시키겠습니까. 하도 원, 생각만 해두······."

"천만에 말씀을 다허십니다. 제가 말씀한 청년은 첫째 마님 댁 내용을 잘 알 뿐만 아니라, 게다가 따님두 잘 알고 있습니다. 그리구 제가 중간에 들면 뭐 그만한 것쯤이야······."

"감사합니다. 그렇지만 어쩐지 병신 딸을 가지고서 다만 돈의 힘으로 사위를 사들이는 것만 같아서 암만 해도 양심이 거북해져서요······ 호호호호."

"원 마님도 별말씀을 다허십니다."

박 선생은 이렇게 아첨 섞인 태도로 만족한 표정을 보이더니 또 다시

"사실은 오늘도 그 청년을 제가 그 일 때문에 만나봤습니다. 청년편의 문제는 조금도 염려 마십쇼. 그저 명희만 말을 들으면 문제는 원만히 해결될 테니깐 마님께서 명희를 잘 단속해주십쇼."

이렇게 부탁한다.

"그야 명희란 년은 제 어미인 내 말에 으레 복종할 테니까요⋯⋯."

여자가 자신이 있는 듯 말을 하니까 박 선생도 거기 말을 맞춰서

"글쎄올시다. 댁 따님이야 워낙 가정교육을 잘하셔서 정말 얌전하고 품행이 좋으니깐⋯⋯."

하고 명희를 칭찬하자, 여자는 기분이 갑자기 좋아지더니

"원, 선생님두 가정교육이 다 뭐십니까! 그게 다 선생님 덕분이죠⋯⋯."

하고 겸손을 피우다가

"어쨌든 그 일은 선생님께 아주 전 책임을 맡깁니다. 너무 선생님께 폐를 끼치는 줄 알지만은 어떡합니까! 그 대신 사례는 충분히 하려고 생각하고 있습니다."

하고 간곡하게 암시를 주곤, 끼고 온 핸드백을 열었다 닫는 듯한 금속성 소리를 내며

"이건 좀 약소하지만 역시 그동안 비용이 적잖게 들으셨을 테고 또 박봉 생활을 하시니 실례될른지 모르나 받아두세요."

하고 돈 들은 봉투를 끄집어내어 박 선생을 주는 눈치다.

"원, 천만에……. 거기까지 생각해주시니 정말 감사합니다. 그러나 도로 넣으세요."

박 선생은 한번 사양하여 본다.

"사실 늘 생각이 있으면서 실행을 못 했어요. 앞으로라도 곤란하실 때가 계시면 지체 마시구 말씀해주세요."

여자는 점잔하게 말을 하고 박 선생의 사양을 일축해 버린다.

"그럼 주시는 것이니 받겠습니다."

박 선생의 목소리는 이 순간 몹시도 약하고 간사하게도 원칠이의 귀에 들리었다.

원칠이는 이 순간 공연히 가슴이 들먹거려지며 숨결이 급해지는 자기를 느끼었다.

명희 모친과 박선생의 이야기를 엿듣고만 섰을 처지가 아니라, 선뜻 사무실로 뛰어 들어가 명희와 자기와의 연애 관계를 명희 모친에게 고백하는 동시에 박 선생이 주선하고 있는 명희의 신랑감을 명희 모친 입으로 거절시키도록 해버리고 싶은 충동이 불같이 일어났다.

그러나 원칠이는 역시 자기의 그러한 충동이 오늘밤 박 선생 앞에 나아가봤자 도리어 명희 모친 보는 데서 창피만 당할 것 같았으므로 그대로 꾹 참고 발길을 돌리어 다시 제 방으로 돌아왔다.

사무실에서 열 걸음만 왼손 쪽으로 휘어져 거기서 다시 돌층대를 올라가기만 하면 명희가 자는 여자숙사가 있는 줄 다 아니, 알면서도 오늘밤 원칠이는 명희를 찾기 위하여 또다시 모험을 할 만한 아무런 힘이 없었다.

아무것도 할 수 없는 처지의 학생들

원칠이는 캄캄한 자기 방으로 들어왔다.

동식이, 상만이를 비롯한 여러 아이들이 제멋대로 한데 어울려 잠을 자느라고 코고는 소리만 요란스럽게 방안을 울린다.

원칠이는 벽을 더듬어 잡고 제자리로 옮마갔으나 좀처럼 잠이 올 리 없었다.

암만해도 명희는 박 선생 때문에 자기와의 연애관계가 끊어지고 말 것만 같았다.

원칠이는 자기세계가 암흑의 세계인 것을 잘 인식하고 있다. 이 암흑의 세계에 한줄기 희망의 서광이 비쳤었다면 그것은 오직 명희 때문이었다. 명희를 사랑할 수 있고…… 또 결혼까지라도 용허될 수 있다면 자기 세계는 어두운 세계가 아니라 낮같이 밝은 세계라고 해석되었다.

그러나 원칠이의 희망이, 그 미련이, 완전히 오늘밤 깨지고 말았다. 원칠이는 갑자기 두 눈알이 뜨거워지며 눈물이 핑그르르 돌기 시작했다. 고민…… 번뇌…… 절망…… 의문은 더욱 어두웠고 더욱 지리했다.

원칠이는 겨우 새벽녘에야 잠깐 잠을 들었으나 한 방 아이들이 새벽잠을 깨어 떠들고 말다툼을 하는 통에 단잠을 이루지 못하고 말았다.

"우리 방에 어떤 자식이 이가 제일 많은지 나는 다 알아……."

"이 자식아 너나 내나 눈깔두 없는 자식이 알긴 어떻게 안다구 지랄이여!"

"상만이 저 자식 좀 봐! 누가 저더러 이쟁이랬나, 칠산 마구잡이 조기대가리 나서듯이 쑤으욱쑥 나서게스리!"

"망할 자식 같으니, 내가 뭘 쑥쑥 나서! 너 괜히 정한 체해 두 우리 방에서 제일 추접스러운 게 누군지 아니? 그게 바루 너야! 이 자식아!"

"뭣이 어째? 내가 추접스럽단 게 뭐야?"

"일일이 주워 섬겨 볼까! 첫째 우리 방에서 제일 방귀 많이 뀌는 자식이 너지 누구냐!"

"뭐? 내가 언제 방귀를 많이 뀌었어."

"방귀뿐만이 아니지. 밤에도 자면서 이를 제일 많이 가는 것이 누군지 아니? 그게 너야!"

"이 자식 좀 봐. 너는 자지도 않고, 남 이 가는 소리 세어 봤어? 망할 자식 같으니, 너는 뭣이 그리 정하다고 그래. 종이에 코 풀어 이 귀퉁이 저 귀퉁이 처박아 놨다가 남 발바닥에 떠어떡 붙게 하는 자식은 누군데 그래. 아, 누군데 그래! 힝!"

동식이는 의기양양해지며 목소리를 높인다.

"왜들 이래. 글쎄 그만들 두어. 그저 날만 새면 상만이하구 동식이하구는 쓸데없는 것 가지고 말다툼이여! 어린애들처럼!"

원칠이는 자기가 실장의 지위에 있다는 것을 인식하자 점잖게 말을 하며 그들의 충돌을 제압하려했다.

상만이와 동식이는 민망했는지 약속이나 한 듯이 아무 말들이 없다.

"도대체 우리는 다 같이 광명을 등지고 암흑의 구렁 속에서 헤매구 있는, 은혜 받지 못한 인생들이 아닌가. 이 중에서 누가 잘나면 얼마나 잘나구 누가 못나면 또 얼마나 못날 것인가. 누가 깨끗하면 얼마나 깨끗하구 또 추접스러우면 얼마나 추접스러울 건가. 속담에 거랭이끼리 밥조쟁이 쩬단 말이 있지. 그 말을 생각들 해보잔 말야! 인제 올겨울만 지나면 모두 다 삼지사방으로 흩어져 일평생 다시 만나지도 못할 사람들끼리!"

원칠이는 연기까지 점잖게, 그리고 센치하게 말한다.

이윽고 기상 사이렌이 요란스럽게 울리었다. 얼마 후에 식당에서 요령 소리가 울려 나왔다.

방마다 아이들 나오는 소리가 또 요란스럽게 들린다. 원칠이는 식당으로 내려갔다. 배추를 넣어 끓인 된장국 냄새가 구스름하게 코를 찌른다.

원칠이는 농아부 아이들의 인도가 없이도 자기 자리를 더듬어 가 앉았다. 농아부 아이들이 그릇 나르는 소리가 들린다.

고무신 끄는 소리, 숟가락 갖다 놓는 소리, '다꾸앙'쪽 듣은 접시 찾아다 놓는 소리, 밥사발 가져다 놓는 소리, 차차차차 저편에서부터 가까이 들려온다.

이윽고 원칠이 앞에두 숟가락이 놓이구 접시가 놓이구 밥사발이 놓이는 소리가 난다. 밥에서는 보리와 좁쌀냄새가 언제나 마찬가지로 원칠이 코를 찌른다. 이어서 국그릇이 왔다. 된장국의 멸치 냄새도 난다.

음식과 그릇이 모두 날라졌는지 잠깐 아무 소리도 없다. 이 순간 저편 쪽에서 '기립!' 하고 사감선생의 호령 소리가 들린다.

일제히 기립하는 소리가 들린다.

"일분 간 묵도!"

일분 동안 아무 소리두 안 들리고 식당 안은 씻은 듯 고요하다.

원칠이는 밥을 먹으면서 생각해 봤다. 명희가 병이 나았으면 자기와 여섯 사람 사이를 두고 앉았으리라는 것을 잘 알고 있건 만은 '명희!' 하고 소리쳐 불러보지 못하는 부자유한 자기를 한탄한다.

자기와 같은 암흑세계에 사는 사람도 도덕과 질서가 있어야 하는 것인가 염치와 체면이 있어야 하는 것인가!

원칠이는 속으로 자기 자신을 한없이 비웃으며 식당을 나오고 있었다.

누구인지 원칠이의 등과 부딪치는 사람이 있다. 확실히 여자의 몸뚱이다.

"아아니, 원칠이 오빠구려!"

"응! 순엽이로군!"

"그런데 원칠이 오빠! 명희 언니는 어제 초저녁부터 아파 드러누웠다우."

"응? 지금은 어때? 그래?"

"밤새도록 토하고 설사하더니 지금은 아주 정신을 잃고 쓰러졌다우!"

"어떡하나 그래."

원칠이는 순엽이와 식당을 나와 잔돌 깔린 뜰을 걸으면서 이야기를 주고받는다.

'아 참말루 심하면 나 좀 가볼까?'

원칠이는 불쑥 이런 말이 나왔으나 입을 꼭 다물어 버린다.

"좀 가보우 그려. 그렇지 않아두 아까 명희 언니가 날보고 가만히 그러던데!"

"뭐라구!"

"원칠이 오빠를 어떻게든지 만나가지고 아프단 이야기를 꼭 해달라구!"

"······."

원칠이는 순엽이를 따라가 명희를 만나보고 싶은 생각이 또다시 불같이 솟아올랐으나 자기가 이 맹아원에 있는 날까지는 규칙을 어기어서는 안 된다고 생각하고 순엽이와 헤어져 제 방으로 쓸쓸히 돌아와 버렸다.

땡땡땡땡땡땡땡땡······.

상학종이 운다. 원칠이는 운동장에 서서 레코드에 맞춰 라디오 체조를 하고 교실로 들어갔다.

첫 시간이 지나갔다. 노는 시간에 원칠이는 사무실에서 자기를 부르지나 않을까 싶었으나 아무 소식이 없다.

둘째 시간도 셋째 시간도 또 점심때도 또 오후부의 시간이 지나가고 아주 하학이 되어도 사무실에서는 웬일인지 자기를 부르지 않는다.

'아마 저녁때 직원회를 한 뒤에 부르려는 게지!'

불안과 우울함에 쌓인 원칠이는 이렇게 중얼거리면서 교실 뒤 잔디밭을 더듬어 올라 감나무가 들어찬 양지받이 언덕으로 기어 올라갔다.

감나무 밭은 여름에는 푸른 그늘을 첩첩이 깔아주고 가을에는 양지받이 언덕에 따뜻한 해가 온종일 내려비치어 주기 때문에 이 맹아학교의 이백여 명의 맹아들에게는 둘도 없는 산보지대요 또 유원지대요 휴식장이요 일광욕장이 될 수 있다.

원칠이는 등에 따듯한 햇볕을 받으며 바람이 세지 않은 아늑한 양지받이로 더듬어 갔다.

사방이 조용하다. 아직 아무도 사람이 없나보다. 원칠이는 더듬더듬 자리를 찾은 다음 햇볕을 향하여 바로 앉았다. 두 눈 앞이 환해진다. 얼굴이 확확해지며 호흡이 가벼워지고 기분이 상쾌해진다.

'역시 우리도 태양의 혜택을 입는구나!'

원칠이는 자기도 모르게 저절로 중얼거리며 두 팔을 벌리어 훤한 광선을 붙들어 보려한다. 오직 붙잡혀지는 것은 컴컴한 허공일 뿐이다.

원칠이는 또다시 자기 신세의 야속한 생각이 들었다. 또다시 빛없는 자기 운명이 하잘 것 없음에 한숨이 나온다.

어느 감나무 가지에선지 이름 모를 새가 '비비 조비비 조조비 지지 비비비'하고 방정맞게 운다. 어디서 또 한 마리가 푸르르 날아오는 소리가 들리더니, 이번에는 '지비조비 조비비비 비비지지지' 하고 새로 날아 온 놈이 이야기를 거는 모양이다.

원칠이는 그것들이 혹시 사랑을 속삭이는 암놈과 수놈이 나란히 짝을 지어 이 나무가지에서 저 나무가지로, 이 산에서 저 산으로, 푸른 하늘 높이 떠서 제 마음대로 훨훨 날아다니며 사랑을 속삭이는 한 쌍의 사랑의 새나 아닌가 생각되었다. 원칠이는 명희와 자기와의 사랑이 이 새의 사랑만 못한 데에 새삼스럽게 허무한 생각이 떠돈다.

한 쌍의 새는 원칠이가 앉았건만 날아갈 생각도 않고 '조비 조비 조비비비', '비비 조비 비조조비 지지 비비비' 하고 아까처럼 번차례로 종알댄다.

마치 눈먼 소경이라고 자기를 없이 여기고 조롱하는 것이나 아닐까 하고 원칠이는 일종의 노여움과 자격지심이 떠올라오기도 한다.

이윽고 종알대던 새는 어디로인지 푸르르 날아가 버린다. 나뭇잎이 떨어지는 소리가 난다. 잠깐 동안 아무 소리두 들리지 않는다.

교실 앞마당에서 공차는 소리가 어렴풋이 들려온다. '농아부 아이들이 치는 것이겠지.' 하고 원칠이는 새삼스럽게 농아부 아이들이 자기들과는 딴 세상에 사는 신선들처럼 부럽게 생각되었다.

불길한 예감

이때 감나무 위에서 무엇인지 탁탁탁 쪼는 소리가 난다. 감을 쪼아 먹는 소리다. 그러더니 이윽고 '까아악 까아악' 하고 까마귀 한 마리가 운다.

원칠이는 갑자기 그 소리가 듣기 싫었다. 마치 자기 신변에 불길한 일이 있을 전조와도 같았으므로…….

'이 망할 놈의 까마귀 같으니, 누굴 보고 짓는 거야!' 하면서 앉은 자리에서 돌멩이 하나를 집어 까마귀 소리 나는 쪽으로 힘차게 팽개쳤다.

이 순간 까마귀는 놀래어 푸르르 날아갔으나 어디에서인지 '와그르르' 하고 질그릇 깨어지는 소리가 난다.

확실히 자기가 던진 돌멩이가 힘차게 뻗질리어 소사사택 장독대를 맞힌 것이나 아닌가 하고 일변 민망한 생각이 불쑥 솟아올랐다.

"아아니 대체 누구야? 망할 빌어먹을 두 눈깔도 없는 녀석들이 그래 돌을 던져 감을 따먹으려면 될 거라구 그래. 이게 무슨 변이란 말이야. 김장 항아리하려구 새로 오 원이나 주구 사다 놓은 것을 요 모양으로 박살을 내놨으니!"

소사 여편네는 커다랗게 고함을 치며 악을 지른다.

원칠이는 아닌 게 아니라 민망했으나 일부러 항아리를 깨려는 고의는 물론 아니었으므로

"미안합니다. 댁으로 던지려구 던지지는 않았는데……. 어떻게 원 잘못 나갔나 봐요."

하고 사과를 한다. 그러나 여편네는

"미안하다구만 하면 제일이야? 그래 나이두 스무 살이나 넘어 먹었으면 철이 나야지 그래 팔년 동안 배운 게 돌 던져 가지구 감 따먹기 배웠단 말야? 안 돼! 물어놔! 당장! 안 들어 놓으면 선생한테 일러서 그대로 두지 않을 테니까."

하고 여지없이 원칠이를 꾸짖는다.

이렇게 왈짜짓을 하자 누구인지 사람들이 뛰어오는 발자국 소리가 들린다.

"물어드리죠. 내일 아침에 내 꼭 갖다드리죠."

원칠이는 민망한 어조로 말을 한다.

"힝! 제 따위가 돈 오원이 어디 있어! 만일 내일 아침까지 안 가져 왔다간봐! 선생한테 일러바쳐서 밥을 굶기게 할 테니까."

여편네의 소리는 더 한층 표독스럽다.

"제가 밥 굶는 건 쉬운 일이지만 댁에서 오원짜리 독을 그대로 손해 보셔야 되겠습니까! 염려 맙쇼. 내일 아침까지 해다 드릴 테니요!"

원칠이는 장담을 하고 나서 더듬더듬 발길을 돌려 기숙사

쪽을 향해 나온다.

그 방정맞은 까마귀 때문에 애매한 소사집 김장독만 깨어진 걸 생각하면 실없이 우습기도 하려니와 기가 막힌다.

"아 원칠이! 어서 사무실에 좀 가 보아. 선생님이 찾아오란지가 오랜데, 어디 가서 있었어! 응?"

원칠이의 바로 앞에서 급사 호근이가 급하게 말을 한다.

원칠이는 약간 가슴이 덜컥 내려앉는다. 받아야 할 질책을 기어이 받을 때가 돌아왔구나 했다.

원칠이는 이미 각오한 바 있어 마음을 태연히 가지면서 사무실 안을 들어서서 아무도 보이지 않는 암흑을 향하여 경례를 한다. 응당 선생이 있으려니 자기가 들어오기를 기다리고 있으려니 생각되었기 때문이다.

원칠이는 사무실 문턱에서부터 더듬더듬 아홉 걸음을 오른쪽으로 걸어갔다. 거기에는 사감 박 선생의 책상이 있기 때문이다.

"왜 인제 와! 저쪽 교장 선생님 앞으로 가!"

박 선생은 날카롭게 쏘아붙인다. 원칠이는 가볍게 예를 하고 이번에는 왼쪽으로 발과 어깨를 옮겨놓고 더듬더듬 여덟 걸음을 걸어가 교장 테이블 앞에 가까이 갔다. 교장 선생은 담배를 피우는지 값비싼 담배 연기 냄새가 구스름하게 원칠이의 코를 찌른다. 원칠이는 끔뻑 경례를 한다.

"응! 원칠이냐? 너 오늘 왜 이 자리에 불려 왔는지 알겠지?"

"네! 잘 압니다!"

"응! 너는 이 학교에 들어와서 팔년 동안에 몇 번이나 규칙을 어겼는지 기억하고 있겠지?"

"네!"

"어디 한 번 말해봐!"

"……."

"왜 가만히 섰어! 응? 어서 말해봐!"

교장의 어조에는 노기가 뻗질리고 위엄이 풍기었다.

원칠이는 한바탕 단단히 경을 치나보다 각오를 하고 정신을 바짝 차려 두 다리에 힘을 주고 기척을 한 채 조금도 움직이지를 않는다.

원장은 테이블 위에서 무슨 커다란 책장을 넘기는 소리를 낸다. 아마도 자기의 성적부와 학적부를 들추어 보는 모양이다.

"응? 잊어버렸니? 말 안하게. 너 이놈 보통과 때엔 두 번이나 교실 유리창을 깨고 또 싸움을 세 번이나 하고 게다가 군것질을 하구……. 그리고 여러 가지루 교내 규칙을 어기구 문란케 한 것 몰라? 게다가 어제 밤에 어쩌고 어째?"

원칠이는 잠자코 고개만 수그리고 섰다.

"개구리가 올챙이 적 생각을 못한다더니 너 팔년 전에 이 맹아원에 들어올 때 일을 좀 생각해봐. 에미 애비 없이 이 골목 저 골목, 작지를 짚어가며 이집 저집으로 거지 노릇하고 다니던 그때 일을 생각해 보란 말야! 이제 아주 나이가 스무나무 살이나 되니까 그저 뉘가 네 덕으로 자라난 것만 같이 생각이 되니? 그래 기운이 발름발름하니까 겨우 소견 뚫린 게 계집애 생각이냐? 응? 이 못된 놈 같으니!"

원칠이는 여전히 아무런 대답을 안했다.

원장은 질책하는 태도가 너무도 점잖지 못했고 또한 공연히 어린애 다루듯 고함만 지르기 때문에 원칠이는 도리어 반발심이 일어나기 시작했다.

"왜 돌부처처럼 우두커니 섰기만 해 이놈아! 응? 그래 끝까지 사죄 않겠단 말이냐?"

"선생님, 퇴학 시켜주세요! 어떤 형벌이든지 내려주세요! 저는 사실 올챙이 적 생각을 잊어버리구 규칙을 어겼습니다! 벌을 주세요! 네 선생님!"

원칠이는 목 메인 소리로 이렇게 말하고 입을 앙 다문다. 이윽고 원칠이는 콧날이 시큰하더니 눈시울이 뜨거워지며 두 눈에서 뜨거운 눈물이 주르르 하고 양 볼로 흘러내린다.

"왜 사내자식이 계집애처럼 훌쩍훌쩍 울어, 응? 보기 싫여! 고개 숙여!"

원칠이는 고개를 얼른 수그렸다.

"네 소위를 생각하면 오늘 당장 너를 퇴학시킬 것이로되 첫째 그렇게 되면 우리 맹아학교 명예에도 관계 되는 일이니까 일체 비밀에 부치고 너를 관대히 용서해 주겠다. 그러나 허턱 용서해 주는 게 아니야! 들어봐! 응!"

원칠이의 눈물에 다소 마음이 약해졌음인지 원장은 약간 목소리가 낮아졌다.

"내일부터 일주일 간 점심을 굶길 테야. 그리고 누구를 물론하고 또는 어떤 이유를 불구하구 계집애들하구 가까이 하는 것이 보이면 그날 당장 퇴학시킬 테니까! 응? 알았니?"

원칠이는 멍하고 한참 섰기만 했다.

"보기 싫여! 물러가!"

"선생님! 아니올시다. 더 심한 벌을 내려주세요! 저를 퇴학시켜주세요. 저는 용서를 빌고 싶지 않습니다. 선생님!"

원칠이는 다시 눈에서 뜨거운 눈물이 주르륵 흘러내린다.

이때에 원장의 테이블 위에서 전화가 따르르 울린다.

'네!' 하고 원장이 수화기를 귀에 대니까 저편에서 '저 원장 선생님 좀 대주세요.' 하고 명랑한 여자의 목소리가 수화기를 통하여 테이블 부근에 넘쳐흘러 원칠이 귀에까지 똑똑히 들린다.

"나야, 나!"

"아이유. 나는 오늘 못 나오신 줄만 알았지! 전 어젯밤 천행원에서 돌아온 길로 게우고 배탈이 나서 이제야 겨우 일어났어요!"

"좀 목소리를 적게 해! 귀가 아파!"

원장이 이렇게 말하자 그 다음 소리는 귀 밖으로 새어 흐르지 않는다.

"응, 응, 응 그럼 지금 가지! 어젯밤 만나던 데로 와! 아 아니 반도호텔로 말이야. 응, 응!"

원장은 전화를 끊었는지 수화기에 거는 소리가 나더니 놀랜 어조로

"왜 안 나가고 섰니! 응?"

하고 혹시 전화통에서 흘러나오던 여자의 목소리나 듣지 않았나 싶은 불안한 어조로 말한다.

"네, 나가겠습니다."

원칠이는 경례를 하고 보이지 않는 원장 앞을 물러나와 다시 사감 박 선생 앞에 와 예를 한 다음 더듬더듬 사무실을 나섰다.

원칠이는 오늘따라 눈앞이 더 한층 캄캄하였다.

제 밑두 구린 교장에게, 사감 박 선생에게, 거의 모욕에 가

까운 멸시와 천대와 질책과 문초를 당했다고 해서가 아니라 새삼스럽게 느껴지는 자기 청춘에 대한 공허하고 무가치한 생각과 아울러 자기 일생을 걸머지고 나아갈 이미 결정적인 암흑의 운명! 그 운명이 가져 오는 침울! 원칠이는 그것을 새삼스럽게 되풀이하며 터덕터덕 기숙사 자기 방으로 돌아왔다.

방안에는 갑자기 '크레솔' 냄새가 난다.

이웃 방에서 누가 병이 낫거나 또는 몹시 방안이 불결할 때는 으레 '크레솔' 냄새가 난다.

"원칠이냐?"

"응!"

"금방 여자부에 누가 입원했다지?"

동식이의 소리다.

원칠이는 깜짝 놀라며 혹시 그것이 명희나 아닌가 아찔해진다.

"응? 누가? 명희 아니야?"

"명희? 모르지. 누군지 병두 하두 잘 나니까……. 벌써 올가을에두 다섯 사람째 아니야. 암만해두 음식이 나빠 그런가봐!"

동식이가 두런댄다.

"만날 보리 좁쌀 밥에 된장국만 먹으니까. 원, 병 안 날 놈이 어디 있어! 보리밥이 양분이 많네, 비타민 무엇이 들었느니 하지만 그것두 이따금 먹어야지. 이건 쇠통 꽁보리밥 꽁조밥이니 배탈이 안 날 게 어디 있어! 복에 겨운 소린지는 모르지만……."

동식이는 또 툭명을 부린다.

"괜히 너 그 따위 영광스런 소리하다가는 점심밥 굶는다!

흥, 지금이 어느 때라구 그런 소리를 해! 아이 자식아, 너나 나나 눈깔이 없는 녀석들에게 아 그럼 누가 쌀밥에 고기반찬을 해서 입에 쏘오옥쏙 쳐 넣어 줄 놈 있니? 흥! 두 눈이 멀거니 뜬 멀쩡한 사람들두 하루에 보리죽 한 그릇두 못 얻어먹어 벌벌 떤다더라. 세상에서는……."

상만이가 또 말귀를 붙이고 나선다.

"자식은 제에기, 내 말이라면 한번 그저 안 앉았지, 말 못하다 죽은 귀신이 점지를 했나 빌어먹을 자식 같으니."

원칠이는 그들의 충돌이 또 시작되었으나 말릴 용기조차 일어나지 않았으므로 그저 우두커니 정신을 잃고 앉았을 뿐이다.

허용되지 않는 사랑

명희가 S병원에 입원했다는 소식은 웬일인지 원칠이에게 더 쓸쓸하고 무섭고 불길한 예감만 일으켜 주었다.

'명희의 병은 대체 무슨 병일까? 무슨 전염병이기에 갑자기 하루두 안 놔두구 데려갔지? 만일 명희가 낫지 않고 죽는다면? 아니 설마?'

원칠이는 다시 이런 생각을 하면서 가슴을 졸이기 시작한다.

명희가 입원한 뒤로 나흘이 지났다.

원칠이는 금방 뛰어나가 명희가 입원했다는 S병원을 찾아가서 명희를 방문하고 싶었으나 기숙사에 있는 사람은 허가 없이는 외출을 못 하는데다가 여간 필요한 사정이 아니면 외출을 잘 시키지 않는 규칙이기 때문에 정식으로 허가를 얻어 가지고 명희를 방문한다는 것은 전혀 불가능한 일이다.

그렇다고 틈을 타서 몰래 빠져 나가면 되느냐 하면 그건 더구나 안된다. 첫째 정문이 바로 소사실과 마주 보이기 때문에 몰래 나가다가는 으레 소사한테 들키게 된다. ……. 원칠이는 이런 생각하면서 오늘도 저녁 햇볕을 찾아 뒷산 감나무 동산으로 기어 올라간다.

며칠 전에 따뜻하게 비추던 가을 햇볕도 불과 며칠을 사이에 두고 아주 얇고 으스스해졌다.

"까아옥 까아옥 까아옥."

까마귀 우는 소리가 또 가깝게 들린다. 원칠이는 이번에는 돌을 던질 생각을 하지 않고 자기가 피해 내려와 버렸다.

그는 소리 중에 가장 듣기 싫고 기분 나쁜 소리가 까마귀 우는 소리라고 늘상 생각해 내려왔다.

그는 까마귀 우는 소리를 듣자 웬일인지 이상스럽게 명희의 병이 혹시 더 하지나 않나? 가슴이 덜컥 내려앉으며 그 길로 병원으로 내 딛고 싶었다.

이윽고 그는 사감에게 가서 외출을 원했다.

"무슨 목적이야?"

"병원에 방문하려구요!"

"누구를?……"

"명희를……"

"뭣이 어째?"

꽥 소리를 지르고 한참 동안 아무 말이 없던 사감은

"그런 건방진 소리 하려거든 오늘 퇴학 해버려! 응?"

하고 어세를 높이드니

"나가 보기 싫어!"

하고 의자에서 벌떡 일어나는 소리가 나더니 테이블 서랍을 열쇠로 잠근다.

물론 박 선생에게 거절당할 줄은 알았지만 박 선생의 태도가 상상이외로 냉정한 데에 그는 새삼스럽게 놀랐다.

암만해도 정식으로 박 선생에게 외출 허가를 얻어가지고 명희를 방문하기는 불가능할 것 같고 또한 박 선생 때문에 명희와 자기와의 사랑은 미구에 깨지고 말 운명에 이르는 것만 같이 생각이 든다.

'흥! 박 선생이 명희와 약혼시키겠다는 훌륭한 청년이란 대체 누구란 말인가?'

원칠이는 박 선생이 원망스럽고 야속스러웠다.

'대체 무슨 이유로 박 선생은 멀쩡한 청년을 명희 모친에게 사위로 중매해 주려하는가? 명희네 집에서 때때로 값진 선물을 받았기 때문인가? 그렇지 않으면 그 청년을 중매해 줌으로써 어떤 더 큰 선물부치와 보수와 사례를 받기 위함이나 아닌가? 그렇다 그럴 것이다.'

그는 스스로 흥분되면서 사무실 문을 나와 돌층대를 밟고 뜰로 내려섰다.

다시 가을 햇볕은 따뜻하게도 사무실 뜰 앞을 내려 비춘다.

그는 뜰 사이 길을 더듬더듬 걷기 시작했다. 그윽한 꽃향기가 그의 코를 찌른다. 아직도 화단에는 꽃들이 남아 있어 향기를 풍기기 때문이다. 그의 가슴 앞에는 어느덧 꽃나무 한 포기가 걸린다.

"앗?"

그는 무심코 손을 내밀어 나무 포기를 만져 본다. 코스모스다. 활짝 핀 꽃도 많다. 몰랑몰랑하고 통통 부르튼 봉오리며 피기 시작한 봉오리며 아주 조그만 봉오리들이 만져진다. 그는 무심코 그 많은 꽃봉오리를 한 아름 안아다가 코앞에 대고 흑흑 향기를 들어 마시었다. 화분이 풍기는 그윽한 방향! 입과 줄기에서 피어오르는 산뜻한 풀 향기 그는 이 향기를 맡는 순간 어느덧 명희 생각이 불쑥 솟아오른다.

그윽한 향기를 풍기는 코스모스를 한 다발 꺾어다 명희가 누운 머리맡에 꽂아주고 싶은 생각이 스르르 부풀어 오른다.

그러나 이 뜰 앞에 심은 코스모스는 자기와 같은 맹아를 위해 심어 놓은 게 절대로 아님을 그는 이 순간 또렷이 깨달을 수 있었다.

그러나 이 뜰에서 꽃 한 가지 꺾어들구 명희를 찾아가 볼 만한 자유조차 없는 자기라면 차라리 금방 죽어버리는 것만 같지 못할 것 같다.

그는 어느덧 코스모스 가지를 한 가지 두 가지 꺾기 시작했다. 어느 틈에 주먹 안이 뻑뻑해진다.

그는 꺾은 코스모스를 들고 태연스럽게 기숙사를 돌아왔다.

"아 아니, 누구여 꽃나무를 꺾어오는 사람이."

놀랜 어조로 불쑥 나서는 사람이 있다.

동식이다.

"……"

원칠이는 아무런 대꾸 없이 제 자리를 더듬어 앉으며 머리맡에서 신문지를 한 장 꺼내었다. 오돌토돌한 점자신문지다.

그는 코스모스를 신문지에 싸서 들고 그 길로 기숙사를 나와 대담스럽게 허가도 없이 교문을 나섰다. 먼저 명희에게 다녀와서 곧 선생들에게 작별을 짓고 벗들과 이별을 하려고 이미 속으로 결정해버렸기 때문이다.
 그는 한참 만에 S병원 앞에 다다랐다.
 여관에서 간호부에게 명희의 병실을 안내해 달라고 간청했으나 간호부는 냉정한 어조로 명희의 병이 전염병이 되어 면회를 시킬 수 없다고 거절해 버리었다.
 그는 기가 막히었으나 '여기에도 역시 규칙이 있구나.' 생각하고 코웃음이 튕겨 나왔다.
 "그럼 미안하지만 이 꽃다발을 명희씨 병실에 좀 전해주시겠습니까?"
하고 원칠이는 최후로 간청을 했다.
 "아 아니 그분이 보니까 두 눈이 어두신 분이던데 꽃을 갖다 드리면 뭘 해요! 호호호."
 간호부는 깔깔깔 웃으며 원칠이를 놀린다.
 원칠이는 갑자기 화가 치밀기 시작했다.
 "그러니까 못 전해 드리겠단 말씀입니까?"
 원칠이의 음성은 날카로웠다.
 "아 아니 그분 참! 성을 내면 누가 겁낼 줄 알우? 공연히 와서 재수 없이 그래."
 "어서 가요! 힝 꿈자리가 사납더니!"
하고 딴 간호부의 꽥 쏘는 말소리가 들리고는 어느덧 짝짝짝 슬리퍼를 끌고 저편으로 사라지는 소리가 들린다.
 "여보시오!"
 원칠이는 고함을 쳐봤으나 간호부두 없구 누구 하나 대답해주는 사람도 없다.
 '명희를 기어이 만나지 못하고 간담? 그리구 꽃두 못 전하구!

명희에게 전하지도 못하는 꽃다발 그대루 들고 가면 뭘 하나!'
　원칠이는 어느 틈에 쥐였던 꽃다발이 푸스스 풀리며 몇 가지가 힘없이 땅바닥에 떨어져 발길에 밟히는 것두 잘 몰랐다. 그는 발길을 돌리려 했다.
　"여보 꽃 든 청년!"
하고 이 순간 명랑한 여자의 목소리가 들린다.
　"아 아니 저를 부르셨습니까?"
　"그렀소, 원칠이가 당신이요? 나는 명희 모친이오!"
　"아이유, 그러십니까? 일전에는 너무 실례가 많았습니다. 그런데 명희 병이 좀 어떻습니까?"
　원칠이는 명희 모친의 목소리 가까이 발길을 옮겨가며 귀를 기울인다.
　"무서운 열병에 걸렸다우. 열이 사십 도씩이나 오르내리니 암만해두 죽을 것만 같소. 그리고 원칠이를 자꾸 부르구 있소."
　원칠이는 가슴이 뛰기 시작했다.
　"그럼 명희를 좀 보여주십쇼!"
　원칠이는 발부리에 떨어져 흩어진 꽃송이들을 다시 주섬주섬 걷어쥐고 명희 모친을 따라 명희 병실로 들어갔다.
　명희가 얼마나 아픈 상을 하고 어디에 누웠는지 그것을 두 눈으로 볼 수 없는 신세가 새삼스럽게 원망스러웠고, 아울러 자기가 아름다운 꽃다발을 쥐고 자기를 찾아온 줄도 모르고 누워만 있는 명희가 또한 가엾고 불쌍했다.
　"명희야! 명희야!"
　명희 모친이 명희를 부른다. 그러나 명희는 아무런 대꾸도 없다.

정신이 없어 쓰러졌음일까? 잠이 깊이 들었음일까?
"그만두세요. 부르시진 말구."
원칠이는 명희 모친이 권하는 의자 위에 앉았다.
"명희야 원칠이가 왔다. 정신 좀 차려라. 응?"
명희는 여전히 아무런 대답이 없다.
원칠이는 꽃다발을 들고 더듬더듬 명희가 누워있는 머리맡으로 가까이 갔다. 그리고는 가만히 꽃다발 든 손을 뻗어 명희의 가슴이려니 생각되는 곳에 올려놓았다.
그윽한 화분의 향기, 잎과 줄기의 풀냄새가 잠들은 명희를 깨워 혼몽하든 정신에 약간 기운을 돋웠음인지
"어머니! 웬 꽃향기가 이렇게 나우. 응?"
하고 기운 없이 말을 한다.
원칠이는 명희의 목소리를 듣자 금방 달려들어 그동안 그리웠던 명희의 손목이라두 만져보고 싶었으나 아픈 명희를 흥분시키어서는 안 될 것 같아 잠깐 자기의 충동을 억제했다.
"명희야, 너 정신 좀 차려라 원칠이가 왔다."
"아 아니 어머니, 원칠이가?"
명희는 갑자기 놀랜 듯 반가운 듯 말소리가 높아진다.
"명희! 흥분되지 말고 가만히 누웠수! 나는 명희를 주려구 꽃을 꺾어 왔수! 냄새나 맡으우."
원칠이는 침착한 어조로 명희를 위로한다.
"아아유, 어떻게 외출 허가를 맡았수. 고마워라 박 선생두 어쩌면 오늘은 인심을 썼군!"
"그렇다우. 박 선생이 외출허가를 해주구 명희헌테 갔다 오라구 꽃 꺾는 것두 용서해 주었다우."

원칠이는 명희의 마음을 위로하고 기쁘게 하기 위하여 거짓말을 꾸며 댔다.

"그런 공연히 나를 위로하려는 거짓말 아니유? 나두 다 알아요. 팔년 동안 지내온 학교 풍속이며 사감선생 성질을 누가 모르나요. 원칠이는 나 때문에 오늘 암만해두 꾸지람을 들을 것만 같으우!"

명희는 띄엄띄엄 걱정스러운 듯이 말을 띄어 하더니 갑자기 숨이 가쁜지 호흡이 급해지더니 숨소리가 그르렁그르렁 거칠어진다.

이때 병실 도어를 누구인지 톡톡톡 치는 소리가 들리자 명희 모친이 대응한다.

박 선생의 방해

"네 들어오세요!"

도어가 열리면서 누가 들어오는지

"아 선생님께서 원 또 이렇게······."

하고 명희 모친의 인사가 떨어지자

"원 천만에 오늘은 좀 어떻습니까?"

하는 사람은 확실히 사감 박 선생의 음성이었다.

"아아니 그런데 원칠이 너 웬일이냐? 응?"

하고 놀랜 음성으로 박 선생은 원칠이를 꾸짖는다.

"선생님, 용서해주십시오. 이따 학교에서 실컷 꾸짖어주세요. 여기선 명희가 불안해 할 것 같으니까요."

원칠이는 은근이 박 선생을 누르며 침착한 태도로 의자 곁에 선 채 고개를 숙이고 있다.

"그런데 참 부인! 일전에 말씀 드린 청년을 제가 데리구 왔습니다. 마침 기회가 멀해서 부인께 미리 인사두 드릴 겸 또 따님 병세두 방문할 겸……."

박 선생은 이렇게 공손히 말을 하고 나더니 또 뒤이어

"원칠아 넌 이제 돌아가는 게 어때. 응?"

하고 톡 쏘는 어조다.

원칠이는 잠깐 아무 말이 없다가 이윽고 명희가 누운 침상 곁을 더듬으며

"명희 나는 가겠수! 부디 속히 낫도록 해주! 그리구 숨이 가프고 속이 답답해지거든 내가 꺾어 온 코스모스의 향기를 들여 마시우. 자, 명희. 나는 가우!"

하고 스르르 발길을 돌리기 시작한다.

이 순간 원칠이는 명희의 침상에서 명희가 훌쩍거리며 흑흑 느끼는 소리를 또렷이 들을 수 있었다.

원칠이는 울렁거리는 가슴을 억누르고 명희 모친에게 인사를 한 다음 도어 곁을 더듬어 나오기 시작했다.

이 순간 원칠이 등 뒤에선

"어머니 원칠이 좀 못 가게 해줘요! 제발 좀!"

하고 명희의 숨 가쁜 소리가 또렷이 들린다.

원칠이는 머리끝이 쯔르르 떨리며 발길이 저절로 주춤해진다.

"명희의 소원이니 좀 더 있다가우."

명희 어머니의 목소리가 떨리며 들린다.

이때 갑자기 도어가 열리더니 왈칵 원칠이의 앞으로 가까이 오는 사람이 있다. 원칠이는 문득 박 선생이 데리고 왔다는 청년이나 아닌가 생각되었다.

"자 부인! 바로 이 청년이올시다."

하는 박 선생의 소리와 함께

"처음 뵙겠습니다. 저는 김용호라구 부릅니다. 앞으로 많이 사랑해주세요. 참 따님께서 이렇게 입원하시게 되어 얼마나 걱정되십니까!"

하고 김용호란 청년의 인사가 시작된다. 청년이라구는 하나 목소리를 들어 삼십이 다 된 사나이다.

"고맙습니다. 이처럼 찾아와 주시니……. 그러나 보시는 바와 같이 병이 위독합니다그려……."

명희 모친의 말소리는 자못 절망적 어조였다.

"뭐 그렇게 걱정하지 마십시오."

박 선생의 말소리다.

명희는 갑자기 호흡이 급해지며 담이 끌어 오르느라고 그르렁그르렁 소리가 더 커진다. 때때로 허튼 소리를 연발하다가 이윽고

"어머니!"

하고 유달리 똑똑하게 말을 하곤 두 팔을 더듬기 시작하는지 명희 모친은

"오냐! 여기 있다. 명희야!"

하고 얼른 침상 곁으로 옮아가는 소리가 난다.

"어머니! 나 암만해두 못 살 것 같우! 이렇게 숨이 가쁘구 몸이 더워 가지구 어떻게……."

명희의 목소리는 거의 절망 상태에 빠진 가는 음성이다.

"그런 말 말구! 정신을 차려라. 관계찮다! 응? 명희야!"

명희 모친은 이렇게 명희를 위로하면서

"의사를 좀 불러다 주세요, 선생님!"
하고 목 멘 소리를 한다.

박 선생은 바쁜 걸음으로 의사를 데리러 나가고 뒤이어 청년도 따라 나가는 소리가 들린다.

"어머니, 원칠이 갔어요?"

갑자기 명희의 말소리가 또 난다.

"명희! 나 여기 있우. 부디 정신 차려주우. 조금두 걱정말구."

원칠이의 목소리도 떨리며 나온다.

이윽고 의사가 달려오는지 구두 발자국 소리가 들린다. 의사는 무슨 주사를 놓는지 몸을 만지어 보는지 잠깐 아무 소리도 없더니 거의 작업적 어조로

"퍽 미안한 말씀입니다만 가족이 많으시면 지금 곧 통지해두시지요. 암만해도 희망 없습니다!"

하고 가는 목소리로 입을 열고 나가버린다.

박 선생과 김용호 두 사람은 한참 동안 아무런 말두 없다.

명희의 호흡은 각각으로 급해만 진다.

"명희야! 명희야!"

명희 모친의 소리다. 한참 만에 명희는 그르렁거리는 숨소리 사이로

"어머니, 나는 기어이 죽나 봐요. 어머니 얼굴두 못보고 캄캄한 세상에서만 살다가 그대로 죽나 봐요."

하고는 두 팔을 더듬는지 허우적대는 소리가 들리다가는 이윽고 심각한 어조로

"어머니 왜 이렇게 캄캄할까. 어머니는 왜 나 같은 소경 딸을 두셨어요. 네? 어머니 왜 이렇게 세상이 캄캄하기만 할까. 원칠

이 나 좀 보우. 내 손 좀 잡아줘요. 나 때문에 학교에서 꾸중 당했겠지. 나는 원칠이의 사랑두 못 받구 그만 죽나보우……."

명희의 숨소리는 더욱 높아지고 급해져갔다.

"명희 정신 차리우. 응? 아무 염려 없으니 응? 정신 차리우!"

원칠이는 어느 틈인지 명희의 손목 하나를 붙들었다. 뜨거운 줄만 알았던 손목이 싸늘하게 식어 간다.

원칠이는 가슴이 덜컥 내려앉는다.

얼마 후에 또 다시 의사와 간호부가 온 모양이다. 그러나 주사두 하지 않고 약두 더 먹지 않고 그대로 선 모양이다.

"선생님! 팔년 동안 선생님께 받은 은혜, 하나두 못 갚구 갑니다. 용서하세요. 그리구 선생님 원칠이를 꾸짖지 말아주세요. 원칠이는 저와 오랫동안 사랑하는 사이였습니다. 그러나 저희들은 조금도 부끄러울 것이 없는 깨끗한 사랑이었습니다……."

명희는 여기까지 간신이 말을 남기고는 잠깐 숨결이 또 가파지더니 한 팔을 벌리고

"아, 어머니! 내 눈이 뜨였나보우. 세상이 훤하게 보이는구려. 저것 봐. 저게 원칠이 얼굴이지. 아아 원칠이두 두 눈을 떴구료. 아 원칠이 우리는 이제 광명을 볼 수 있는 행복한 사람이 되었수. 아아 이렇게 밝은 세상을, 이렇게 아름다운 세상을 여태껏 암흑 속에서 살았구료. 저게 해구 별인 것을……. 저게 하늘이구 저게 땅인 것을……. 어머니 저 벽에 걸린 거울에 내 얼굴이 보이는구려. 십팔 년 동안이나 모르던 내 얼굴! 아아 어머니 내 얼굴이 어쩌면 이렇게도 어여쁘우. 내가 공연히 분을 발랐구료. 분을 안 발라두 이쁘기만 한데……. 어머니, 어…머…니……."

이윽고 명희는 말끝을 흐리더니 의식이 몽롱해지는지 외마

디 소리를 한다.

"아, 명희 아, 명희!"

"야! 명희야!"

원칠이와 명희 모친은 놀래며 흑흑 느끼기 시작했으나, 명희는 마침내 무의식 상태에 빠져 버렸다.

의사는 명희 모친의 애원으로 최후의 주사를 놓았으나 아무런 반응도 없었다.

명희는 눈을 떠보려는 최후의 발악이었음인지 이를 앙 다물고 눈시울을 한참동안 휘벌떡이다가 갑자기 자는 듯 숨결이 곱게 그치고 말았다.

벗어난 수용소, 그러나 혹독한 세상

명희의 시체가 시외 화장장에서 한 줄기 검은 연기가 되어 푸른 하늘로 흩어져 버린 뒤 일주일이 지난 어느 날 밤 원칠이는 조그만 옷 보퉁이를 하나 들고 기숙사를 나와 더듬더듬 대문을 나섰다.

팔년 동안 자기의 몸과 마음을 키워준 이 맹아학교의 대문을 등지고 수많은 동무들과 헤어져 쓸쓸한 가을밤 외로이 떠나가지 않으면 안 되게 된 자기의 비장한 심경을 그는 또 한 번 타진해 보기 시작했다.

'광명! 광명! 나는 죽을 때까지 광명을 등지고 오직 암흑 속에서만 살아야만 하나! 암흑 속에서 살아가는 맹인의 세계에도 도덕과 질서가 필요한 것인가! 그렇다 소경도 인생이니까…….'

그는 선뜻 이런 생각을 하며 넓은 길거리로 나섰다.

제법 찬바람이 휘이익 불어 때린다.

'어디로 갈까?'

원철이는 새삼스럽게 이런 생각이 문득 머리에 떠오르자 발길을 주춤하더니

'그렇다! 어디든 마찬가지다. 어디든 나에게는 암흑이 있을 뿐이다!'
하고 다시 지팡이를 휘두르며 걷기 시작한다.

새삼스럽게 오늘 낮에 사감 박 선생에게 불리어 그동안 여러 가지 명희와의 사건을 중심으로 한 규칙 위반에 대하여 꾸중을 듣던 생각이며 교장 선생에게는 자기 스스로 먼저 나아가 학교를 그만두고 나가겠다는 인사를 짓던 생각이며 동식이를 비롯한 한 방의 벗들에게 최후로 작별을 짓던 생각들이 한데 뒤섞여 머릿속이 정신없이 휘이잉 내둘리는 데에 적이 놀라지 않을 수 없었다.

'그러나 좌우간 어디로 갈까? 바깥은 넓고 갈 데가 많은 줄 알았더니 역시 나에게는 암흑뿐만이 아니냐! 그러나 나는 다시 기숙사로는 들어가지 않겠다. 비록 두 눈 없는 병신일망정 나도 인생이요 청춘인 바엔 나는 끝까지 암흑 속에서두 버티어 나가자! 나는 눈 뜬 사람들에게 모욕과 멸시를 받아 내려왔다. 나는 지금부터 그 모욕과 그 멸시를 받지 않기 위해서 기숙사를 나오지 않았느냐! 내게두 자유가 있어야 할 것이 아닌가. 내게두 희망이 있어야 할 것이 아닌가. 그러나 명희는 죽고 말았구나!'

그는 어느 틈엔지 명희 생각을 하고서 발길을 주춤한다.

어디서인지 안마쟁이가 불고 가는 피리소리가 들려온다.

원철이는 선뜻 피리 소리 나는 곳으로 귀를 기우렸다. 피리소리는 조금씩조금씩 가까이 들린다.

원칠이는 피리를 불며 오는 사람두 자기와 같은 두 눈이 없는 소경이라고 깨달아짐에 어디엔지 동정이 가며 꼭 붙들고 그리운 벗처럼 사정 이야기라도 하고 싶은 생각이 불쑥 솟아오른다.

안마쟁이의 피리와 지팡이 더듬는 소리가 가까이 들려온다.

"여보오 안마 하시는 분!"

"네!"

"누구신지요? 혹시 맹아학교 졸업생 아니십니까!"

"왜 그러세요. 당신은 누구요?"

"나는 맹아학교에 다니던 사람이에요."

"아니요. 나는 맹아학교에 다닌 사람이 아니요. 그런데 당신은 집이 어디기에 봇짐을 들고 이 밤중에 헤매고 있소!"

원칠이는 '앗?' 하고 놀랐다.

"아 아니 그럼 당신은 장님이 아니시구려!"

"그렇다우. 눈 뜬 놈이 장님 행세를 하우!"

"왜 두 눈을 버젓이 가지시구 궁상맞게 소경행세를 하시유!"

"글쎄요. 다 먹고 살기 위한 꾀지요, 꾀."

"에이 여보시오, 하다못해 똥구루마라두 끌지 그래 두 눈이 멀쩡한 분이 장님 행세를 하다니……."

"형! 여보 당신은 장님이니까 눈을 뜨고 세상 구경을 해봤으면 싶으려다면 별수 없우. 두 눈 가진 놈이 되려 불행하우. 눈이 있기 때문에 죄를 짓구 감옥살이 하는 녀석들이 좀 많소. 두 눈깔이 있기 때문에 도적질을 하구 남의 계집 탐을 내고……. 노름을 하구 문서를 위조해서 남을 속이고 하다가 결국 큰 죄를 짓게 되어 제 일생을 망치는 녀석들이 좀 많소! 세상에 장님처럼 팔자 편한 사람은 없는 줄 알우. 만일 당신이 두 눈을 떠서 세상사람 살림살이들 굽어본다면 '에이 빌어먹을 공연히 눈을 떴군!' 하고 후회할게요. 내가 오죽해야 두 눈 가진 놈으로서 장님 행세를 해가지고 이 세상을 살아가겠우!"

사나이는 길거리에 행인이 그저 조용해졌기 때문인지 자기의 비밀을 원칠이에게 이야기 해놓고는

"당신 아예 장님 된 신세를 한탄 마우!"

하고 다시 발길을 옮겨 놓는다.

"편히 가시우!"

"네, 댁이나 편히 가우!"

안마쟁이는 다시 피리를 불곤 지팡이로 탁탁 땅을 치며 장님인 것처럼 더듬어가는 발자국 소리가 들린다.

원칠이는 속으로 심히 우스웠으나 다만 웃어 버리고 말 것이 아닌 것 같이 생각되었다.

'참으로 세상은 하잘 것 없는 것일까? 두 눈이 있기 때문에 남의 물건을 도적하고 두 눈이 있기 때문에 남의 계집을 욕심내다가……. 그렇지 그것은 두 눈이 있기 때문에 받는 죄다. 그렇다면 두 눈이 없는 나는 아까 안마쟁이의 말처럼 오히려 행복하지 않을까!'

그는 이렇게 자기를 위로해 보았다.

어느덧 두 주먹에는 기운이 왈칵 솟아오르고 캄캄하던 앞길에 무엇인지 한 가닥 광명이 실낱처럼 번뜩인다.

'그렇다 나는 지금까지 나를 절망에만 끌어넣었다.'

'암흑을 너무 슬프게만 생각해왔다.'

그는 또 이렇게 후회하다가

'아니다 나는 역시 광명을 등진 인생, 생활의 낙오자다. 나는 나를 쇠경으로 낳은 내 어머니와 내 아버지를 또 한 번 원망한다. 남의 집 하녀인 한 처녀가 고이고이 정조를 지키다가 돈과 지위와 화류병을 가진 방탕한 주인집 사나이에게 정조를 유린당하여 아이를 배게 되고 화류병 독이 그 어린아이의 눈에 들어가 급기야 두 눈알에서 피와 고름이 나오다가 아주 멀게 되어 버린 사실! 그 어린아이가 곧 내가 아니었던가! 이 세상에는 지위와 돈과 화류병을 가진 사나이들이 많기 때문에 또는 굳세지 못한 계집들이 많기 때문에 광명을 등진 소경들의 수효가 자꾸 늘어가는 게 아닐까?'

원칠이는 여기까지 문득 생각하다가 자기의 갈 데를 발견했다는 듯이 길을 다시 옮기기 시작했다.

어디서인지 또 '피-' 하고 안마쟁이의 피리 부는 소리가 들려온다.

그것두 아까와 같은 거짓 장님이나 아닌가 하고 원칠이는 속으로 코웃음을 치며 큰 골목을 지나 한참 만에 어떤 좁은 사이 골목으로 들어섰다.

이 골목 안에는 안마영업을 내어 다섯 식구를 살려나가는 원칠이의 동창생으로 금년 봄에 맹아학교를 졸업한 영섭이가 살고 있었다.

생각해 볼 문제

≪ 소설에 등장한 k맹아학교는 일제강점기 제생원 맹아부와 유사하다. 제생원 맹아부는 어떤 기관이었을까?

- 제생원 맹아부는 일제강점기 일본 정부 주도로 운영된 사회보호시설이다. 그러나 원래의 '제생원'은 조선시대부터 존재했던 기관으로 의학서적을 간행하거나 약물을 조사하고 의술 방법을 수집하던 곳이다. 이를 조선총독부는 1911년 6월 조선총독부령으로 다른 의미의 '제생원'으로 바꾸었다. 그리고 민간사회사업기관의 하나였던 경성고아원을 강제로 빼앗아 제생원에 설치하고, 제생원을 총독부의 통치를 과시하는 기관으로 사용하였다.

제생원에는 고아의 양육을 담당하는 '양육부', 시청각장애인의 교육에 관한 사무를 보는 '맹아부', 정신병자의 구료를 담당하는 '의료부'가 있었다. 1913년 4월에 수업을 시작하였으며 학생들은 침안, 창가, 재봉, 자수, 목공 등의 수업을 배웠다.

제생원 입학은 당시 조선총독부 관보와 경성일보, 매일신보, 조선신문의 '생도모집'을 통해서 이루어졌다. 모집생의 연령은 10세에서 20세까지였다. 기록에 따르면, 처음으로 생도를 모집한 1913년에는 43명이 신청했는데, 1935년에는 100명 넘게 신청했다고 한다. 이는 제생원의 복지시설이 우수하기 때문이 아니라 생존을 위한 선택이었다. 일본 정부의 불평등한 처우와 착취 문제로 발생한 경제난이 심화되자 자립할 능력을 잃은 장애인들은 극심한 생활고를 겪었다. 이런 이유로 일부 장애인들은 굶지 않고 밥을 먹기 위해 수용소와 같은 시설기관을 찾아가야 했다. 이처럼 일제강점기 장애인들의 생활 여건은 어려웠으며 소설의 주인공 원칠이가 13살에 맹아부에 입학했던 상황도 이와 같았다.

7장.

장애의 대물림을 끊기 위한 슬픈 이별
- 계용묵의 「캉가루의 조상이」

「캉가루의 조상이」는 계용묵(1904~1961, **본명은 하태용**)이 1939년 5월 잡지 『조광』에 발표한 단편소설로, 1944년 단편집 『병풍에 그린 닭이』에도 수록됐다. 1930년대에는 지식인 계층을 중심으로 유전 법칙을 응용해서 인간 종족의 개선을 연구하는 우생학이 크게 유행했다. 일부 계층에서는 이를 활용하여 장애인들의 결혼과 출산을 금지시키려는 움직임을 보이기도 했으며, 일제는 우생학을 수용하여 한센인들을 소록도로 격리하기도 했다. 이 작품은 당시 유행했던 우생학과 그로 인해 고통 받는 장애인을 소재로 하여 우생학이 지닌 폐해와 문제점을 예리하게 그려냈다.

한 쪽 눈이 멀어버린 소설가 문보의 집안은 대대로 장애인 집안이다. 그는 일찍부터 장애 집안의 유전자를 후손에게 물려주기 않기 위해 결혼을 하지 않기로 맹세하였다. 그런데 문보의 모든 것을 온전히 이해하고 사랑해주는 미자가 찾아오고, 마음이 흔들린 문보는 그녀와 교제를 시작한다. 미자는 문보가 시각장애임을 알고 있으며 그럼에도 사랑한다며 결혼을 하자고 조른다. 그러나 문보는 자식을 낳으면 장애인이 될 것임을 알고 있기에 끊임없이 고뇌한다. 결국 문보는 자살을 결심하고 유언장을 쓴다.

「캥거루의 조상이」는 우생학이 사회에 보급되었을 경우, 일어날 수 있는 사회의 어두운 미래를 보여주고 있다. 소설 속 문보는 동경유학까지 다녀와 소설을 쓰는 인텔리 소설가였지만, 불구집안에서 태어나 장애인이라는 열등감과 우생학의 그럴싸한 논리 때문에 죽어야만 한다고 생각했다. 그 때문에 자신을 온전히 사랑해주는 미자가 나타났음에도 불구하고 순수하게 기뻐하지 못했고, 장애가 대물림 된다는 이유로 결혼을 포기하고 자살을 선택할 수밖에 없었다. 이러한 문보의 고뇌와 마지막 선택을 통해 우리는 우생학이 가져다주는 폐해와 근대 사회에 끼친 영향을 엿볼 수 있다.

본문은 원작을 토대로 일부 낱말을 현대어로 풀이하였다. 원작은 1~6순으로 단락이 나뉘어져 있으나 이를 삭제하고, 이야기의 흐름이 바뀔 때마다 단락을 나누고 그 단락의 중심 내용을 소제목으로 달았다.

사랑하는 연인, 미자와 약혼하다

실제를 이상화하기는 쉬워도 이상을 실제화하기는 그렇게도 어려운 듯하다.

문보가 약혼을 하였다는 것은 자신이 생각할 적에도 이상과는 너무 멀었던 사실이다.

'내가 약혼을 하다니!'

앞길의 판재에 현재를 더듬어 미래를 내다볼 땐 천생에 죄를 지은 듯이 마음이 두렵다.

멘델의 유전학적 법칙은 완전히 무시할 수 있다 하더라도 정문보가(家)의 유전적 내력은 무시할 수 없는 것이다.

쥠손이, 절름뱅이, 곱사등이, 앉은뱅이, 애꾸눈이— 대대로 이런 불구자를 계승하여 내려오는 가계(家系)에서 자기 따라 이, 목, 구, 비가 분명하고 사지백체가 제대로 가진 인간으로 대를 가시어 놓기 바랄 수 있을 것일까?

오십여 생을 손이 묶인 듯이 쓸 수 없던 (쥠손이) 아버지의 불행에 비하면 한 눈이 멀다는 자기는 행복된 인간이라고도 할 수 있으나 차라리 한 눈이 마저 멀어 세상의 모든 것을 애초에 볼 수가 없었더면 얼마나 행복된 일이었을까? 불구의 고민을 잊을 때가 없거니, 이제 자기의 불구한 고민에 비추어 볼 때 이러한 불행한 생명을 세상에 내어 놓아 자기와 같은 고민 속에서 일생을 보내게 한다는 것은 몇 번이고 생각해도 그것은 인생에 대한 죄악이었다.

자기 한 몸을 희생하여 불구의 불행한 씨를 근절시켜 놓는 것이 차라리 그들의 행복이리라, 결단코 결혼을 하여서는 아니된다. 인생의 반생을 한뜻같이 독신으로 살아온, 아니 영원히 살려던 문보였다—.

 비록 한 눈은 멀었을망정 그것이 흉하여 자수의 짙은 안경을 매양 끼고 있으니 좀 건방져는 보일망정 문보가 불구한 인간인 줄은 꿈에도 모르고 그 나머지 부분의 붙음붙음이 분명하고 고르게 정리된 뚜렷한 용모와 체격의 남자다운 늠름한 품격이 남달리 이성에의 흠모의 적(的)이 되어 동경의 학창 시대엔 결혼 신청을 받기도 실로 수삼 차에만 그친 것이 아니었건만, 이런 것들을 물리치기에는 조그마한 무란도 없이 그의 생각은 철저하였다.

 눈에 들고자 갖은 아양을 피워 가며 계집으로서의 온갖 미를 아낌없이 자기의 앞에서 떨어 낼 때 인생의 본능에 자극을 아니 받을 수 없어, 그것을 이겨 내기란 참으로 괴롭지 않은 것이 아니었다.

 한 번은 동경에서도 이름난 미인으로 유학생들이 입술에서 오르내리고 있던 금봉으로부터 열렬한 사랑의 편지를 받았을 때, 그리고 자기를 위하여 아까운 것 없이 바치기를 아끼지 않으려 할 때, 금봉의 미모와 정열에 청춘의 마음이 본능적으로 휘어 들어감을 억제치 못하여 하마터면 실수를 할 뻔한 적도 있기는 있었다.

 그러나 한 번 문보의 불구한 부분을 찾게 되므로 금봉은 그만 실색을 하고 돌아서서는 다시 찾아 주지를 않던 것이 지금도 다행한 일이었다고 생각하여 오거니와, 그 후부터 문보는 이성에 대한 교제는 더 한층 각별히 주의를 하여 왔다. 학창 시대에 동경서 같이 노닐던 벗들은 학업을 필하고 고향으로 돌아와 모두 결혼들을 하여 벌써 아들딸을 둘씩이나 둔 사람도 있었건만 문보는 애써 결혼에까지는 맘을 두지 않아 왔다.

그러나 미자와의 교제가 도타워 갈 때, 그것은 지난겨울이었다.

하루는 새로 발표한 창작에 대하여 뜻 아니한 미지의 여성으로부터 한 장의 찬사를 받게 된 것이 그의 맘에 밈을 돌린 시초다.

문단에 나선 지 칠팔 년 작품을 발표한 수도 적지 않건만 불구한 성격이 빚어낸 그의 독특한 인생관— 남달리 이상한 문체, 그 주의는 언제나 독자의 이해 밖(外)에 악평의 적(的)이 되어 유명 무명 간에 들어오는 투서는 누구의 것이나 판에 박은 듯이 욕으로 일관된 그 속에서 미자의 편지를 찾은 것은 확실히 한 가닥의 기쁨이었다.

비로소 예술의 이해자를 찾은 문보는 미자란 이름을 잊을 길이 없어 염두에 두고 지내 오던 어느 날 돌연히 또한 그 여자의 방문을 받은 것으로 교제는 시작이 되었다.

그러나 가끔 만난대야 문단과 예술 방면의 이야기로 만족할 수 있던 미자는 차츰 그것만으로는 만족할 수 없는 의미를 은근히 비추기도 했다.

하지만 문보는 그저 모르는 듯 냉정했다.

그러나 미자의 정열은 식는 것이 아니었다. 마침내는 하려는 말을 기어코 하고야 말았다.

"선생님! 전 선생님을······."

듣기에 놀라운 소리였으나 엷은 강철같이 떨리는 음향은 그다지도 문보의 마음을 당기었다.

이럴 때면 문보는 인생의 행복을 멀리 등진 불구의 고민과 싸우지 않을 수 없었다. 괴로움에 그의 마음은 탔다.

"선생님, 선생님……."

못 견딜 듯이 정열에 타는 미자의 눈, 매어나 달리는 듯한 아양에 떨리는 몸부림— 그래도 문보의 마음은 휘지 않았다.

"나를 잊어 주시는 것이 차라리 행복이리이다. 나는 당신을 사랑할 자격을 잃고 있습니다."

"건 저를 모욕하시는 거예요, 자격이 없으시단……."

"아니 정말 자격이 없습니다, 나는 솔직히 말합니다. 불구자입니다."

미자는 문득 놀라고 더 말이 없다.

"거짓말을 왜 하겠습니까, 나는 한 눈이 좀 부족합니다."

문보는 어디까지든지 미자의 마음을 돌리게 하기 위하여 숨김없이 사실 그대로를 말하였다.

그러나 이 소리를 들은 미자는 그것만으로는 불구자랄 것도 없다는 듯이 금시에 낯갖은 다시 화기에 물들며.

"네, 건 예전부터 알고 있었어요. 전 뭐……."

"……."

"전 뭐, 선생님의 마음에 움직인 것 같애요. 사람을 용모로 따진다면 그건 결국…… 네? 전 선생님을……."

놀란 것은 도리어 이쪽이었다. 불구자인 줄은 알면서도 사랑한다! 맘을 사랑한다는 말이다. 사람을 외모로써 찾으려 하지 아니하고 마음으로 찾는 미자, 미자는 그런 사람을 찾는다! 이 세상이 미자같이 참되다면 자기는 결코 불구한 사람이 아니다. 자기의 마음을 아는 사람은 다만 미자를 본다. 왜 뼈젓이 눈을 내어놓지 못하고 미자 앞에서 가리고 다니었던가? 이제 그것이 부끄럽기까지 하다. 그렇게도 열렬하게 사랑하던 금봉이가 한 번 자기의 불구한 부분을 찾자부터는 그만 실색을 하고 말던 것에 미루어 보면 미자는 범인을 초월한 초인적 존재도 같았다. 무엇인지는 꼬집어 말할 수 없으나 불구의 고민 속에서 오늘까지 찾아오던 진리는 비로소 미자의 마음속에서 찾은 것 같았다. 그리고 미자의 마음과 자기의 마음과는 떼려 뗄 수 없는 한 개의 물체로 융합이 되는 듯 휘어들어갔다.

마음의 힘이란 그렇게도 센 것일까. 장래의 문제엔 마음을 보낼 여유도 없이 실로 그 일순간에 사랑의 관계는 맺히고 약혼은 성립이 되었던 것이다.

그러나 마음의 융합이기로 유전적 법칙이 무시될 리는 없는 것이다. 이것이 그 후에 따르는 문보의 고민이었다.

유전의 대물림을 두고 결혼을 고뇌하는 문보

날마다 근심은 더해 왔다.
'불행의 씨가 생기지 않았나?'
생각과 같이 그것은 따라오고 마음은 두려웠다.
'며칠 동안에야 무에 그리 쉽게 생겼을꼬?'
그러나 그것은 두려움에 자위(自慰)요, 보증할 수는 없다.
'단연히 파혼을 해야 돼.'
언제나 생각하다가는 이렇게밖에 더 맺혀짐을 찾지 못하던 그 결론이 지금도 다시 돌아와 맺힘을 당연한 일이라고 문보는 마음속에 따져 보다가도, 그러나 이미 씨가 들어 있는 몸이었다면 그 곤란할 것 같은 처리에 다시금 생각은 얼크러져, 보면 알기나 할 것인 듯이 치맛감을 마르고 있는 미자를 힐끗

치어다보았다.

"이 치마 빛은 봄빛보다는 좀 짙지?"

자기로 인하여 문보의 마음속에는 커다란 난이 일어난 줄도 모르고 미자는 혼자 즐거움에 엉뚱한 질문을 들이댄다.

문보는 하고 싶은 대답도 아니었으나 실상은 대답할 수도 없는 질문임에 잠자코 말았다.

"봄빛은 물빛보다도 짙어야 산뜻한데 그런 게 원 있으야 말이지."

아무래도 그것은 마음에 개운치 않은 빛인 듯이 뒤적거리던 치맛감을 홀홀 털어 허리에 두르고, 잠깐 아래위를 훑어보며, 그리고 보아 달라는 듯이,

"아무래두 빛이 좀 짙지?"

하기 싫은 대답이라고 세 번째나 못 들은 척할 수는 없다.

"옥패(친구의 아내)두, 뭐 그런 빛을 입었든데?"

"아이 어쩌나!"

"뭣이?"

"옥패가 이런 빛을 입으문 난 못 입어."

"건 또?"

"옥패야 벌써 애를 낳지 않었수? 애를 낳면 맘도 늙는다우."

"그러문 그 치맛감은 두었다 애를 낳어야 입겠군."

"싱겁긴!"

"싱겁긴 뉘가 싱거운데? 그렇게 빤히 알면서 그런 치맛감을 사올 때야 애가 그리워 기저귀를 마련하는 격이……"

"아이 망칙두 쉐— 뉘가 뭐 애를 낳겠대나! 바스럭거린다니께 꼬집지 흐응!"

"배면 안 낳고 배길 장사가 있어 그래?"

"글쎄 난 죽어두 앤 안 날 테데 뭘—."

이 말은 결코 아직 애는 안 밴 말이다.

우연한 문답에서 문보는 어렵지 않게 미자의 뱃속을 들여다 볼 수 있었다.

순간, 문보는 얼크러졌던 마음의 고삐가 스르르 하고 풀리며 결론은 다시 굳어졌다.

'당장 파혼을 해야 돼.'

"애를 배면 청춘이 간답니다."

그러나 문보는 이론을 더 앞으로 계속하려고도 아니하고 그저 파혼을 하여야 된다는 데만 열이 올라, 다시 더 여기에 마음이 돌지 말고자, 아주 굳혀 버리기로 벌떡 일어서 테이블을 마주하고 의자에 하반신을 묻었다.

어제 저녁에 배달된 신문이 그대로 테이블을 덮고 있다. 집어드니 마음은 먼저 학예면을 더듬고, 눈은 이달의 창작평에 멎는다.

가장 회심의 작이라고 자처하고 싶던 이번의 작품도 자기의 것만은 또 악평의 대상이었다. 도대체 무슨 소린지 이런 작품은 아암 인류사회 이후에는 몰라도, 인류의 역사가 있기까지는 이해할 수 없을 것이라 단안을 내렸다.

반드시 비평가만이 작품을 바로 본다고 믿을 것은 아니로되, 벗들 사이에서도 이미 이러한 의미의 말을 여러 번 들어왔고도 며칠 전에는 미지의 독자들로부터서도 역시 같은 뜻의 서면을 받고 있던 것을 미루어 이제 그 평점이 일치됨을 찾고 문보는 일반의 이해에 벗어나는 자기의 예술에 다시금 우울함을 느끼었다.

 자기가 보는 인생관 사회관은 이 세상에서는 이렇게도 이해를 못 가지는 것이다. 그만큼 자기는 현실 사회와는 인연 먼 존재 같다. 그러나, 일반의 이해를 잃었다 하여 자기의 마음을 결코 슬퍼하고 싶지는 않다. 도리어 현실을 비웃고 싶은 마음이다.

 그러나, 마음에 공명하는 이 없으니, 자기가 옳다는 데는 자만심이 꺾이지 않아도 마음을 통하여 즐거움을 느낄 수 있는 집단 속에 사는 개인의 심정으로서는 아니 고적할 수가 없었다.

 문보는 그 작품이 실린 잡지를 집어들고 자기의 작품을 다시 한 번 읽어 본다. 구절구절이 도리 정연한 문장이다. 한 사람의 불구자의 입을 빌려 현실 사회를 상징적으로 표현시킨 그 시미창일한 문장 속에 스스로 취하여 자기도 모르게 무릎을 쳤다.

 그리고, 다음 순간, 문보는 문득 놀라고 눈앞에 나타나는 미자를 보았다. 써 놓은 원고를 한 장 한 장 옆에서 읽어 주고 정리하여 주던 미자가 과연 하는 솜씨라고 그 조그마한 무릎을 연거푸 세 번이나 치던 그 구절이 역시 그 구절이었던 것을 문득 생각하는 까닭이다.

 그리고 보니 이 작품을 읽은 사람은 많았으되, 이 작품의 이 구절에 작자인 자기가 무릎을 쳤고, 그리고는 다만 미자가 쳤을 따름이다. 그렇게도 미자는 자기의 예술에 공명을 갖는다. 이해를 잃은 고독한 마음에 오직 미자로부터 공감을 받는 것이 새삼스럽게 느껴지는 듯 미자가 마음에 든다. 그리고, 그런 미자와의 파혼이 차마 아까움을 순간 느낀다. 언제라도 미자의 마음은 싫지 않을 것 같고 생애에 있어 미자는 영원한 마음의 반려일 것 같다. 이해를 잃은 곳에 생활의 윤택은 없다. 사는 것이 잘 사는 것이 희망일진댄 이해자를 차 버리는 것은 스스로 파멸을 도모하는 것과도 같다. 가뜩이나 침울한 생활은 미자를 잃을 때 그 얼마나 더할 것일까?

못 견디게 아까운 마음에 문보는 파혼에까지 결론을 지었던 이론을 다시 이렇게도 전도시켜 보았다.

그러니, 그적에는 그 뒤에 따르는 두려운 그 유전.

문보는 가리기 어려운 괴로운 마음에 아프게 몸을 비틀었다.

결혼을 재촉하는 미자

"오늘 아침 신문에 사꾸라꽃이 벌써 핀댔구먼?"

약혼이 성립되던 날 결혼은 사꾸라꽃 필 무렵에 하자던 문보가 창경원에 일주일 이래로 야앵이 개원되리라고 하는데도 이렇다 준비가 없는데 미자는 은근히 문보의 마음을 짚어 보는 것이다.

"철두 좀 빠르군. 벌써 사꾸란가!"

"아이, 그런데 참 날을 받어야 안 해요?"

문득 생각킨 듯이 미자는 바싹 따진다.

"머, 꽃구경은 반다시 해야 하는 법인가?"

"아니 그날 말에요."

"그날이라니?"

"아이, 왜 당신이 그적에 사꾸라꽃 필 무렵에 하자고 안 그랬에요?"

"으응, 결혼식 말야 뭐?"

"쉐! 바루 모르는 척허지, 능측허기두."

사실 문보는 능측하였다. 미자의 말가퀴를 모를 리 없건만 대답할 말에 이미 준비가 없었으매 이야기의 빈곤을 아니 느낄 수가 없었던 것이다.

"그런 가식이 그리 바쁠 게 머야."

"가식!"

"그럼 가식 아니고, 난 결혼에 예식의 필요를 그리 절실하게 느끼지 않는데…… 본시 결혼이란 마음의 결합을 의미하는 것이니, 마음의 결합보다 더 튼튼하고, 굳고, 아름다운 것이 어데 있어? 예식으로 그것을 의미하는 것은 그 자체부터가 가식인 동시에 결합에의 모욕이거든."

아직 마음을 결정하지 못한 문보는 만일을 위하여 농담 삼아 이렇게라도 말해 둘 필요를 순간 느끼었다.

그러나, 미자는 이 말을 조금도 농담으로 듣고 싶지 않았다. 농담이라 하여도 진정으로 듣고 싶을 만큼 가식을 벗어난 그 진실한 맘의 태도에 오히려 감복하는 것이 있었다. 가식에 얽매여 뜻 없는 마음으로 애석히 청춘을 썩여 내던 지난날의 결혼 생활을 연상하는 때문이다.

미자는 이미 어느 전문학교 교수와의 결혼 생활이 있어 보았다. 그러나, 인생관 사회관이 다른 그 결합에서 귀하다고 하는 개성을 살릴 수가 없어, 견디다 못하여 가정을 박차고 뛰어나온 '노라'의 후예였다.

부모가 간섭한 강제의 결혼도 아니었고, 인물이든지 학식이든지, 그 사회적 지위든지 무엇에 있어서나 남편으로서의 갖춰야 할 조건을 다 갖추었다고, 그리고 그것을 사랑하는 마음에 장래의 행복을 그와 더불어 꿈꾸었던 것이다.

그러나, 정작 결혼을 하고 지내보니 동경하던 행복은 오지 않았다. 알 수 없이 마음은 여전히 공허하고 까닭없이 그리운 것이 있었다. 그렇게도 있는 정성을 다하여 아내를 사랑하는 남편이었건만 그것으로는 만족할 수 없는 마음의 우울이 있었다. 아내로서의 사랑을 받기 전에 마음의 사랑을 받고 싶었고, 또 그 마음을 주고 싶었다. 그리하여 그 속에서 정의 용해를 얻으므로 자기라는 존재를 찾고 싶었다. 그러나 그것을 느낄 수 없는 곳에 마음의 우울은 깃을 들이고, 그리고 그것은 처녀 시절에 알 수 없이 우울하던 그런 것과는 달리 마음의 파멸을 침노하였다.

여기서 미자는 처녀 시절에 알 수 없이 마음이 허하고 무언인지가 만지고 싶게 그립던 것은 이성을 상대로 일어나는 한낱 사춘기의 여성의 마음이었음을 깨닫고 그것만을 만족시키므로 만족할 수 없는 마음속에서 아내로서의 알뜰한 정이 남편의 그것과 융합되지 못함을 안타까워하며 삼 년을 하루같이 결혼이란 법망에 얽매여 뜻 없는 생을 지탱해 오다가 충실한 문보의 독자이던 미자는 지난겨울에 발표한 「사람」이라는 작품을 읽게 되므로 비로소 그 속에서 자기를 찾은 듯이 마음의 위안을 느끼고 불구한 문보인 줄을 알면서도 약혼까지 성립시키었던 것이다. 그리고, 맘의 이해 속에서 영원한 행복을 꿈꾸며 사꾸라꽃이 필 무렵이 어서 오기를 기다리고 있었던 것이다.

"참, 그래요. 예식이라는 건, 한낱 눈을 속이는 거짓이구요. 결혼식 있었다고 마음이 변한다면 그 사랑이 아니 깨어질 수 있겠어요? 깨어진 사랑이 예식에 얽매여 부부생활이 계속된다는 건, 건, 허수아비 장난이구……."

참으로 그렇다는 뜻을 강조하는 의미는 태도를 정색하게 가진다.

도리어 문보는 놀랍다. 난처한 경우에서 대답에 궁하여 그럴 듯이 끌어다 붙인 말이 그렇게도 미자의 마음을 살 줄은 꿈에도 생각지 못했던 것이다.

이러한 주장이 여자의 처지로서는 극히 불리한 것인 줄을 미자가 모를 리 없건만 그렇게까지 미자는 허식을 떠나 참을 찾는 그 아름다운 마음에 문보의 마음은 흔들렸다. 불구한 고민 속에서의 그들의(자식) 불행한 일생을 건져 주기 위하여 절대의 독신주의를 지켜 오던 자기가 이렇게도 미자와 약혼까지 성립을 시키고 동거를 하고 있는 것을 그리고 이미 그것이 그릇된 것임을 깨닫고 있는 자기이면서도 마음을 판단하지 못하고 거짓말로 마음의 자위를 얻으려는 자기는 도무지 사람 같지 않았다.

"참, 생각하면 너울을 쓰고, 반지를 받아 끼고, 맹세를 하고 ― 맹세는 뉘게다 하는 게에요, 우스워요. 그럼, 우린 어느 날 그저 동무들이나 청해 놓고 기념사진이나 한 장 찍을까요?"

그렇게 해도 그것은 소위 그 결혼 그것을 의미하는 것이다. 결정적으로 대답할 수 없었다.

"글쎄?"

이렇게 말끝을 흐리어 놓을 밖에…….

고민 끝에 내린 결론

며칠을 두고 애를 태웠으나 시원한 해답은 얻어지는 것이 아니었다.

　이쪽을 누르면 저쪽이 돋우서고, 저쪽을 누르면 이쪽이 돋우서고—.

　이에 생에 대한 의문은 점점 문보의 마음속으로 스미어 들었다. 어떻게 생각해도 제 스스로 못 가짐은 사람 같지 않았던 것이다.

　사람이 살아있다는 것만으로는 사람이 될 수가 없는 것이었다. 개도, 돼지도 살아는 있다. 살아 있다는 것(生存)과 산다는 것(生活)은 자못 그 거리가 멀다. 살아 있다는 것은 다만 죽지 않았다는 대명사에 불과한 것이 아닌가.

　그래도 자기가 무엇인지를 알고 그 마음에 충실함으로 삶을 다하려던 자신이 가엾기도 했다. 세상에는 이러한 뼈 없는 존재가 결코 자기만은 아닐 것이지만 이러한 무리들은 무엇 때문에 살아야 되나? 이러한 무리들은 생선 엮듯 한 묶음에 꽁꽁 묶어서 한강의 깊은 물속에 풍덩실 들어 던진단들 세상은 조금도 애석해하지 않을 것 같다. 이러한 뼈 없는 무리들이 그래도 저로라고 뽐내는 이 사회는 장차 어찌 될 것인가? 차아펙은 그 작품 속에서 인조인간(人造人間)을 일찍이 예언하였고, 어떤 학자는 인류 다음에 올 고등동물은 캉가루라고까지 설파하였다. 이 학설을 그대로 믿고 본다면 인류는 올챙이가 개구리로 화하듯 캉가루로 화하여 가는 그 과정에 처한 존재가 아닌가. 그렇다면 선조가 쌓아 놓은 인류 문화의 이 찬연한 탑을 우리는 아무러한 반항도 없이 그날그날의 생활에 순응하고 만족함으로 캉가루사회에 양여하여야 옳은가? 영원한 인류 문화의 축적에 피를 흘린 거룩한 역사에 한 개 삽이 되어 미진의 북돋움이 되지는 못할지언정 장래 사회의 인류의 혼을 애석히 추모하는 캉가루의 조상이 될진대 차라리 값없는 목숨이 귀할 것 없었다. 단연히 끊는 것이 도리어 인류 문화에 공헌을 더하는 표시는 되는 것이다. 캉가루의 조상에서 인류를 구하는 셈은 되니까.

이렇게도 생각한 문보는 잠에서 깨는 사람처럼 정신이 새로웠다. 비로소 앞길을 내다본 듯이, 그리고 큰 짐을 벗어 놓는 듯이 마음이 가뿐하여지는 것 같았다.

자살, 그것은 어려운 것이 아니었다. 방법은 얼마든지 있을 것이고, 또 그것이 값있는 것이라면 아까울 것이 없었다.

그리고, 생이란 것이 그렇게도 괴로운 것이라면, 그 모든 것을 잊게 하는 것 만으로라도 생에 대한 대접은 되는 것이다. 자기 한 몸을 희생하여서라도 불구의 불행한 씨를 근절시키는 것만이 원이었더라면 그 행하기 어려운 삶을 질질 끌어가며 버둥칠 필요가 나변에 있는가?

어떠한 방법으로든지 근절시키므로 그들의 행복만을 도모하였으면 그만이 아닌가? 그리고 거기에 만족할 것이 아닌가.

그는 문득, 이렇게도 생각하고, 그러한 목숨을 스스로 끊는 데 있어 과연 자기는 이 세상에 대하려 한 점의 미련도 없을까를 마음속에 따져 보았다.

그러나, 문보는 그 순간, 아깝게도 스스로의 대답이 궁함을 느꼈다. 돌아보아야 모든 것에 있어 손톱만한 미련이 없었건만 차마 그 미자의 마음은 버리기 아까웠던 것이다.

문보는 여기서 미자와의 정사를 또 문득 생각한다. 자기의 마음을 그렇게도 이해하는 미자라면 여기에도 이의는 아니 가질 것 같은 것이다.

정사! 이래 두고 세상에는 정사가 있는 것이 아닌가 하고 문보는 지금까지 이해할 수 없던 그 정사자의 심리를 엿본 듯하였다.

"미자!"

문보는 자기도 모르게 소리쳤다.

"으응?"

"난 영원히 살 도리를 찾고 있는데……."

"네에?"

미자는 그것이 무엇을 두고 하는 말인지 몰라 잠깐 멍하지 않을 수 없었다.

"만일 이 세상에 내가 없다 해도 미자는 살 수 있겠나?"

"당신은 제가 없으문 어떡허지요?"

"난 살 수 없어."

"그럼 저도 못 살 께 아네요?"

"그러기 말야 미자! 난 이 세상에선 더 살고 싶지 않구, 그렇다구 또 미자는 떨어지구 싶지 않구 어쩌면 좋은가?"

"아이 또 소설 재료에 궁하셨나베, 남의 맘을 엿뜨려구……."

"아니 그런 게 아냐 미자! 미자는 혹 정사라는 걸 생각해 본 일이 있는지, 나는 미자와 같이 이 세상에선 인연을 끊고 싶어. 그래서 도무지 세상을 잊고 싶단 말야."

열정에 떠는 침착한 문보의 태도는 실없는 농담도 무슨 소설의 재료도 아닌 것 같은 데 미자는 놀라고 대답이 막힌다.

"응? 안 그래 미자?"

"그게 진정으로 하시는 말씀이에요?"

"진정이라는 것보다도 내 가슴은 미자를 사랑하는 마음에 불 붙고 있으니까."

"그러면 왜 그렇게 진실한 사랑을 안고 세상에서 인연을 끊을 필요가 있겠어요?"

"난 살기가 무서운 것이 있어. 난 천벌을 받은 사람이 아닌지 몰라. 조상 적부터 대대로 내려오는 이 불구의 유전― 내 할아버지도, 내 아버지도, 다 병신이었어. 그리구, 나두 병신이니, 이 유전적 법칙을 어떡헌단 말야, 후계 자손에게도 반드시 이런 불구자는 오구야 말 것이니, 나의 이 불구한 고민을 생각할 땐, 차마 자손에게까지 이 불행을 물려주고 싶지가 않구만. 아니, 그것은 죄악두 같아, 그러나, 그렇다고 미자와는 떨어질 수 없으니 후계 자손에게 영원한 행복을 도모하라면 목숨을 끊는 길밖에 없단 말야. 안 그래? 미자!"

뜻밖의 사실에 미자는 놀라고 잠간 말이 없더니 고개만이 점점 숙어진다. 눈물이 스미어나옴을 느끼는 까닭이다.

문보는 더 말하고 싶지 않았다. 미자의 눈물은 확실히 죽음의 절망 속에서 삶의 화살을 겨누는 약자의 무기임이 틀림없었던 것이다.

그렇게도 모든 것에 있어서 마음이 일치되면서도 오직 죽음이라는데 있어선 뜻을 달리 가진다.

죽음이라는 것은 그렇게도 두려운 것일까. 이렇게 죽음을 두려워하는 미자의 마음이 아까운 것은 무슨 뜻일꼬?

알 듯 하면서도 알 수 없는 마음이 안타까웠다.

'나 혼자는 왜, 죽지 못하나?'

'불행의 씨'를 끊기 위해 자살을 결심하다

괴로움에 일어서 나온 것이 거리였다.

거리는 자기의 마음보다도 어지러운 것 같다. 발을 임의로 옮겨 짚기에도 주의가 가는 복잡한 거리— 자동차, 전차, 자전거, 인력거, 심지어 오토바이, 구루마까지도 전날보다 더 나도는 듯 걸음의 자유를 구속한다.

어디로 가자는 목적이 있었던 것은 아니었으나 남대문통으로 내려가던 문보는 고스톱을 기다리기가 싫어 가던 길을 되돌아서 동일은행을 꺾어 지향 없는 발길을 다시 종로로 내켰다.

가지 각가지로 제멋대로의 단장을 하고 나서서 꿈틀거리는 인파는 마치 쓰레기통을 쏟아 놓은 듯이 정리의 필요가 있는 듯하다. 사람은 다 같은 사람이로되, 왜 그 행색은 그리 일치하지 못할까. 그들의 행색은 다 그들의 마음의 표시가 아닐까. 머리를 깎고, 기르고 혹은 골을 가르고, 뒤로 넘기고, 그리고 검고, 누르고, 회색, 갈색, 무어라 이름조차 따지기 어려운 그러한 빛깔의 옷까지 떨쳤다. 무슨 까닭일꼬. 신은 사람을 이렇게 창조하여 놓고 멋에 살며 허덕이는 꼴을 봄으로 무쌍의 행복을 일삼는 것이 아닌가. 그렇지 않다면 사람 제 자신이야 삶에 대한 그러한 멋으로 만족할까보냐. 그것은 확실히 슬픈 멋이다. 사람은 반드시 이런 멋 속에 신의 노리개가 되어야 하는 것인가. 한번 사람 제 자신의 멋대로 삶을 통제시켜 창조의 신으로 하여금 노리개를 삼음으로 멋을 잃은 신의 괴로워하는 꼴을 보고 우리도 한번 무쌍의 행복을 느껴 보면 얼마나 통쾌한 일일고? 생각하다 문보는 문득 얼른 하고 앞에 꺼꿉서는 시커먼 그림자에 놀라고 우뚝 걸음을 세웠다.

"나리! 한 푼만 적선하십쇼? 나리!"

거지의 애원이다.

문보의 손은 두말없이 호주머니 속으로 들어가 한 닢의 동전을 찾았다. 그러나 거지의 손바닥 위에 던져진 것은 뜻하지도 않았던 오십 전 은화다.

굽실하고 거지는 참으로 고맙다는 뜻을 표하고 또 그럴 만한 손님의 앞으로 옮아선다. 그러나 손님은 거절이다. 다음 손님도, 또 그 다음 손님도…….

이것을 본 문보는 자기의 적선이 우스웠다. 생을 붙안고 살아갈 인간들이 그 불쌍한 거지에게 이렇다 한 푼의 적선도 없는데 자살을 도모하는 자기가 살겠다는 인간에게 적선은 다 무엇인지 알 수 없었던 것이다. 미자밖에 미련이 없던 그가 이 거지에게 동정이 가는 것은 무슨 마음이었을까. 사람마다 본 척 만 척 지나치고 마는 거지, 그 거리를 왜, 자기 따라 불쌍히 여길까? 언제나 거지에게 일전 한 푼의 거역은 있어 본 일이 없었지만 그 이상 더는 그를 위하여 마음을 가져 본 일도 없었다. 그러나, 설잡힌 그 오십 전이 결코 아깝지 않다. 그리고 그 마음은 언제까지라도 버리고 싶지 않았다. 생각하면 거리 사람들이 오히려 사람으로서의 일면을 갖추지 못한 것 같다. 불구한 거리에 삶을 찾는 이 불구한 무리들— 자기가 육체의 불구자라면 그들은 확실히 맘의 불구자다. 이 맘의 불구자들은 죽음이라는 것은 생각지도 않는다는 듯이 생기에 충만하다. 맘의 불구자는 삶을 찾고 육체의 불구자는 죽음을 찾는다! 자기가 이미 자살을 도모하였을진댄 맘의 불구자들은 벌써 이 세상 사람이 아니었어야 옳을 것이 아닌가. 그리고도 그들이 그렇게도 살기를 원할진댄, 제 책임을 다하지 못하는 시계는 그 불충분한 기계를 드러내고 완전한 것으로 갈아 넣어야 되듯이 그 맘의 불구한 부분을 갈아 넣어 주고 싶다. 그리하여 그들에게 영원한 값있는 생명을 부어 넣어 캉가루의 조상이 되기 전에 인류 문화의 축적에 빛이 되는 거룩한 인류의 조상을 만들어 주고 싶다.

이 거리에는 이런 인간 수선의 기사는 없는가.

생각하다 문보는 제 결에 놀라고 다시 우뚝 걸음을 멈추었다. 그것은 제 자신에게도 마땅히 찾아야 할 종류의 것은 아닌가 하니 금시에 도모하던 자살이 유성처럼 번쩍 하다 눈앞에서 부서지고 생에 대한 집착이 오히려 굳세어짐을 느끼었던 것이다.

그리고 보니 지금가지 되풀어 온 이론은 모두 저도 모르는 가운데서 지금까지 생긴 죽음에 대한 미련의 반증도 같았다. 그렇지 않다면 거리에 대한 애착이 이다지도 알뜰할 리가 있었을까. 다만 한 개의 여자로 말미암아 제 생명을 스스로 끊는다는 것은 그 순간의 고통 속에서의 일시적 착각임이 틀림없는 게고, 자살이란 이러한 경우의 그 순간을 넘지 못하는 데서 생기는 인생의 가장 처참한 한 장면일 것도 같았다. 백을 넘기지 못하는 인생의 한 명이라는 것을 다 살고 죽는다 하여도 그것은 확실히 비극의 한 토막이어늘 삶의 목숨을 중도에서 스스로 끊는다는 것은 그것은 너무도 비극적이다. 만일 창조의 신이란 것이 분명 있어 인생의 운명을 지배하고 있다면 제 목숨을 제 스스로 끊는 그 처참한 행동을 취할 때 신은 자신의 작희에 한 마리에 순한 양같이 아무러한 반항도 없이 끌려 들어가는 것을 보고 얼마나 통쾌해 할 것인가. 자살이란 신의 작희에 만족을 주는 것밖에 더 되는 것이 없을 것 같았다.

생, 그것이 사람의 빛이 아닐까. 사람은 사는데 그 존재가 있을 것이고 죽음으로 벌써 그는 한 개인 간의 역사요, 인간은 아니다. 인간은 역사를 짓기 위하여 살 것은 아니고, 생을 빛내기 위하여 산다. 생이 빛나는 곳에 인간의 역사 또한 빛날 것이 아닌가. 단연히 미자는 잊어야 옳다. 잊지 못하는 곳에 불행의 씨는 반드시 가까운 장래에 깃들여질 것이다. 그러면 그들의 고통은 또 얼마나 할 것이며, 신은 자기의 그 조화의 기능에 얼마나 만족해할 것인가.

이렇게도 생각하면 미자란 사람의 마음을 긁어먹는 악마도 같았다. 인간의 어여쁜 악마! 그것이 미자가 아닌가? 자기의 마음을 이렇게 흔들어 놓았던 것은 틀림없는 미자였다. 이러한 미자를 생명을 걸고 사랑하였는가 하면 전신에 소름이 쭉 끼친다.

그러나, 지금이라도 미자를 눈앞에 대하기만 하면 그 아름다운 마음과 미모에 다시 마음은 끌려 들어갈 것 같다. 문보는 집으로 들어가기가 차마 두려웠다. 하릴없는 거리를, 거리에는 밤이 오는데도 거리거리 돌고 있었다.

그러나, 언제까지라도 거리로만 돌아가는 수는 없다. 그는 문득 며칠 전에 받은 대동강 선유에의 벗의 청요장을 생각하고 주저도 없이 떠난다는 전보를 쳤다.

차에 올라서 그는 한 장의 편지를 미자에게 썼다.

가장 집물은 다 당신의 것으로 하시오. 이달 집세는 아니 낼 수 없으니 ××사에 고료를 채근하면 그것이 될 게요. 내가 가는 길은 알았댔자 필요 없는 줄 아오.

밤차 속에서 정문보 씀

간단한 사연이었다.

차는 다리를 지나는지 더 한층 소리는 높아진다. 창밖의 하늘엔 빛 잃은 봄달이 외롭고 한가한데―.

생각해 볼 문제

◁ '캥거루의 조상'이라는 제목은 작품에서 무슨 의미를 지니고 있을까?

- 캥거루의 조상은 '인류'를 의미한다. 마치 인류의 조상이 침팬지였듯이, 인류는 캥거루와의 자연 경쟁에서 도태되어 사라지고 후일 캥거루의 조상이 될 것이라는 뜻이다. 그러나 문보는 지금까지 쌓아온 인류의 찬란한 문명을 사라지게 해서는 안 된다며, 인류의 발전에 어떻게든 도움이 되어야 한다고 생각한다.

문보가 생각하기에 인류를 발전시키고 진화시키기 위해서는 열등한 장애인 유전자를 남기면 안 되었다. 문보 자신과 같은 장애인들은 인류의 발전에 쓸모없기 때문에 빨리 끊어 인류 문화에 공헌해야 한다는 것이다. 그렇기에 문보는 개인의 행복을 위해 미자와 결혼하여 살아갈 것이냐, 인류를 위해 자살하여 장애의 유전을 끊을 것이냐는 고민에 빠지게 된다.

8장.

절름발이 소녀의 성장통:
박태원의 「사계와 남매」

「사계와 남매」는 박태원(1909~1986)이 1941년 월간 잡지 『신시대』에서 발표한 소설이다. 원작은 1940년대를 배경으로 하여 절름발이 소녀 옥순과 그 남매가 가족과 이웃 간의 사랑으로 가난을 극복하는 이야기이다. 절름발이는 한쪽 발이 온전치 못한 사람을 낮잡아 이르는 말인데, 흔히 다리를 저는 지체장애인을 일컫는다. 따라서 「사계와 남매」는 장애청소년 옥순이가 가난과 장애, 사춘기 등 다양한 어려움을 극복하는 성장기이기도 하다. 줄거리는 다음과 같다.

옥순은 태어날 때부터 왼쪽 다리를 저는 절름발이 소녀다. 옥순은 가난한 살림이지만 병약한 홀어머니, 오빠 정순, 여동생 명순과 화목하게 살았다. 그러나 오빠가 장가간 후 집안의 기둥이던 어머니가 돌아가시자 집안 형편이 크게 기울었다. 이윽고 추운 겨울이 오자 짭짤한 부수입이었던 약 종이를 붙이는 일이 떨어지고, 옥순 가족은 당장 굶주림에 직면하고 만다. 올케는 입이라도 덜자는 생각에 옥순을 이웃집 영자네 더부살이로 보내려다 남편 정순과 부부싸움을 한다. 오빠부부의 이야기를 우연히 듣게 된 옥순은 서러운 마음에 그길로 가출을 하고 만다. 옥순이 사라진 사실을 알게 된 가족들은 옥순을 찾아 헤맨다. 옥순을 특히 걱정하던 올케는 무작정 이웃집 영자네 집을 찾아간다. 자초지종을 캐묻는 영자 가족에게 올케는 자신의 속마음을 터놓았고, 마침내 참회의 눈물을 흘린다. 영자네 집에 숨어있던 옥순이는 올케의 진실한 마음을 알고 그를 용서한다. 서로의 고통을 마주하고 나누며 비로소 가족의 사랑을 깨달은 세 식구 옥순과 명순, 올케는 손을 맞잡고 정순이 기다리는 집으로 돌아간다.

「사계와 남매」는 1940년대 가난했던 시절을 이웃과 가족의 사랑으로 극복하는 가족소설이다. 특히 사회적인 장벽에 가로막혔던 옥순이가 가족의 사랑으로 장애인으로서의 자신을 받아들이며 이윽고 가족의 구성원으로 거듭나는 모습은 큰 감동을 자아낸다. 절름발이는 외관으로 그 장애의 특징이 드러난다. 어찌 보면 사춘기를 겪고 있는 어린 소녀 옥순이에게는 어떤 어려움보다 큰 장애로 다가왔을 것이다. 이처럼 옥순이의 고뇌를 통해 사춘기를 맞이한 장애청소년의 심리 또한 살필 수 있을 것이다.

본문은 원작을 바탕으로 일부 어려운 단어와 문장을 현대식 표현으로 풀이하였다. 일제강점기를 배경으로 하여 등장하는 일본어 표현은 우리말로 순화하였다. 한편 본문은 봄, 여름, 가을, 겨울의 네 부분으로 나뉘어 있었으나 이를 삭제하고, 장애인물에 초점을 맞추어 소제목을 달았다.

월숫돈을 갚으러 영자네로

 대문 밖, 골목 안에서 아이들 재깔거리는 소리가 소란하게 들려온다.
 '나두 얼른 치구, 나가야지…….'
 옥순이는 설거지를 부지런히 하며, 어제 화실이에게 얻은 '오랴말'을 보면, 명순이가 탐이나 내지 않을까?—그것이 좀 염려가 되었으나,
 '뭐얼…… 저엉 졸르거던, 좀 가지구 놀다가 줘 버리지…….'
 그렇게 고쳐 생각을 하려니까,
 "대강 치구서 들어오너라."
하고, 방에서 어머니가 부른다.
 "네에, 다아 했에요."
 치마 앞자락에다 물 묻은 손을 씻고, 방으로 들어가니까, 어머니는 재봉틀 앞에서 일어나, 머릿장 앞으로 가더니, 끝의 서랍에서 돈을 꺼내어 세어 보면서,
 "너, 심부름 좀 갔다오너라."
 "어디?"
 "여섯, 일곱, 여덟……, 저어 영자 집이……."
 "월수돈?"
 "응."
 "이따가 갖다 두면 안 되우?"
 "왜?"
 "좀 놀다가 갈려구……."
 "아주 댕겨와서 놀면 좋지 않으냐?"
 "네에."

"자아, 팔 원이다. 어디다 떨어뜨릴라. 꼭 쥐구 가거라. 번번이 늦어서 미안합니다구…… 한 눈 파지 말구, 항여케 갔다 와야."

"네에. 허지만, 영자 아버지가 놀다 가라면, 놀다 올 테유. 첫 공일이니까, 영자 아버지두 집이 들어앉았을 텐데……."

"놀다 오게 되거던, 좀 놀다 오렴. 허지만 귀여워헌다구, 너무 버릇없이는 굴지 마라."

"저어, 명순이두 데리구 가까?"

"그러렴. 둘이 갔다오너라."

그리고 다시 재봉틀 앞으로 가서 앉는 어머니를 보고, 옥순이는,

"그렇게 급허지두 않은 거라는데, 좀 쉬어서 허세요."

한마디를 남기고 부리나케 밖으로 나왔다. 그러나 조금 아까까지도 분명히 '오오랴, 이이랴.' 소리가 났었는데, 정작 나와 보니까, 기생집 행랑방에 든 '노랑머리' 남매 외에는, 골목 안에 아이들이라고는 통이 온데간데가 없다.

"아이들 모두 어디 갔니? 명순이는 못 봤니?"

물어 보았으나, '노랑머리'는 모른다고 한마디 할 뿐으로 흙장난에 정신이 팔렸다.

'어딜 또 갔어? 나중에 알면, 나 혼자 갔다구, 또 떼나 쓰지 않을까?……'

옥순이는 그러한 것이 근심이 되어, 잠깐 눈살을 찌푸리었으나,

'허지만, 지가 어딜 가기 땜에, 못 데리고 간 걸 으떡해에……'

입안말로 중얼거리고, 골목 밖을 향하여 걸어 나갔다.

일요일 아침이었다. 날은 화창하고, 골목 안에 불어드는 바

람도, 이제는, 아주 봄이다.

　돈 팔 원을 꼭꼭 싼 손수건을 한 손에 쥐고, 부리나케 싸전 네거리를 지날 때, 옥순이는,

　"너, 어디 가니?"

하고, 등 뒤에서 저를 부르는 소리를 들었다. 돌아다보니 집주름집 마나님이 반찬가게 앞에 서 있었다.

　"심부름 가는 길예요."

　"느 어머니, 요샌 좀 으떠시냐?"

　"그저 그러시죠."

　"그렇겠지. 그 병이 어디 쉽게 낫는 병인세 말이지⋯⋯ 그래, 뉘 계시냐?"

　"어디 뉘 계시기나 해요?"

　"약은 요새두 잡수꾸?"

　"네에. 어제 오빠가 또 다섯 첩 제 왔에요."

　"밤낮 제 오는 그 약이겠지?⋯⋯ 느 오빠는 요새 돈 잘 벌어 오니?"

　"늘 그저 그렇죠."

　"느 오빠가 벌이나 잘해서 용이나 좀 사다 드리면, 느 어머니 병두 나련만⋯⋯."

　"뭘 사다 드려요?"

　"용 말이야. 용."

　"용이요?"

　"그래. 그저 무슨 병이구 간에 용이 제일이지 제일이야. 세상에 어디 그 이상 가는 약이 있니?"

　"용이 그렇게 좋아요?"

옥순이는 눈조차 반짝거리며, 집주름집 마나님의 주름살투성이 얼굴을 이윽히 쳐다보다가, 다시 전찻길을 바라고 나가며,
'용! 인제부텀 오빠더러 용을 사다 드리래야지……'
세상에서 제일가는 약이라니, 그 약만 쓴다면 어머니의 병도 나을 것이다. 어머니의 병만 나은다면—, 세상에서 그보다 더 좋은 일이 어디 있겠느냐?……

놀림거리가 된 옥순이의 장애

그렇게 생각하며 걷다가, 큰행길을 채 못다 나가서 파랑대문집 앞에 이르자, 옥순이는 저모르게 걸음을 멈추었다.
'참, 복술이네 떠난 뒤에 새루 이사 온 이는 어떤 사람인구?……'
마침, 대문 중문이 활짝 열렸기에, 그리로 안을 들여다보려니까, 그 집 아이가 셋, 우루루, 밖으로 몰켜 나온다.
열한두 살 된 학생아이, 팔구 세 된 계집아이, 다섯 살이나 그 밖에는 더 안 된 사내아이—아마 그렇게 삼남매인 듯싶은데, 제각기 바랑 하나씩 짊어지고, 학생아이는 빨병까지 둘러멘 모양이, 오늘이 마침 일요일이래서, 어디, 동물원에라도 놀러들 가는 것이 분명하였다.
옥순이는, 오늘 아침에, 명순이가 저의 동무들 가는데 저도 동물원 따라가겠다고 오 전만 달랬다가, 어머니한테 꾸지람을 듣던 것을 생각해 내고, 그 아이들이 부러웠다.
그러자, 안으로서 금테안경을 쓰고, 한 손에 단장 든 신사 하나가 점잖게 걸어 나왔다. 그 신사와 세 아이들, 잠깐 번갈아 본 다음에, 옥순이는 다시 큰행길을 향하여 걸어 나가며,
'걔들 아버진가 부다, 안경허구, 양복허구……. 부자다 부잣

집이다…….'

 속으로 혼자 그러한 생각을 하려니까, 갑자기, 등 뒤에서 아이들이 낄낄대고 웃는 소리가 들린다. 돌아다보니까 전차를 타려는지 옥순이 뒤를 따라나오던 아이들이, 다섯 살이나 그밖에 더 안 된 사내아이까지, 셋이 모두 절름발이 흉내를 내며 저희끼리 낄낄거리고 웃는 것이었다.

 옥순이가 돌아다보는 것을 보자, 아이들의 아버지 되는 이는,
 "못써, 그럼 못쓰는 거야. 그러지 않는 법이야."
 아이들을 한바탕 꾸짖고, 다음에, 적이 미안쩍어하는 얼굴로 옥순이를 바라본다. 옥순이는, 일변 분하고, 또 일변 부끄러워, 얼굴이 그만 새빨개 가지고 부리나케 전찻길로 나와 버렸다.

 날도 좋은 일요일 아침―거리에는 사람들도 많았다. 모두가 놀러 나온 사람들인 듯싶었다. 모두가 좋은 옷, 깨끗한 옷을 입고, 모두가 즐거운 모양이었다. 더구나 누구라 한 사람, 옥순이처럼 다리를 절름거리지는 않았다.

 이제는 분하고 부끄러웁기보다도, 차라리, 외로웁고 또 슬펐다. 그래, 옥순이는 한껏 풀이 죽어, 고개를 푸욱 수그리고 걸어가며, 네거리 모퉁이 시계방 앞에서,
 "옥순아―."
하고, 뜻밖에, 명순이의 부르는 소리를 등 뒤에 듣고도, 걸음을 멈추지도, 고개를 돌려보지도 않았다.
 "옥순아, 같이 가아."
 명순이는 제법 먼데서부터 쫓아온 듯싶어, 옥순이의 팔에가 매어달리자, 잠깐 동안 가쁘게 숨을 쉬었다.
 "으쩌면, 고렇게 혼자만 가니?"

"……."

"집주름 마나님이 아리켜 줬게 쫓아왔지. 그렇지 않았드면 깜빡 모를 뻔했다."

"……."

"아이, 지금두 그저 숨이 차이. 으쩌면 그렇게 불러두 못 들은 체허니?"

"……."

무엇이라 묻든지 도무지 아무 대답이 없어서, 그제야 명순이는 의아스러운 눈으로 빤히 옥순이의 옆얼굴을 쳐다보며, 가만히 물었다.

"너, 어머니한테 꾸지람 들었구나?"

옥순이는 역시 입을 열려고는 하지 않았으나, 그래도 고개를 한번 모으로 흔들어, 대답을 대신하였다.

"그럼, 너, 누구허구 쌈했니?"

"……."

이번에도 옥순이는 말없이 고개만 흔들었다.

"그럼, 왜 그래? 너, 어디가 아프구나?"

한손을 잡은 채, 옆에가 바짝 붙어서 따라오며, 연해 형의 기색을 살펴보는 동생의 눈에, 불안하고 근심스러운 빛이 하나 가득한 것을 느끼자, 옥순이는 갑자기 명순이가 애처로웁도록이나 귀여운 생각이 들어,

"아아니란다. 아무것두 아이란다."

하고, 명랑한 어조로, 비로소, 한마디 하였다.

"그럼, 너, 왜, 대답을 안 해?"

명순이는 형의 쾌활한 말소리에 적이 마음이 놓이는 듯싶으

면서도, 못마땅하게 한마디 하였다.

"대답 좀 안 허면 으때?"

"왜 안 허는 거야?"

"그럼 으때? 네까짓 거 물어 보는데, 대답 좀 안 허면 으때?"

"뭐 으쩌고 으째?"

명순이가 기가 나서 대어드는 것을, 옥순이가.

"으째, 으째, 콧째?"

하고, 놀렸더니,

"뭐? 이년이?"

하고, 명순이는 얄밉게 눈을 가늘게 뜨며, 입때 잡고 오던 손에다 갑자기 힘을 주어, 옥순이의 다섯 손가락이 으스러지라고 비틀었다.

"아야야…… 이년이?"

"너, 다시 그럴 테야?"

"아야야…… 안 그러께, 아야야…… 정말 안 그럴께."

가까스로 용서를 받아, 명순이의 손아귀에서 빼낸 손가락들을, 하나하나 눌러 보며,

"하, 하, 하……."

하고, 한차례 웃고 나니, 옥순이는 마음이 얼마쯤 후련하여지는 듯싶었다.

빚지고 살 수밖에 없는 어려운 형편

"너, 어디 가니?"

"이년아, 성보구, 밤낮 너가 뭐야?"

"너라면 어때? 지가 나보덤 두 살밖에 더 먹었나?"

"두 살 말구, 한 살을 더 먹었드래두, 성은 성이지."
"…… 너 정말 어디 가는 거 안 가리켜 줄 테야?"
명순이가 다시 손을 잡으려는 것을 피하며, 옥순이는 황망히 말하였다.
"가리켜 주께. 가만있어."
"그럼, 얼른 가리켜 줘어."
"저어 영자집."
"영자집이? 왜? 놀러?"
"아아니. 이거 갖다 두러."
옥순이는 돈 싼 수건뭉치를 보였다.
"그게 뭐게?"
"월수돈."
"작년에 사십 원 꿰 왔던 거?"
"응."
"그걸 입때 못 갚었니?"
"이번이 다섯 달째 갚는 거야."
"을마씩 갚는데?"
"팔 원씩이지 얼마야?"
"하찌엔(8엔) 말이지? 다섯 번이면, 고하은쥬우(40)니까…… 옳지, 이번 갚으면 고만이구나?"
"뭬 이번이면 고만이야."
"아, 고하욘준데 그래?"
"이자는 없니? 이자 안 받구 누가 돈 꿰 주던?"
"이자는 을만데?"
"쳐보렴. 로꾸하욘쥬하찌(6x8=48란 의미)니까……."

"그럼, 저어, 하찌엔이 이자야?"

"요꾸 데끼마시다."(일본어로 '잘 했습니다.'란 뜻)

"아이, 으쩌면 아는 사이에 그러냐? 이자 없이서 꿰 주면 좀 어때서?"

"이게 어디 영자집이서 빌려 준 거냐? 영자 할아버지가 게에다 말을 허셔서 얻어 주신 게지."

"그래두 으쩌면, 하찌엔씩이나 받어? 그놈의 돈, 이번에 다아 갚아 버리구, 다시는 얻어다 쓰지 말지."

"그래두 써야만 허게 되는 걸 어떡해에? 어머니가 며칠 전에 그러시던데, 저어, 내월이면 다아 갚게 되는데, 다아 갚고 나면, 또 백 원만 새루 꿔 달라구 그럴 테라구."

"어유—, 햐쿠엔(100엔)? 그렇게 많이, 뭣허러 꿰 달라니?"

"다아 쓸 데가 있으니까 그렇지…… 너, 입때 모르니?"

"뭘?"

"인제 조금 있으면 오빠가 장가를 든다."

"오빠가? 누구한테?"

"아직 정허진 않았지만 꼭 든대."

"그럼, 색시가 우리 집에 와 살게?"

"그럼, 색시가 신랑집이 와 살지, 신랑이 색시집 가서 사니?"

"아이, 색시가 또 오면 방이 좁아서 어떻게 사니? 지금도 넷이서 꼬옥 깨서 자는데……."

"이런 바보 겉으니라구…… 색시 자는 데서, 우리허구, 어머니허구 어떻게 자니?"

"그럼, 어디서 자아?"

"그러게, 인제 조금 있다가, 딴 데루 이사를 허거던. 아랫방,

웃방 방을 둘 얻어 가지구, 게서 오빠가 장가를 들거던. 그럼 되지 않았니?"

"어유—, 방이 둘이면, 셋돈두 더 많이 내야 허게?"

"그럼. 많이 내구 말구……. 거기다 또 오빠가 장가들지? 그러니까, 돈이 자꾸 드니까, 백 원 또 얻는다는 거 아니냐?"

옥순이와 명순이는 이야기에 정신들이 팔려서 하마터면 영자집 문 앞을 지나칠 뻔하였다.

명순이가, 생각난 듯이, 옥순이를 보고 가만히 말하였다.

"영자 아버지두 오늘 노시겠지? 접때같이 좀, 우리 데리구 어디 놀러 가셨으면 좋겠다."

옥순이도 그 생각이 없지는 않았으나, 그래도 어머니한테 들은 말이 있어, 한 마디 하였다.

"너, 영자 아버지가 아무리 귀여워 허드래두, 너무 버릇없이 굴면 못써."

그리고 형제는 영자집 대문을 들어섰던 것이나, 집안에는, 마침, 영자 할머니와 부리는 할멈이 남아 있을 뿐이고 다른 식구들은 모두 어데 나갔는지 보이지 않았다.

"아이, 옥순이 오는구나, 명순이두 오구……."

수채 앞에서 할멈이 빨래하던 손을 멈추고 알은체하자 안방에서 머리를 빗고 있던 영자 할머니가, 열어젖힌 앞창 미닫이로 밖을 내어다보며 물었다.

"느 어머니 안녕허시냐?"

"네에."

"요샌 뭘 좀 잡수시니?"

"잘 안 잡수세요. 도모지 입맛이 없으시다구……."

"그래서 어떡허니? 자시기나 잘 자세야지……, 요새두 일은 여전히 허시구?"

"네에."

"잘 자시구 편히 쉬드래두 어려운 노릇인데, 못 자시구 밤낮 일에만 쪼들리니……. 참, 딱헌 노릇이다."

"저어, 월수돈 가져왔에요."

"아이, 어떻게 맨들어 왔니?"

"저어, 번번이 늦어서 미안합니다구요."

"아마, 이번이면 그만이지?"

"아니에요. 한 번 또 남았에요."

"그렇던가? 그래도 인젠 다 갚은 심이지. 하여튼 용하게 꺼 왔다. 빚지고 살기란, 참 어려운 게니까……."

"……."

그러나 옥순이는 그 말에 대답을 안 하였다. 내월에, 가까스로 빚을 다 갚나 하면, 또 새로이 그보다 거의 세 곱절이나 되는 빚을 짊어질 작정인 저의 집안 형편을 생각하였기 때문이었다.

장애인은 갈 수 없는 공립학교

영자 할머니는 머리를 다 빗고 마루로 나왔다.

"참, 옥순이, 이번에 몇 학년 됐니? 삼학년이냐?"

"아아니요. 사학년이에요."

옥순이는 대답을 하며, 저편, 장독대 앞에서 영자의 세발자 전거를 장난하는 명순이를 돌아보고 있었다.

"얘얘, 장난 말어."

"가만두렴. 놀게……."

영자 할머니는 할멈 빨래하는 옆으로 와서 손을 씻으며 말하였다.

"그럼, 너, 내년이 졸업이로구나?"

"네에."

"빠르긴 허다. 명순인 몇 학년이구?"

"삼학년이요."

"쟤 학교는 육년 졸업이지? 인제두 한참이구나. 쟤두 너 댕기는 데나 들어갔으면 좀 껄 그랬나부다. 쟤, 학교 졸업시키려면, 그나마두, 느 어머니 뼛골 다 빠지시겠다."

"……."

이번에도 옥순이는 대답을 안 하였다. 영자 할머니 말을 들어 보면, 딴은, 그도 그렇기는 하다. 그러나 정말대로 말한다면, 옥순이는, 도리어 제가 명순이 다니는 학교에를 들어가고 싶었던 것이다. 처음부터 지금 다니는 '사립혜명학원'을 지망하였던 것은, 결코, 아니다. 그러나 어엿한 '공립소학교'에서는 옥순이처럼 한쪽 다리를 절름거리는 아이를 받으려고는 않았다.

"저어—."

하고, 옥순이는 잠깐 망설이다가 마침내 물었다.

"영자, 종우, 모두 어디 갔에요?"

"모두 어디 갔단다."

"영자 어머니가 데리시구요?"

"영자 어머니, 영자 아버지, 종우 아버지, 종우 어머니……모다 나가셨단다."

"놀러가셨군요. 동물원이에요?"

"아아니. 성북동으루 집 보러들 갔단다."
"집 보러요? 무슨 집을요?"
"영자 아버지가 이번에 분가해 나간단다."
"영자 아버지만 떠나세요?"
"영자 아버지, 영자 어머니, 영자…… 그렇게 세 식구."
 옥순이는 저도 모르게 아랫방 편을 보았다. 영자 식구가 집을 나면, 저 방은 빌 것이다. 이칸방―, 가운데 장지를 들이고…… 옥순이는, 문득, 저 방을 우리를 세를 주었으면, 하고 생각하여 보았다.
 '참, 그럼, 좋다…….'
 전에 한이웃에 살 때에도 영자 할머니의 덕을 많이 보았다. 그러다가 할 수 없이 방을 내놓게 되어, 자기들은 지금 있는 집으로 옮긴 것이지만, 만약, 이 집으로 들어올 수 있다면, 여러 가지로 이로울 것이다. 이 집에는, 우선, 수통이 있다. 저나 어머니가, 매일 들통을 들고 싸전 네거리까지 물을 길러 가지 않아도 좋지 않으냐? 더구나, 셋돈이 좀 밀렸다고, 영자 할머니는, 지금 있는 집, 안주인같이, 그렇게 심하게 굴지도 않을 것이다.
 '그럼, 참, 좋다…… 그냥 베두느니, 우릴 빌려 달라면 빌려 주겠지…….'
 혼자 속으로 그러한 것을 생각하려니까, 영자 할머니가 문득 생각난 듯이 묻는다.
"참, 옥순아. 너 아는 아이루 남의 집이 살 아이 없니?"
"없는데요. 왜요?"
"영자가 따루 나가면 어채피 사람 하나는 두어야 허는데 어른버덤두 아이가 좋다구, 아이를 구허는 중이란다. 그래두, 어디, 마땅헌 애가 있에야지?"

"……."

"영자 아버지는 숫제 그런단다. 너의 어머니만 허락을 허신다면, 너를 좀 데려가구 싶다구……, 그저 다른 일은 다 그만두구 영자 하나만 봐 줬으면 좋겠다구……, 너도 영잘 귀여워허지만, 영자가 또 널 조옴 따르니……? 그렇지만 이왕 댕기던 데니 학교두 마저 졸업을 해야 헐 테구, 또, 느 어머니께서두 좀처럼 안 내놓실 테구……."

"……."

옥순이는 까닭도 없이 얼굴을 약간 붉히고, 그것을 스스로 깨닫자 고개를 숙였다.

이번, 사학년에 올라올 때, 오빠는, 그까짓 사립학원, 졸업해야 별 수 없는 노릇이니, 숫제 일찌감치 어디 공장에라도 넣으면 어떠냐고 말이 있었다. 그러나 어머니가 그것을 반대하였다.

'만약, 어디 공장에라도 꼭 들어가야만 허는 노릇이라면……'

옥순이는 차라리 영자 집에를 가 있고 싶었다. 지금 들어 있는 집, 안집에서 부리는 언년이는, 달에 또박또박 삼 원씩을 받는다. 영자아버지는, 어쩌면, 좀더 줄지도 모를 일이었다.

'더 주지 않더래두, 삼 원이래두 또 을마야? 다달이 월급을 타거던 그것으루 어머니……'

하고, 궁리를 하려니까, 옥순이는 갑자기 아까 집주름집 마나님에게서 들은 말이 생각났다.

"참, 저어, 용이라는 약이 있다죠?"

"응? 있지."

"그게 퍽 좋은 약이라죠"

"인삼녹용이라구, 보허는 약이란다."

"그럼, 퍽 값이 많은가요?"

"아, 용인데, 비싸구말구……."

"저어, 삼 원두 더 하나요?"

"용을, 삼 원어칠, 어디서 파니……. 왜? 느 어머니가 알어 오라고 그러시든?"

"아아니요……, 그냥 말이예요."

옥순이는 또 약간 얼굴을 붉혔으나, 제가 일건 영자 집에를 가서 산다 하더라도, 그곳에서 받는 월급으로는 용을 구할 수 없다 하면, 어머니의 병은 영영 고치는 도리가 없지 않은가?― 하고, 생각하니, 옥순이는 갑자기 마음이 슬펐다.

그래, 그는, 그저 철없이, 세발자전거를 타고 노는 명순이를 돌아보고,

"장난 그만허구, 가자."

그리고 다음에, 영자 할머니를 향하여,

"안녕히 기세요."

인사를 하려니까,

"가니? 잘 가거라."

하고, 영자 할머니는 고개를 두어 번 끄덕이다가,

"참, 가만있거라."

하고, 분주히 방에서 다시 나와,

"너, 좀 줘 보낼 께 있다."

부엌으로 들어가며,

"저어, 개성서 누가 제육을 보내서…… 너, 이거 조끔 갖다 어머니 맛보시라구 그래라. 여기 제육버덤, 역시, 고소헌 게 맛이

좋드라."

"아이, 이렇게 많이 주세요?"

신문지에 싸주는 것을 받으며, 옥순이는 속으로 아마 한 근도 더 되나보다— 하고 생각하였다.

"그리고, 저어, 열이튿날, 느 어머니 아침 잡수러 오시래라. 너 이들두 오구……, 종우 어머니 생일이야. 이 달 열이튿날이다."

손을 씻으러 다시 수채 앞으로 가는 영자 할머니를 보고,

"갑니다. 안녕히 기세요."

옥순이는 진정으로 공손히 인사를 하고서, 명순이와 함께 밖으로 나오며, 아무리 입맛이 없더라도, 이렇게 맛난 제육을 보고는, 어머니도 오래간만에 밥 한 그릇 다 먹을 게다— 하고, 생각을 하니, 마음이 기뻤다.

"참, 언제라구 그러시지? 종우 어머니 생일이……."

옥순이는 한시바삐 집으로 가려고 부자유한 다리를 재게 놀리며, 명순이에게 물었다.

"열이튿날이지, 언제야? 우리더러두 오라셨지?"

"우리야 어떻게 가니? 학교는 안 가구?"

"애개? 은젠가두 아침 가서 먹은 일 있는데……."

"그건, 영자 집 앞집이 살 때 말이지. 지금이야, 은제 일어나서, 은제, 영자 집까지 가서, 또 은제 밥 먹고 학교 가니?"

"그럼 으떡해애? 아침 못 먹게?"

"그 대신, 저녁때 가서 먹으면 되지 않니?"

"아이, 난 저녁부다 아침이 좋아. 아침밥에 반찬이 많은걸……."

"애애, 듣기 싫다. 누가 너 먹으라구 생일 채리던? 맨밥이라두 주는 것만 고맙게 알아."

옥순이는 입으로는 그러한 말을 하면서도, 속으로는, 역시, 명순이의 말이 옳다고 생각하였다. 아침에는, 언제, 특별히 저희들의 상을 차려준다는 것이 아니지만, 그래도 국 하나라도 건지가 많이 들었다고, 제풀에 침이 꿀떡 넘어갔다. 그래, 옥순이는, 역시, 무어니 무어니 할 것 없이 이제 얼마 있으면 빌, 영자네 집 아랫방을 얻어 들었으면 제일이라고―, 집으로 돌아가자, 어머니보고 그 말부터 하였다.

어머니는 저고리에 고름 달던 손을 멈추고 물었다.

"영자 아버지가 분가를 해서 나간단 말이지?"

"저어, 영자아버지, 영자어머니, 영자……, 그렇게 셋이서만 나간대애."

"그래, 그게 분가해 나가는 거야. 어디, 집은 사 놨다든?"

"샀는진 몰라두, 모두 오늘, 집 보러 나가구 없드군."

어머니와 형이 주고받는 이야기를 잠자코 듣고만 있던 명순이가.

"아이, 어머니, 얘기 그만허구, 진지 잡수, 입때 아침 안 먹구, 배두 고프지 않우?"

한마디 하니까, 어머니는,

"가만있거라. 인제 동정만 치면 다 됐다. 마저 끝내구 먹지."

하고, 대답하였을 뿐인데, 옥순이가,

"제가 괘애니 제육이 먹구 싶으니까 그러지. 영자 할머니가 은제 너 먹으라구 주셨어? 어머니가 입맛이 없으시다는 말 듣구 주신 거지."

하고, 핀잔을 주어, 명순이는,

"전, 뭐어 안 먹을 텐가? 저두 먹구 싶어서 아까두 침을 생키구……

너, 침 생킨 거, 나는, 다아 알았어."
하고, 샐쭉하여졌다.
　어머니는, 웃으며,
　"염례마라. 너 안 주구, 어떻게 나 혼자 먹겠니?"
　명순이에게 한마디 한 다음에, 옥순이를 돌아보고 물었다.
　"너 아까 뭐랬지? 영자네가 분가해 나가니까, 어떻허면 좋겠다구?"
　옥순이는 다시 한 번 명순이를 흘겨본 다음에, 어머니 말에 대답하였다.
　"영자네가 나가면, 그 아랫방이 비지 않수? 그럼, 우리가 좀 들겠다면 좋지 않수?"
　"영자 할머니가, 그 방 세준다구 그러시던?"
　"그런 말은 안허지만, 방, 왜, 베둘 꺼, 뭐 있수? 이왕 세 주거던, 우리 주면 좋지 않어? 가운데 장지 딜이면 방이 둘이 되니까, 똑 좋지."
　그러나 어머니는 호젓하게 웃고 말하였다.
　"우린 좋지만, 어디 그 집이서야 좋을 꺼 있니……. 있는 집인데, 뭣하러 남을 세주겠니? 그냥 자기들이 쓸 테지……."
　옥순이는 일껀 아까부터 벼르던 것이 틀어져서, 마음에 가벼운 실망을 느끼지 않을 수 없었다. 그러나 곧 단념하고 옥순이는 또 어머니에게 말하였다.
　"그리구 저어, 영자 아버지가 새 집 가면, 아이 하날 구헐 텐데, 어머니만 좋다구 그러면, 날 데려가구 싶다는군. 허지만, 학교두 댕기는 중이구, 또 어머니가 내노려 들지 않을 께라구……."
　"영자 할머니가 그렇게 말씀하시든?……, 그래, 내가 좋다면,

너 그 집이 가겠니?"

"어머니가 가라면 가지 뭐어."

"네까짓 게 무슨 일을 다 헌다구……."

"왜 못해……. 그런데 다른 일은 안 시킨대, 저어, 영자 하나만 봐 달라는군."

"영자 아버지가 너를 귀여워허시니까, 가뜩이나 대리가 저런 너를 막 부리기야 허겠느냐마는, 그래도 고생이지."

"그까짓 고생은 나는 괜찮아요."

"갔다가 어머니 보구 싶으면 어쩌런?"

"잠깐, 잠깐, 댕길러 오지."

참말, 남의 집에라도 살러 가게 되면, 살러 갈 듯이 마음먹고 있는 딸의 모양을, 어머니는 잠깐 동안, 귀여웁게, 또 애처로웁게 바라보다가, 호젓한 웃음을 웃고 말하였다.

"아직은 오빠두 벌구, 나두 버니까, 너이는 아무 생각 말구, 공부만 잘해라. 그까짓 사립학원이라지만, 일 년 만 더 댕기면 졸업인데…… 졸업이나 헌 뒤에 또 보자."

그리고 어머니는 반짇고리를 한옆으로 밀치고 일어섰다.

"명순이는 기대리느라구 혼났지? 어디 개성 돼지고기 맛 좀 보자."

마침내 성사된 오빠의 결혼식

봄내 벼르던, 옥순이 오래비의 혼인은 여름 들어서야 비로소 완정이 되었다.

색시 역시 어려운 집안의 딸이었다. 올해 열일곱— 옥순이보다 네 살, 명순이보다 여섯 살이 위다. 언문을 겨우 깨쳤을 뿐으로, 학교는 도무지 다녀 보지 못하였고, 인물도 별로 취할 점은 없었다. 취할 점이라고는, 다만 몸이 튼튼하고, 일을 잘한다는 그것일까. 그러나 어려운 집 며느리감으로, 그저 일 잘하고, 몸 튼튼하면 그만이었다.

봄에 못하였으니, 아주 가을에 하면 좋지 않으냐는 사람도 있었다. 그러나 몸이 성치 못한 옥순이 어머니는, 며느리 보기가 한시가 급하였다. 옥순이는 물론이거니와, 명순이까지도 시집을 보내어, 잘들 사는 것을 보기 전에는 죽어도 눈이 감길 까닭이 없는 그였다. 그러나 그것은 바라기 어려운 일이었고, 그저 한시바삐 며느리나 맞아들여 잘하면 손주 하나는 보고 죽을지도 모르겠다고— 옥순이 어머니의 마음은, 그리 크지도 못한 가엾은 욕심으로 가득 찼다.

옥순이는 나이보다 엄청나게 지각이 난 아이라, 없는 돈에 억지로 오라비 장가를 들이려는 어머니의 신고를 알아, 무턱대고 마음이 들 뜰 리가 없었으나, 명순이는, 그렇지 못하였다.

"너, 우리 오빠 며칠 있으면 장가간다."

학교 가서도 요새는 똑, 그 '자랑' 한가지이었다.

"혼인 예식 어디서 허니?"

아이들은, 더구나 계집아이들은, 그러한 화제에 흥미를 느낀다.

"저어, 집이서……."

"집이서…… 그럼 구식으루 허니?"

"자세 모르겠어."

"아이, 그것두 모르구 무슨 얘기야."

그래, 명순이는, 이튿날 다시 동무들을 보고 말한다.

"구식 아니래, 신식으루 헌대."

"신식으루……. 어디서?"

"……."

"부민관(지금의 서울시 의회 의사당. 일제강점기에 경성 부민의 공회당으로 사용한 건물)서 허니?"

"부민관, 아닌가 봐아."

"그럼, 공회당?"

"공회당두 아니래."

"그럼, 어디서 해애? 요릿집이서 허니?"

"……."

"신식 혼인이라면서, 부민관서 안 허구 어디서 허는 거냐?"

"……."

명순이는 무안해서 얼굴이 빨개 가지고 집으로 돌아왔다. 미리 알아 가지고 가지 않았던 것이 잘못이라면 잘못이지만, 요릿집이고, 부민관이고, 하여튼 그 몇 군데 중에서 저의 오빠 혼인도 예식을 거행 할 것임에는 틀림없는 일이었다. 사실, 명순이가 알기에도, 신식 혼인은, 으레 그렇게 크고 좋은 집에서 하는 모양이다.

그러나 집에 와서 알아보니까, 식장은, 그러한 아무데도 아니고, 안국정에 있는 무슨 예식부라는 데로 결정이 되었다 한다.

무슨 예식부라는 것이, 도무지 귀에 서툴렀고, 더구나, 안동 네거리에는, 혼인을 장하게 할 만한 크나큰 집이 별로 없었던 것만 같아서, 자세히 알아보니까, 안동 육거리에서 동관대궐 편을 바라고 가느라면, 설렁탕집 하나 걸러, 간판에다 신랑 신부 그려 놓은 이층집이라고 한다. 그 집은 가 본 일이 없으니까, 자세히 알 수는 없지만, 간판에 신랑 신부 그려 놓은 이층

집은, 명순이도 여러 군데서 보았다. 우선, 매일 학교 다니느라고 올적 갈적 지내는 종묘 앞에도 그러한 집이 있는데, 아무리 보아도 부민관이나 그러한 곳하고는 비교가 안 되었다. 들어가 보지를 않았으니까, 그 안이 대체 얼마나 넓은지를 몰랐으나, 이층밖에 없고, 문전이 또 그렇게 좁아서야, 안이 넓으면 얼마나 넓으랴 싶었다. 그래, 명순이는, 학교 가서도, 식장 어디로 정하였다는 말은 하지 않았다.

그러나 명순이가 그처럼 동무들 앞에서 입밖에 내어 놓기도 떳떳하지 못하다 생각하는 식장도, 신랑 신부 당자들에게 있어서는, 과분하다면 과분한 것이었다. 애초에, 신랑은, 어디서 알아와 가지고, 경학원에서 식을 거행하는 것이 그중 경제적이라고, 말하였던 것이다. 십일 원 몇 십 전이라던가, 십이 원 몇 십 전만 들이면, 충분히 경건한 분위기 속에서 예식을 마칠 수 있다고,

"우리가 돈도 없지만, 설사 있다 허드래두, 비상시니만치 객쩍게 돈 들일 건 없죠."

하고, 신랑 당사자가 그렇게 주장을 하였던 것이다. 그래, 어머니도 그렇게 알고 있었고, 또 신부집에서도 아무 이의가 없었던 것인데, 정작 혼인 날짜가 임박하여 가지고, 신랑은 갑자기 '신식 혼인'을 하겠다고 주장을 하여 마지않았다.

처음 그 말을 들었을 때, 어머니는 하도 어이가 없어, 잠시 동안은 말도 안 나오는 모양이었다. 얼마 지나서야 그는 입을 열었다.

"애애. 정신없는 소리 마라. 대체 우리가 무슨 재주루 신식 혼인을 해 보니?"

그러나 아들은 설명하였다.

"뭐어, 부민관이나 그런 데서 허겠다는 줄 아세요……. 그런 데가 아니라, 예식부에서 헌단 말이에요. 그렇게 돈 많이 들지 않아요."

"그래두 애애, 예복이니, 신부 면사포니, 그런 거 말짱 돈 주구 세 내와야 안 허니?"

"세내야 허지만, 구식으로 허드래두 사모관대니, 활옷이니 세내기는 마찬가지 아니에요?"

"아, 경학원인가 어디서 허면, 십 원에 그런 거 말끔 다 낀다며……."

"그야 그렇지만, 그거허구 신식 혼인허구 어디다 대요?"

"또, 들러리라나 그것두 셀려면, 예복 또 얻어 줘야 안허니?"

"……."

"최 서방 당질 아이 신식 혼인을 헐 때 보니까, 신부 신는 하얀 구두를 팔 원인가 구 원 주구 사던데……. 그 구두도 있어야 헐 꺼 아니냐? 그런 것두 호옥 예식부에서 세 주니?"

"구두를 누가 세를 줘요?"

"그러니 말이지."

"그러게, 신부집허구, 반반씩 물기루 허면 좋으련만……."

"그 소린 지금 해 뭘 허니? 다 아시다시피 신부집도 말 아니어서, 애춰부터, 싸갈려건 가구, 말려건 말라지 않든?"

"……."

"또 보니까, 흰 와이샤쓴가 그것허구, 흰 장갑에 양말까지 말끔 들러리들을 사다 주던데, 신부 구두버덤두, 거기 돈이 쳐 들겄다."

8장. 절름발이 소녀의 성장통: 박태원의 「사계와 남매」 241

"……."

"또 그렇게 떠벌려 놓고 신식 혼인이라 허면, 어데 요릿집 가서 흠씬 대접은 못해 드려두, 과자 한 상자씩이래두 들려 보내야 섭섭지 않을 꺼 아니냐? 최 서방 당질 아이 쩍에 보니까, 별루 잘 맨들지두 못헌 건가 본데, 과자 하나에 사십 전인가 오십 전 들었다드라. 그까짓 과자야, 없어두 그만은 그만이지만……."

"아이, 인제 그만두세요. 그까짓 예식부에서 허는 잘난 신식 혼인, 안 해두 그만이니……."

"그렇게 말헐 게 아니라…… 돈이 드니까 그러는 거 아니냐?"

"글쎄, 그만둘 테니 걱정 말아요. 신식이구, 구식이구, 통히 그까지 혼인을 안 해두 그만이죠."

"……."

어머니는 얼마 동안 말이 없이, 재봉틀만 놀렸다. 아들 장가들이는 것이, 이를테면, 그의 평생의 대사업인 옥순이 어머니는, 임박하여 온 결혼 일짜에도 불구하고, 밤이면, 삯바느질에 골몰하였다. 단돈 몇 푼이라도 더 벌어들이는 것이, 말하자면, 아들의 혼인 준비이기도 하였던 까닭이다.

옥순이는 그러한 어머니를 볼 때마다, 마음이 아팠다. 그러한 어머니가 보기에 가여웠던 까닭에, 어머니를 고생시키는 오빠가 미웁기조차 하였다. 집주름집 마나님 말을 들으면, 정 없는 집에서들은, 그냥 말로만 그러는 것이 아니라, 사실, 물 한 그릇 떠놓고도 혼인을 한다는데, '경학원'인가 거기가 왜 어때서 그러는 것인가 싶었다. 그것도 자기가 돈이나 떠억 떡, 벌어들이며 그런다면 또 모를 일이다. 그러나 그리 크지도 못한 인쇄소의 외교원으로서는 달에 벌어들이는 돈도, 실상, 얼마가 안 되는 것이어서, 폐를 앓는 어머니가 깊은 밤에도 아픈 몸을 일어 앉아, 삯바느질을 아니하면, 맨밥이나마 끼니를 어일 수가 없는 처지 아니냐? 그러한 터에, 그래도 장가라고 드는 것만 대견하게 알지 않고, 바로 무슨 있는 집 사람같이, 신식 혼인이라야 하느니 어쩌니 하고 있는 오빠가, 옥순이는 참말로 미웠다.

그러나 한 번 말은 내어 보았지만, 다시 생각하여 보니, 역시 그것은 어림도 없는 수작이라, 신랑 자신이 '신식 혼인'을 고만 단념하려 들었을 때, 도리어, 그 어머니는 혼자 속으로 은근히 그것을 계획하고 있었다.

어려운 집안에 태어나고, 또 아버지를 일찍 여의었기 때문에, 겨우 보통학교를 나왔을 뿐으로 벌써 돈벌이를 나서지 않으면 안 되었던 외아들―, 그 외아들에게 평생에 오직 한 번 있는 경사니, 할 수만 있는 노릇이라면, 저의 원대로, '신식'으로 혼인 예식을 거행하여 주고 싶었다.

애초에 그 생각이 도무지 없었다면 또 모를 일이다. 그러나 모처럼 그러고 싶었던 것을 원수의 돈 하나로 못하고 말면, 후에라도 한이 될 게 아니겠느냐?…… 어머니는 곰곰이 궁리하던 끝에, 문득, 영자 어머니에게 흰 구두가 있는 것을 생각하여 내었다. 그 구두를 잠깐 빌리기로 한다면, 결혼식 날 신부의 신발 문제는 해결될 것이다.

그야 물론, 신발 한 가지로 모든 것이 셈이 필 턱은 없는 일이었다. 그러나 그것은 신랑 어머니에게 새로운 용기를 주었다. 꼭 결혼식을 '신식'으로만 하여야 하는 것이라, 생각하고 본다면, 어떻게 방도가 나설 듯만 싶었다. 신부의 흰 구두를 영자 어머니에게 빌릴 궁리가 나고 보니, 이번에는, 종우 아버지에게 '예복'이 있는 것이 생각났다. 그는 이튿날 아침, 부리나케 영자 할머니에게 갔다.

옥순이 집 형편을 빤히 알고 있는 터이라, 영자 할머니는, 대체, 무슨 재주로 '신식 혼인'을 하려고 드는 것이냐고, 처음에 반대 의사가 있었다. 눈 한번 꿈쩍하면, 결혼식은 끝날 터인데, 없는 형편에 그까짓 예식이야 아무러면 어떠냐고 말하였다. 그보다도, 만약 그럴 돈이 있다면, 세간 한 가지라도 더 장만하여 갖는 것이 당자들에게는 다시 없이 긴한 노릇이 아니겠느냐 하였다.

그러나 마침내, 신랑 어머니의 가엾은 심정을 눈치채고, 영자 할머니는 그 이상 반대 의사를 표시하려 들지는 않았다. 도리어 먼저 자기가 한 말을 자기가 번복하여,

"허기야, 세간 겉은 것은, 저만 나중에 잘되고 보면, 을마든지 새루 장만헐 수 있는 게지만, 결혼 예식이란, 잘허구 못허구, 평생에 단 한번 치르는 것이니……."

뒤에 한이나 안되도록, 장하게 하여 보는 것도 좋을 것이라고, 신랑 어머니의 용기를 돋우어 주기까지 하였다.

'예복'의 임자, 종우 아버지는, 마침, 회사에 나가고 없었으나, 무어당자의 말을 들어 볼 것도 없는 일이라, 혼인 전날이라도 가지러 오면 빌려줄 터인데, 구두는, 구두 임자가 성북동으로 나가 있으니, 이편에서도 길이 있으면 연통을 하겠지만, 옥순이라도 보낼 수 있거던 가서 빌려 오라고, 영자 할머니는 일러주는 것이었다.

옥순이 형제의 여름방학이 시작되기 전전날, 마침내 결혼식

은 거행되었다. 옥순이 형제는 벌써 며칠 전부터, 그날은 학교를 쉬고 식에 참예하겠다고 말들이 있어 온 것이지만, 어머니도 구태여 가라고는 하지 않았다. 아니, 아이들 편에서 학교를 가겠다고 하였다면, 도리어 어머니가 못 가게 붙잡았을지도 모를 일이었다. 어머니는 오직 이날 하루를 위하여, 눈코 뜰 수 없이 분주한 그 틈에도, 며칠 밤을 도와서, 옥순이 형제가 입을 새 옷 한 벌씩을 지어 놓았던 것이다.

결혼식은 오정에 거행된다고 기별들을 하여 주었건만, 손님은 열한 시부터 모여들었다. 손님이래야 신랑집 신부집의 먼촌 일가까지 쳐서, 일가라고 이름이 붙는 이가 모두 육칠 명에, 신랑 친구 십여 명, 그리고 나머지는, 집주름집 마나님을 위시하여 그저 한동네 사람이 대부분이었는데 시간이 거운 다 되었을 때 영자 할머니가 와 주어, 신랑집 식구들은 모두 크게 감격하였다. 어쩌면, 참석하기는 할 것 같다고 생각은 하였으면서도, 한편으로, 행세하는 집 노마님이, 이렇게 어려운 집 혼인에 무얼 하러 나오겠느냐면, 또 그럴 것도 같았던 터이라, 신랑 어머니는, 그의 출석으로 하여, 이날의 예식이 좀더 경사스러워진 듯이나 싶게 마음에 좋았다.

올 사람도 다 오고, 모든 준비도 다 된 데다, 시간도 정각을 지났으니, 곧 식을 거행하여야만 할 노릇인데, 정작 주례가 식장에 나타나지 않아서 얼마 동안 장내는 떠들썩하였다.

이날의 주례는, 신랑이 다니는 인쇄소 주인의 큰형 되는 사람인데, 전에 무슨 정인가 정회의 상담역을 지낸 경력을 가지고 있는 이로서, 현재는 황금정 삼정목 큰길거리에서 시계포를 경영하고 있는 터이다.

"아아니, 대체 웬일이야?…… 오정는 벌써 지냈을 텐데……."
"오정이 뭐에요? 한점이 다 됐는데……."
"누가 데리러나 갔나?"
"아마 아까 누가 갔나 보든데, 그 사람두 함흥차사니 웬일이야?"
"아이, 이럴 줄 알었드면, 천천히 올걸. 난, 늦이까봐서 애 젖두 못 먹이구 왔는데……. 해필, 나올 때 자는구먼. 언제 깨길 기대류? 그래, 그냥 내버려두구 나왔는데, 그 동안이, 대체, 을마야?"

좁아터진 식장에서, 수다스러운 여편네들이 각기 소란하게 입들을 놀리어, 신랑 어머니는 참다못해서, 신랑의 친구 하나를 다시 시계포까지 가 보게 하고, 신랑은, 또, 마악 나간 사람을 쫓아가서, 길에서라도 자동차만 잡을 수 있거든, 아주 타고 가서 태워 오라고 일렀다.

그러나 심부름 간 사람이, 설혹, 걸어갔다손 치더라도 종로 네거리는 훨씬 지났을 임시하여, 신랑은, 새삼스러이, 그 친구에게 정작 자동차 삯을 주어 보내지 않은 사실을 생각해 내고 당황하여 하였다.

"뭘, 저도 가진 거 있겠지. 먼저 쓰라구 그러구 나중에 주면 그만 아닌가?"

하고, 오늘 결혼식에 축사를 할 친구로, 나이는 신랑이나 한동갑으로 스물셋이라는데, 어인 까닭인지 콧잔등이가 유난히 붉은 청년이 한 말에는, 신랑이 다시,

"아니야, 가진 게 아마 없을걸? 아까두 담배 사겠다구 돈을 취해갔는데……."

하고, 미간을 찡그리어, 괴벽스러운 아낙네들은, 자기들도 눈살을 찌푸리기까지 하였으나, 신랑과 같은 인쇄소에 근무하는, 이번에 들러리를 서 주는 청년이,

"아, 가진 게 없으면 으때? 어차피 여기까지 타구 올걸, 오거든 치르면 그만 아니야?"

하고, '눈딱부리'라는 별명에 알맞게 큰 눈을 더 크게 뜨고 한마디 하여, 모두들 고개를 끄덕이고 마음을 놓았다.

그러나 걱정을 하러 들면 한이 없는 것이어서, 먼저 간 사람이 차를 태워 데리고 오는 것을, 길이 어긋나서 모르고, 나중에 간 사람이 또 차를 가지고 가면, 공연히 객비용만 더 나지 않느냐고, 누가 그러한 것을 염려하니까, 누구든, 그렇드라도 얼른 오기나 하였으면 좋겠다고 말하고, 또 누구는, 대체, 시계방 하는 이가 이처럼 시간을 안 지켜서야, 그 집에서, 어디, 믿고, 시계 살 수 있을까 보냐고 남들을 웃기자, 아아니, 시계포로만 사람을 보낼 것이 아니라, 그의 자택으로도 보내 보아야 할 것이 아니겠느냐고 말하는 이도 있었는데,

"결혼식에, 주례라 헐 것 같으면, 그중 책임이 중헌 사람인데, 설혹, 이편에서 미처 데리러 못 가드래두 자기가 시간을 대여서 와야만 헐 노릇이 아니냐?"

하고, 일반의 여론은, 한결같이, 전정희 상담역, 현경화시계포 주인인 주례를 비난하는 것이었다.

혹 무슨 일이라도 생겨서 못 오는 것이 아니냐?— 그렇다면 아주 낭패지, 무엇이냐고, 그러한 것까지 염려하는 사람도 있었고,

"설마허니 그럴 리야 있겠소?"

8장. 절름발이 소녀의 성장통: 박태원의 「사계와 남매」 247

하고, 오기는 꼭 올 게라고, 낙관하는 사람도 있었는데, 누가 시계를 꺼내 보고, 아무리 늦게 온다 치더라도, 한 시간 이십오 분씩이나 지참하는 주례가 어느 결혼식에 있겠느냐고,

"아무래도 무슨 일이 생긴 게야?"

하고, 입을 한일자로 꽉 다물어,

"아이, 그럼, 그걸 은제 기대려. 난 집안에서 그새 야단이 났을 텐데 가 봐야만 허겠수."

하고, 집에다 젖먹이를 두고 나왔다던 여편네가 의자에서 일어나고,

그것을 또,

"이왕 왔으니 보구 가야지, 그냥 가는 데가 어딨단 말이요?"

하고, 한 이웃에 사는 마누라쟁이가 붙장아 앉히고…… 그렇게 한참 어수선할 때, 주례는 마침내, 정각보다 꼭 한 시간 반이 늦어 식장에 나타났다.

주례의 지참으로 하여, 얼마 동안 그처럼 조그만 소동이 있었으나, 그것을 제외하고 본다면, 식은, 대체로, 원만하게 진행되었다고 하겠다.

신랑이 신부의 왼손 무명지에다 끼어 준 것은 은가락지로, 원래 어려운 형세에다, 지금은 또 때가 때니만치, 금은 구하려야 구할 수도 없었는데, 신랑보다도 더 가난한 집에서 자라난 신부에게는, 그 은가락지가 남의 금가락지 몇 곱절 가게 마음에 소중하고 대견하였다.

다음에, 축사로 들어가서, 신랑이 다니는 인쇄소 친구 두 명과, 유난히 코가 붉은 청년이 차례로 주례 옆에 나와 섰다. 인쇄소 친구들은, 둘이 모두, 신랑이 퍽 건실하고 재주 있다는

말에다가, 이성지합이 백복지원이라는 상투적 문구를 끼어, 장래 화락한 가정을 이룰 뿐 아니라, 사회적으로도 큰 '봉사'가 있어 주기를 바란다는— 흔히 어느 결혼식에서든지 듣는 그러한 내용의 축사를 하고 물러났는데, 코 빨간 청년은, 사람이 퍽 실없는 듯싶어, 나오는 길로 댓바람에, 점잖은 축사는 먼저 말한 두 사람이 하였으니, 자기는 신랑의 비밀이나 이 자리에서 폭로하겠다고 서두를 내어 놓은 다음에, 지금 비밀을 폭로하겠다고 그랬지만 사실은 비밀이랄 것이 아니고, 이를테면, 신랑의 흠을 좀 보자는 것이나, 그 흠이라는 것도 나쁘게 말하면 흠이지만, 좋게 보자면 오히려 장점이 될지도 모르겠다고, 잔소리를 한바탕 늘어놓더니, 정작 본론에 들어가기 전에, 우선 제가 낄낄거리고 웃어, 장내의 모든 사람을 어리둥절하게 만들어 놓았다.

 잠깐 있다가 웃음을 멈추고 이야기하는데 들어 보니, 신랑의 흠이란 별것이 아니고, 음식 중에는 하필 구차스럽게 빈대떡을 남달리 즐긴다는 것과, 아무 앞에서나 기탄없이 방귀를 잘 뀐다는 것인데, 결론은 다른 것이 아니라, 설혹 첫날밤에 신랑이 방귀를 뀌더라도 신부는 결코 내소박을 하지 말고, 내일 아침에는 부지런히 일어나서 빈대떡을 많이 부쳐서 주라는 것이었다. 그러나 집주름집 마나님이 옆에 앉은 명순이에게 물어서 안 바에 의하면, 신랑이 빈대떡을 즐긴다는 것은 사실이나, 남달리 방귀를 뀐다는 것은 전연 근거가 없는 말로, 다만 남들을 웃기기 위하여, 실없는 사람이 실없는 말을 꾸며 한 것이 분명하였다.

 축사가 끝나자, 단 두 통이나마 축전이 있어, 그것 낭독을 마치고, 다음에 신랑 신부가 기념 촬영을 하고 나니, 그것으로 예식도 종말을 고하였다.

　자동차 한 대를 코 붉은 청년이 큰길로 붙잡으러 나간 동안, 신랑 신부는 식장에 남아 있게 되어, 손님들도, 그들 가는 것 마저 보겠다고, 대개 그대로들 있었다.

　"참, 폐백은 안 받으슈?"

　누군지 신랑 어머니를 보고 물은 말을, 집주릅집 마나님이 대신 받아,

　"아, 영감님이 먼저 받으세야지."

하고 일러주니까,

　"그렇죠, 영감님이 생존해 참석하셨다면, 아주 이 자리에서 받으시는 게 간편허구 좋겠지만, 돌아가셨으니, 댁에 가서 헐밖에……."

하고 다른 이가 참견을 하고,

　"뭐어, 절차를 이루 차린다는 건 아니죠만, 그냥 임내라두 내려구……."

하고, 신랑 어머니가 호젓한 웃음을 웃었다.

　마침내, 차가 왔다고 하여, 모든 사람이 자리에서 일어설 때, 오늘 아주 시집으로 들어가 버리는 아직 어린 딸에게, 친정어머니는 일러둘 말도 많은 모양이어서, 한옆으로 끌고 가서, 무엇이라 연해 소근소근 당부하느라, 잠깐 또 지체가 되었다.

　자동차에는 신랑 신부를 가운데 두고, 옥순이와 명순이가 양옆에 끼어 앉기로 하고, 신랑 어머니는 조수석으로 가게 되었다. 손님들을 내어버려두고, 주인이 어떻게 혼자 타고 가느냐고, 한사코 안 타려는 것을 집주릅집 마나님이 등을 밀다시피 하여 자동차에 올려놓았다.

"그럼, 먼저 갈 테니, 곧들 뒤쫓아 오세요. 맨국수나마 와서 잡숴주셔야지. 안 오시면 섭섭하게 압니다."

신랑 어머니는 타보지 않은 자동차의, 더구나 서투른 조수석에서 몸을 비틀어 창밖을 내어다보고 진정으로 인사를 차렸다.

"정말들 오셔야 해요."

차가 움직이기 시작할 때, 다시 한 번 간절히 하는 말을, 집주름집 마나님은, 타고나온 수다로,

"글쎄 염려 말어요. 오지 말래두 가겠수. 내가 한 분 빼놓지 않고 모시구 갈 테니, 너무 많이 왔다고 되레 칭원이나 말우."

말하는 중에 자동차는 달리기 시작하여, 나중 절반은, 이미 서너 간통이나 간격이 멀어진 차에다 대고 하느라, 바로 쌈이나 하듯이 언성이 높았다.

혼자서 사내처럼 껄껄 웃고 나서, 집주름집 마나님은 모든 사람을 돌아보고,

"자아들, 갑시다. 혼인 예식이 참례했으니, 이번에는 피로연에 또 참석을 해야지."

하고, 앞장을 섰다.

가뜩이나 좁은 집안에 수다한 사람이 가서, 공연히 신랑 어머니 뼛골만 빼놓을 것 없다는 사람도 있었고, 그렇지 않다고, 번잡하기는 하더라도 안 가면 섭섭하여 할 것이라는 사람도 있어, 누구는 가겠다, 누구는 안 가겠다, 의견이 분분한데, 다들 아는 형편에, 이렇게 모두들 가야 앉을 자리도 없겠거니와, 맨국수라도 장국 한 그릇씩 대접 받으려면, 그것도 적지 않을 것이라는 말이 나와, 안 가면 혼인집에서 섭섭히 알 게라고 말한 사람도, 자기들 주장을 더 고집하기는 어려웁게 되었는데, 집주름집 마

마님이 다시 나서서,

"먹을 건 염례 마우. 내 아까 여기 오기 전에 들러봤는데, 국수는 곧 많이 들어왔습니다. 구찮어두 가서 먹어 줘야지, 먹을 사람이 없어서 아까운 거 내버리게나 되면 으쩌우."

그리고는 껄껄 웃었다.

"아무러기루서니, 내버리게야 되겠세요?"

누가 하는 말을,

"아, 먹을 사람은 없구, 이 더운데 쉬기는 헐 테구, 내버렸지 별수 있수? 참 연실이 어머니두 국수 한밥사래 해 보냈지? 가서 쉬기 전에 체 놓고 가우."

하고, 또 넌덕을 떤 다음,

"그럼 나는 내가 보낸 거 도루 찾어나 먹으러 가겠지만, 할머니는 뭘 보내셨게 잡수러 가는 거예요?"

하고, 연실이 어머니라는 아낙네가 웃으며 하는 말에,

"왜, 내가 안 보낸 줄 알구?……, 난 약주술 한 병 사 보냈지. 국수는 들어왔어두, 술은 별루 안 들어온 모양이게……."

하고, 집주름집 마나님은,

"술두 으찌 비싼지……. 그 약주술 한 병에 일 원 이십 전을 줬어."

하고, 묻지도 않은 말까지 한 다음에,

"아이, 몰르겠수. 갈 사람은 가구. 안 갈 사람은 안 가는 게지. 허지만, 일껀 남이 오라는데 안 가면, 어려운 사람이라, 그래, 안들 왔다구, 섭섭히 알 게 아니야?"

하고, 다른 이들을 둘러보았다. 애초에, 좁은 집에 몰려들 갈 것 없다고, 한 패는 식장 밖에 나오자 곧 헤어지고, 지금 남은 패는, 처음부터 갈 작정으로 나온 사람과, 아직도 태도를 꽉 정하지 못한 채 그대로 교동 병원문 앞까지 따라 나온 사람과 거의 반반이었는데, 집주름집 마나님이 나중에 한 말을 듣고는,

"그두, 참, 그래."

하고, 모두들 가기로 의견이 일치되어, 젖먹이를 두고 와서 결혼식도 못구경하고 가 봐야겠다— 수선을 떨던 여편네까지,

"아이, 그럼 이왕 예까지 왔으니, 나두 잠깐 들렀다 갈까?"

하고, 남들의 뒤를 따라, 분주히 전찻길을 횡단하여 이궁안으로 들어갔다.

옥순이네가 얻어든 것은 남의 집 아래채 이 칸 방 하나이었으나, 오늘의 경사를 위하여 안집에서는, 안채까지 쓰게 내주었다. 그러나 식장에서들 보았건만, 색시 구경이 위주인 손님들은, 아랫방으로만 모여들어, 이 더운데 방이 꼭 차게 들어앉고, 툇마루에 걸터앉고, 나머지는 또 마당에서들 서성거리어, 그 분잡하기란 이를 데가 없었다.

그러나 옥순이 어머니는 조금도 마음에 싫지 않았다. 연일 피로한 끝이면서, 털끝만치라도 피로한 것을 느끼지 않고, 안집 부엌에서, 국수를 마느라 바빴다. 영감이 돌아간 지 십 년—, 그 십년 동안, 갖은 고생 다 겪으며 살아온 옥순이 어머니였다. 그러나 그것도 모두가 오늘의 이 경사 하나를 바라기 때문이었다.

"아, 모두들, 손님이라구, 색시 구경만 허구 있을 테야?"

자기부터 색시 옆에가 붙어 앉아, 도무지 방에서 나오려고 안하면서, 집주름집 마나님은, 툇마루와 마당에서 방안을 기웃거리는 동네 여편네들을 내어다보고 말하였다.

"더러 부엌에 가서 일들 좀 안해 주구…… 퀸마누라는 방으

로 그만, 들어오라구 그러우. 가뜩이나 몸은 성치 못헌 사람이 저러다 짜장 몸져 드러눕게나 되면 으쩌누?"

그 말에 동네집 여편네가 두어 명 부엌으로 갔다.

"옥순이 어머니, 그만 방으로 들어가세요. 상은 우리가 보께요."

그러나 옥순이 어머니는 부엌에서 나오려 안하였다.

"아이 괜찮아요. 상이라구 어디 볼 거나 있에요? 정말 맨국수 한 사발에 김치 한 가진데……."

그리고 그는 생각난 듯이, 옥순이를 불렀다.

"아, 옥순인 왜 불르슈? 옥순인 어디 심부름 보내지 않으셨수?"

누가 일깨워 줄 때, 마침, 옥순이는 '홍아' 두 갑을 사 가지고 돌아왔다. 사람들 어깨 너머로, 방안에 담배를 들이뜨리며,

"담배들 피세요……. 명순인 그러고 앉았지만 말구, 성냥허구 재떨이 좀 찾아 내놔라."

그리고는, 부엌으로 가서, 말하였다.

"담배 사다 디렸수, 어머니."

"저어, 한 번 또 나갔다오너라. 저 병 씻어 가지고 가서 약주술 한 병 받어 와아. 아주 좋은 걸루 달라구……."

옥순이 어머니는 물 묻은 손을 행주치마에다 씻고, 허리끈에 매달린 염낭 속에서 돈을 꺼냈다.

"아이, 술 먹을 사람이 어디 있다구 사 오라세요?"

"아, 집주릅 마나님이 한 병 사 오셨다든데……."

"먹을 사람두 없거니와, 있더래두, 그것 가지면 실컷 쓰고 남을걸……."

아낙네들 몇이서, 서로 다투어 말하였으나, 신랑 어머니는 들으려 안하였다. 참말 못 먹는다는 사람에게까지,

"그저 입에 대는 척만 허세요. 이렇게 와 주신 게 하두 고맙구 기뻐서, 그래 드리는 거예요. 안 받으시면 내가 섭섭해요."
하고, 약주 한잔씩을 따라 권하여, 아낙네들 중에는 얼굴들이 빨개 가지고,

"아이, 이 얼굴을 허구 밖엘 어떻게 나가누."

"난, 꼭 반잔 먹었는데, 이렇게 가슴이 뛰는구면요."

"아이, 난, 머리가 어지러워…… 우물물루 세수나 좀 허까?"
안절부절 못하는 사람들도 있었다.

손님들을 다 보내고 났을 때, 긴긴 여름날도 어느덧에 저물었다. 날이 저물자, 안손님들을 위하여, 자리는 내느라, 그 동안 밖에 나가 있던 신랑이 돌아왔다.

이십여 명 손님을 치르느라, 혼이 다 나간 신랑 어머니는, 아들이 들어오는 것을 보자, 다시 자리에서 일어섰다.

"너, 시장허겠구나. 밥은 채 끓지도 않았으니, 으쩌니? 국수가 조금 남았는데, 그거래두 말아다 주랴?"

그러나 신랑은 말하였다.

"은제, 그걸 먹고 있에요. 인제 곧 불르러 올 텐데……."
어머니는 그 말에 갑자기 풀이 죽었다.

'참, 제 동무들 대접하는 게 남았지? …….'

친한 동무들만 육칠 명 불러서 먹인다지만, 물론, 장국 한 그릇으로 땔 수 없는 노릇이었다. 아들은 천하없어도 그 동무들은 대접하여야 한다고 하였다. 그래야 할 것은 옥순이 어머니도 잘 알고 있었다.

그들은 아들 혼인에 들러리들을 서 주었고, 축사들을 하여 주었고, 또, 나서서 일들을 보아준 사람들이었다. 아들은 그

고마운 동무들을 오늘 저녁에 어디로 데리고 가서 술대접을 한다고 한다. 그 비용으로 아들은 이십 원을 요구했고, 어머니도 이미 그것을 승낙하였던 터이다. 그러나 그는 진종일 손님들 틈에 휘둘려, 그것을 까맣게 잊고 있었던 것이다.

"애애. 이십 원이 꼭 있어야 허니……. 좀 덜 가지군 안되까?"

어머니는 조심조심 물었다. 아들은 성미가 좀 급한 편이다. 대수롭지 않은 일에도 곧잘 증을 낸다.

"덜 가지는 게 뭐예요? 이십 원이 뭬 많다구?"

"……"

"다 승허물없는 동무니까 아무델 끌구 가두 괜찮어 그렇지……. 가후에 겥은 델 가 봐요, 혼자서두 무자랄 테니……."

"내야, 뭐 아니? 알아서 허럼. 그래두 이십 원 넹기진 말어라. 많이 멕인다구 대접이 아니니……."

그리고 어머니가, 옆에서 근심스러이 자기 얼굴을 지켜보고 있는 옥순이를 향하여,

"밥이 넘지 않니? 너 좀 내려가 봐라."

하고, 일렀을 때, 갑자기 골목 안이 떠들썩하며, 여러 사람의 구둣발 소리가 창 앞까지 와서,

"정순이—"

하고, 불렀다. 신랑은 곧 들창 앞으로 갔다.

"모두들 왔나? 어서 들어오게."

"들어갈 것이 뭐 있나? 자네가 나오게."

"그래. 그럼 잠깐만 기대리게."

"옷은 천천히 입구, 이것부터 받게."

"그게 뭐게?"

들창으로 들이미는 것을 아들이 받아서 신문지를 펴는데, 어머니가 들여다보니, 그것은 빈대떡이었다.

"예끼, 이 사람!"

"하, 하, 하…… 왜, 일껀 사다 주니까, 그러나…… 그거 사러 을말 돌아댕겼다구, 아주 더운 김에 몇 개 자시구 나오게."

그리고 다시 한바탕 웃은 것은, 분명히 그 코 붉은 청년인 모양이었다.

옥순이 어머니 입가에 절로 웃음이 떠올랐다. 바로 지금 밖에들 서서 지껄이는 동무들이 추렴을 내어서 해 보냈다는 커다란 체경 앞에 가 서서 넥타이를 매는 아들의 모양을 잠깐 보고 있다가, 어머니는 머릿장 앞으로 가서 끝의 서랍장을 열었다.

"자아, 이십 원이다. 어디다 잘 넣라."

가만히 속삭인 다음, 아들이 못에 걸린 양복저고리를 떼어 들고 방을 나설 때, 그는 다시 은근히 당부하였다.

"넌, 많이 먹지 말어라."

아들이 밖에 나가자 골목 안이 또 떠들썩하였다.

"아, 왜, 몇 조각 자시구 나오라니까…… 부인두, 좀, 잡수라구 그러구……."

"예끼, 이 사람!"

"이따가 들어와서 먹으려는 게지. 시어머니 몰래 이불 속에서……."

"굼밤인 줄 아나?"

"하, 하, 하……."

어머니는 다시 입가에 웃음을 띠우고, 골목 밖으로 점점 멀어지는 구둣발 소리를, 언제까지든 들을 것같이 귀를 기울이고 있었다.

점점 기우는 가세

 그러나 옥순이네 집에, 경사로웁고 즐거운 때는 잠시에 지나고, 불안하고 근심스러운 날이 뒤에 길게 이어왔다. 이럭저럭 사흘을 치르고 나자, 고만 병이 더치어 그대로 자리보전을 하고 누워 여름내 앓고 있는 옥순이 어머니는, 가을이 들어서도 일어나지 못하였다.
 원래가 몸은 약한 이였다. 폐를 앓기 시작한 뒤 대여섯 해를, 그는 오직 강력으로 버티어 온 것이다. 그러나 한번 자리에 눕게 되자 그는 좀처럼 일어나지 못하였다.
 아들 장가들이기 위하여, 봄내 지나치게 과격한 노동과 심려가 있었던 터에, 대사를 치르고 나자 이제는 한시름 놓았다는 안도에서, 갑자기, 피로는 그의 온몸과 마음을 사로잡아 가슴에 깊게 뿌리를 박아놓은 병마를 이기어내지 못하였던 것이다.
 아직 어린 명순이 하나가, 철없이 때때로 웃고 지껄이고 그럴 뿐으로, 이들 가족에게는, 매일, 근심과 걱정만이 가득하였다.
 '어서 내가 일어나야만……'
 옥순이 어머니는, 정녕, 자기 것이면서 자기 마음대로 놀리어지지 않는 병든 몸을 답답해하고 안타까워하였다.
 '빚을, 모두, 무슨 수로 갚는단 말인구?……'
 봄에 이 집으로 이사를 한다, 여름 들어서 아들 장가를 들인다, 또 자기 약값이다……. 그래, 그 동안 남에게 져 온 빚이 일백사십여 원— 그것은 옥순이네에게 있어서 실로 막대한 부채이었다.
 없는 집안에 갑자기 식구가 하나 늘었으니, 전같이, 자기가 일어나 일을 할 수 있다 하더라도 어려운 노릇을 이처럼 자리

에 누워 동전 한닢 버는 것은 없고, 약값만 자꾸 늘쿠고 있다
―, 생각하면, 도저히 그대로 누워 있을 수가 없는 옥순이 어
머니였다.

그는 이를 악물고 간신히 자리 위에 몸을 일으켜 보았다.

"아이, 어머니 왜 일어나세요?"

윗방에가 앉아서 해어진 버선짝에다가 볼을 받고 있던 며느
리가, 바늘 든 손을 멈추고 건너다보았다.

"아니다. 오늘은 좀 아픈 것두 덜하구……."

"덜허세두, 일어나 뭘 허세요? 편히 눠 기시죠."

며느리 말이 없더라도 다시 눕고만 싶었다. 잠깐 그렇게 일
어나 앉아도 참기 어려웁게 몸이 괴로웠다. 그러나 몸이 좀
편하게 자리에 누우면 마음이 괴로웁다. 그래, 옥순이 어머니
는, 그렇게 일어나 보았댔자 무엇을 어떻게 하겠다는 것도 아
니면서, 잠시 벽에가 몸을 의지하고 앉아 본다.

'한 푼이라도 저축헌 건 없구…… 빚은 태산 같구…… 인제
앞으루 다섯 식구 무얼 어떻게 먹고 살아간단 말인구…….'

옥순이 어머니는 힘없이 눈을 떨어뜨려, 자기의 가죽만 남은
앙상한 손을 들여다보았다. 아들 장가들이기 전까지만 하여도,
자기는 이 손으로나마 이십여 원의 돈을 벌어들였다…….

제풀에 나오는 가만한 한숨에, 마음이 좀더 비감하여지며,
그는 문득, 눈을 들어 윗방에서 버선짝과 씨름을 하고 있는 며
느리를 바라보았다.

'쟤래두 바느질 솜씨가 있다면…….'
하여 보아야 아무짝에 소용이 없는 생각을 또 하여 본다. 며
느리는 바느질이라고, 고작 뚫어진 버선짝이나 얽어매고, 치마

주름이나 잡는 밖에, 다른 일이라고는 도무지 할 줄을 모르는 색시였다.

'으떻게 살어간단 말인구?······'

아들은 며칠 전에도, 또다시, 옥순이를 남의 집에 주면 어떠냐고 말이 있었다. 제까짓 것이 벌어들인대야 빠안 노릇이지만, 한 식구 입 주는 것도 얼마가 부조가 되는지 모르지 않느냐, 하였다. 어머니만 아무 말이 없으면, 옥순이는 지각 다 난 아이니, 도리어 기꺼이 남의 집을 살려 들 것이라고, 그것도 모르는 집에다 맡기는 것이 아니요, 잘 아는 영자네 집이라, 우리도 마음을 놓을 수가 있지 않느냐고, 아들은 중언부언 늘어놓았던 것이다.

그러나 어머니는 결코 아들의 말을 좇으려 하지 않았다. 귀여운 내 자식— 더구나 가엾은 다리병신, 내 자식을, 대체 어떻게 남의 집에를 가서 살라고 내놓을 수 있겠느냐? 내가 살아 있는 동안, 나는 그건 못 하겠다······.

'아무래도 내가 일어나야만······.'

혼자 애를 태우면서도, 몸은 마음과 반대로 도로 자리 위에 가 쓰러지듯이 누워 버렸다. 그렇게 벽에 가 의지하고 앉아 있기도 그는 견디기 어려웁게 괴로웠던 까닭이다.

태엽이 다 풀린 안집 시계가, 목구멍으로 가래 끓어 올리는 소리를 내며, 장히 힘들게 세시를 쳤다.

'석점! 벌써 그렇게 됐나? 애들이 그만 올 때가 되었으련만······.'

옥순이 어머니가 어인 까닭도 없이, 지금 한참 왼쪽 다리를 절름거리며 큰 행길을 걸어오고 있을 옥순이의 모양을 눈 앞에 그려보고 있었을 때, 골목 안에 갑자기 명순이가 부르는 창가 소리가 들리며, 다음에 운동화 신은 발이 한달음에 대문을 밀치고 들어왔다.

"저어, 어머니, 내엘, 십 전 가주구 오라구······."

명순이는 방으로 들어서며 우선 한마디 하고, 다음에 겹저고리를 홀떡 벗었다.

"아이, 뗴왔드니 더워 죽겠네."

"저 수건 떼서, 땀 좀 씻으렴······. 그런데 십 전은 왜 가져 오라든?"

"병정들한테 보낸대애. ······. 아이, 그런데 참, 난 인젠 깍두긴 안 가주 갈 테야."

"인젠 물렸니?····· 밤낮 그것만 넣 주니 물리기두 허겠지."

시어머니가 힘없이 하는 말을, 며느리는 자기 나무라는 듯싶게 들었던 것인지도 모른다.

"깍두기말구는 넣 줄 게 뭐 있어야죠?"

"장아찌두 안 남었니?"

"장아찌 없어진 지가 은제라구요."

그리고 올케는 시누이를 돌아보았다.

"아무리 싫여두 다른 건 넣 드릴 께 없는 걸 으떡허우?"

"그래두 난 싫여. 맛이 없는 것 그만두구, 자아 이것 좀 봐요."

명순이가 책보를 번쩍 들어 보이는데, 어머니가 살펴보려니까 회색 보자기에 깍두기 국물이 검붉게 배어 있었다.

"국물은 꼬옥 짜서 넣 주지 않고······."

"아이, 아무리 꼭 짜두 그런 걸 으떡해요?"

"난, 넬 또 깍두기면 벤또 안 가주 갈 테야. 책보만 이런 줄 아우? 책에도 모두 묻었어. 냄새난다구 애들이 으떻게 놀리는

지……."

명순이가 샐쭉하여 가지고 말하였을 때, 마침, 옥순이가 들어왔다.

"애들이 뭘 놀린다구 야단이야?"

"깍두기 말이야. 넌 애들이 안 놀리니? 밤낮 깍두기만 가주구 온다구……."

"놀려두 그만이지."

"아, 이것 봐아. 국물이 흘러서 책보가 이렇게……."

"막 떼가니까 그렇지. 가만히 모시구 가면 왜 흘러?"

"그럼, 넌, 깍두기가 좋냐? 밤낮 그것만 가주가두 좋아?"

"누가 좋댔니? 뭐든지 한 가지만 먹으면 맛은 없지."

형제가 하는 수작을 어머니는 잠자코 듣고 있다가, 생각난 듯이 말하였다.

"너희들, 영자네 집에 가겠니?"

"왜요?"

"아까 아침에 영자 할머니가 일부러 들르세서 그러시드라. 오늘이 영자 아버지 생일인데, 영자 아버지가 너희들 꼭 오라구 그랬다구……."

명순이가 말을 듣기가 무서웁게,

"아이, 좋아, 아이, 좋아."

하고, 금방 뛰어나갈 것같이 벗었던 저고리를 다시 입는데, 옥순이는 한결같이 조용히 앉은 채 말하였다.

"어머닌, 가실 수 없지?"

"내야, 아픈 사람이 어딜 가니? 너희들이나 갔다오너라. 너무 늦도록 있진 마라."

"네에."

옥순이는 비로소 자리에서 일어섰으나, 즉시 올케를 돌아보고 말하였다.

"참, 언니. 돈 주우. 쌀 팔어 놓고 가께."

"참, 오늘이 쌀 파는 날이냐?⋯⋯. 저어, 그럼 한 이십 전 더 가지구 가서, 검정콩두 받어 오느라."

"콩은 뭘 허게?"

"명순이 콩자반 좋아하지?"

어느 틈에 신을 신고 뜰에 내려섰던 명순이는,

"나, 좋아해애. 벤또 반찬이유?"

하고, 묻고 나서,

"아이 좋아. 아이 좋아."

하고, 손뼉까지 짤깍짤깍 쳤다. 그는, 지금 무던히나 마음에 좋았던 것이다. 내일부터 벤또 반찬으로 콩자반을 가지고 가게 되니 좋았고, 또, 우선 오늘 저녁을 잔칫집에 가서 맛난 음식 먹게 되니 좋았다.

"어머니, 떡두 했으까?"

"어른 생일인데 무슨 떡이야 했겠니?"

떡은, 과연, 없었다. 그러나 곰국에, 고기에, 또 마른 반찬에, 영자 어머니는 옥순이 형제를 위하여 한 상 잘 차려 주었다.

"너희들 왔구나? 어서 많이들 먹어라."

사랑에서 손님 대접을 하다가 나온 영자 아버지가 안방구석에서 상을 받고 있는 그들을 발견하자, 반가웁게 알을체를 하였다.

"천천히들 놀다 가거라."

그리고 영자 아버지는, 영자 어머니를 보고,
"저어, 술을 좀 더 따끈하게 데 내오우. 그러구 회는 좀 더 못 맨들까?"
그러한 말을 한 다음에, 다시 총총히 사랑으로 나갔다.
옥순이는 고기보다도, 오히려, 장김치를 맛있게 먹으며,
'어머니가 같이 오실 수 있었드면, 을마나 좋았을까?……'
하고, 외로이 생각하여 보았다.
"더운 국 좀 더 갖다 주련?"
아침에 와서 입때 가지 않고 있는 영자 할머니가, 마루에서 기웃하여 보고 말하였다.
"아니에요. 인젠 더 못 먹겠어요."
옥순이는 몸을 반쯤 일으키고 대답한 다음, 밥은 별로 뜨려고도 않고, 자꾸 반찬만 집어먹는 아우를 흘겨보았다. 명순이는 암만이든 먹을 듯싶었으나, 옥순이는 인제는, 참말 배가 꼭 찼다. 그는 입때까지, 오늘처럼 잘 먹어 본 일이 없었다고 생각하였다.
"애애. 기순아아ㅡ. 안방에 숭늉 한 그릇 떠오너라."
영자 할머니가 부엌을 향하여 말하는 것을,
"아니에요, 지가 떠다 먹죠."
하고, 옥순이는 부리나케 마루로 나갔다.
아까는 어데 심부름을 갔었는지 보지 못하여 몰랐었는데, 지금 부엌으로 들어가 보니까, 여름, 오빠의 혼인 때, 영자 어머니의 흰 구두 빌러 왔을 적에 있던 아이와 아이가 다르다. 그러고 생각을 하니, 그때 아이 이름도 '기순'이가 아니라 '갑년'인가 누구이었던 듯싶었다.

옥순이는 물을 떠 가지고 방으로 들어오자, 아랫목에서 마악 잠이 깬 영자 동생에게 젖꼭지를 물리고 앉았는 영자 어머니에게 물었다.

"아이, 또 두셨군요?"

"기순이? 응."

"먼저 있든 아인, 나갔나요?"

"지난달에 나갔단다."

"왜요?"

"언덕배기 오르내리기 싫다구 나갔단다."

"아이, 이까짓 언덕이 뭐 힘이 들어서……."

옥순이는, 문득, 오빠가 며칠 전, 저를 영자네 집에라도 보내보자고 어머니에게 하던 말을 생각해 내고, 정말, 제가 이 집에 와 있게 된다면, 언제까지든지 싫다 않고 있겠다―, 하고, 속으로 생각하였다.

"너희 어머니, 그저 뭐 기시다지?"

영자 어머니가 갓난이의 토실토실한 알궁둥이를 또닥또닥 때리며, 생각난 듯이 물었다.

"네에."

"도무지 기동을 못 하셔?"

"못 하세요. 그래두, 가끔, 일어나 봐야지, 그만 일어나 봐야지, 허구 억지루 일어나려 드시는데, 아주 잘해야 반 시간두 못 앉어 기세요."

"그, 큰일 났구나. 약은 성실히 제다 드리니?"

"네에."

옥순이는 대답을 하며, 마음이 쓸쓸하였다. 불현듯이 '용' 생각이 또 난 까닭이다. 몸 보하는 데는 세상에서 둘도 없다는 용을 쓰기만 하면, 어머니의 병도 곧 나을 듯싶은데, 원수의 돈이 없어 알고도 못 한다고 옥순이는 꼭 그렇게 믿었다.

"너희 오빠는 인쇄소에 잘 댕기니?"

"네에."

옥순이가 기운 없이 대답하는 것을, 그제야 수저를 놓고 상 앞에서 물러난 명순이가,

"아니래요. 가끔 놀기도 허구, 또 그저께는 술 막 먹구 들어왔답니다."

하고, 저의 형 옆으로 와 앉으며 말하였다.

"그, 웬일이냐?…… 전에는 그런 일 별루 없었지?"

"장가들구 나서, 오빠가 아주 나빠졌에요."

"그래서 으떡허니?"

영자 어머니가 저에게로 다시 고개를 돌리기를 기다리어, 옥순이는 오빠를 위하여 발명하였다.

"아니에요. 오빠가 나빠진 게 아니라. 때때로 화가 나서 그래요."

"화가? 왜?"

"빚은 많이 짊어졌죠? 어머니는 늘 아프시죠? 그런데 돈은 많이 벌어들일 재주가 없구…… 그래, 가끔 술을 먹어요."

"……"

영자 어머니는 아무 말 없이, 그저 딱하다는 듯이 두어 번 고개만 끄떡이었다.

"그래두, 너, 오빠가 나뻐졌어."

하고, 명순이는 다시 나서서 저의 주장을 고집하였다.

"전에는 어머니두 위허구, 우리두 아주 귀여워하구, 그랬지?

언니 들어온 댐엔 어디 그러니?"

"우린 귀여워 안 하면, 그럼 미워하는 거냐?"

"미워한다는 게 아니라, 인젠 언니만 위허지 뭐야?…… 맛난 거 사두, 똑 저희끼리 단둘이만 먹구……."

"애애. 없는 데서래두 그런 소리 말어라. 맛난 거 살 돈이 어딨다구 둘이서만 사 먹어?"

"넌 못 봤으니까 그렇지? 저업때 밤에두 오줌이 마려워 깼는데, 저희끼리만 자지 않구, 뭐라구 얘길 해 가며 맛나게 먹는데, 몰래 봤드니, 사과허구 배허구, 그렇게 사다 먹겠나? 으쩌면 그러니?"

"그게 언제야?"

"바로 엇사둥둥 허든 날인가, 그 댐인가, 그래……."

"그래, 너 으떡했니?"

"이불 틈으루 눈만 가만히 내놓구 보구 있었지, 으떡해에?"

"오줌두 안 누구?"

"참었지, 으떡해애?"

"일어나 넓드라면 얼어먹었지? 자니까, 안 준 게 아니냐?"

"왜, 자면, 뒀다가 아침엔 좀 못 주나?…… 그러구 다 먹드니 허는 소리 좀 봐라. 껍질을 그냥 두면 아이들이 보구 먹구 싶어헌다구 체 버리자구……."

"누가 그래?"

"오빠가— 그러니까, 언니가 얼른 종이에다 싸 가지구 밖으로 나가겠지?…… 화는 나구, 오줌은 매렵구, 아주 혼났단다."

"그래 어머니두 안 드리든?"

"하나 잡숴 보라구 첨에 그러나 보드라. 그래두 어머니가 은제

대번에 받으시니? 몇 번씩 잡수라구 그래야 겨우 한 쪽 잡숫는데, 으쩌면, 너희들이나 어서 먹어라— 그랬다구, 그냥 저희들만 먹니?……. 오빠가 아주 깍쟁이가 됐어. 언니두 깍쟁이구……."

"……."

옥순이는, 다시 오빠를 위하여 발명하여 보려 하지 않았다. 명순이의 말이 사실이라면, 분명히, 오빠가 잘못하는 것같이 느껴졌던 까닭이다. 동생들만 몰래, 먹었다면 또 모를 일이다. 어쩌면, 아파서 누워계신 어머니도 안 드리고 저희들만 먹었나?— 생각하니, 명순이처럼 깍쟁이라고 욕까지 할 마음은 없어도, 역시 야속하다는 생각을 금할 수는 없었다.

명순이는, 저의 형이, 오빠 변호를 안 하려 드는 것을 보자, 다시 신이 나서 영자 어머니를 보고 말하였다.

"그것만 아니에요. 반찬두 맛난 건 저희들만 먹어요. 요전번, 월급 타든 날두, 토란국을, 으쩌면 오빠만 많이 떠 주겠죠? 내가 토란 좀 더 달래두 안 주구……."

"아, 그야, 너희 오빠가 너희 집에선 주장 되는 사람인데, 위해야지 으떡허니?"

"그래두, 우린, 어린내니까 더 먹구 싶지 않아요?…… 저엄때, 뒷집이서 고사떡이 왔을 때두, 아침에 좀 먹으려니까, 굳어서 못 먹는다드니, 밤에 쪄 가지구 오빠만 많이 주든데?……."

"아이, 오빠 먹는 게 그렇게 배가 아프냐? 너두……."

옥순이는 한마디 하고, 생각난 듯이 영자 어머니에게 물었다.

"영자가 어딜 갔게, 입때 안 들어와요?"

"글쎄, 동네 아이들허구 나갔는데 웬일일까?…… 너, 좀 밖에 나가 봐라. 어디 멀린 안 갔을 테지만, 밥 먹게 들어오라구……."

"네에."

옥순이는 자리에서 일어서며, 명순이를 돌아보았다.

"넌, 안 나갈련?"

그러나 명순이는, 오빠 내외의 험담이라도 더 할 생각인지,

"너나 나가렴."

하고, 꼼짝을 안 하려 든다. 옥순이는 무엇이라 한마디 할까 하다가, 혼자 밖으로 나왔다.

밖은 이미 밤이었다. 방에 들어앉아 있었을 때는, 더욱이 전기를 아끼지 않고 쓰는 집이라, 도무지 이런 줄을 몰랐는데, 나와 보니 밖은 아주 캄캄하였다. 산도 어두웠고, 나무도 어두웠고, 하늘도 어두웠다. 터는 많이 닦아 놓았으나, 아직 집들이 얼마 서지 않아, 이곳은 불빛이 드물었고, 저 아래로 내려다보이는 동네에서 반짝이는 전등불들은, 도리어 보는 사람들에게 외로운 생각만 더하여 주었다.

옥순이는, 문득, 깊은 산 속에 저 혼자 남아 있는 듯싶은 외로운 생각에 사로잡혔다. 고개만 돌이키면, 곧, 안팎에 불을 화안히 켜 놓은 영자네 집으로, 사랑으로서는, 지금 마악 누군지 흥이 일은 대로 시조를 읊는 소리가 들려 나왔으나, 어쩌면 그러한 것이, 도리어, 지금의 옥순이에게는 외로운 심사만 돋우어 주는 것인지도 몰랐다.

옥순이는 주위를 둘러보았다. 오직 어둠이 있을 뿐이요, 길에도, 언덕에도, 숲 사이에도, 나다니는 강아지 한 마리 구경할 수 없다. 옥순이의 가슴 속에 갑자기 불안과 공포가 깃들이었다.

'얘가, 대체, 이 어둔데 어딜 갔단 말인구?……'

옥순이는, 두 손을 들어 나팔처럼 입에다 갖다 대고,
"영자야—"
하고 불렀다. 아무 대답도 없었다. 오직 산이 울 뿐이었다.
옥순이는 다시 한 번,
"영자야—"
하고 불러 보았다. 다시 한 번 산이 울 뿐으로, 아무 대답 소리도 들려오지는 않았다. 옥순이의 마음이 불안으로 꽉 찼을 때, 문득 뒤늦게,
"네에—"
하고, 영자의 대답 소리가 들리고, 다음에 어디선지 발소리가 콩, 콩, 콩, 콩, 하고 울리어 왔다. 살피어보니, 영자는, 저편 송림 사이에 서 있는 양옥집에 들어가 놀고 있었던 듯싶어, 비탈진 언덕길을 조그만 단발랑이 한달음에 뛰어내려오고 있었다.
"옥순이냐?"
영자는 숨이 차서 씩씩 하며, 눈을 반짝이고 옥순이를 쳐다보았다.
"이렇게 어둔데 어딜 갔었어? 무섭지두 않으냐?"
"정옥이 집에 있었는데, 무섭긴 뭬 무서. 너, 지금 왔니?"
"아아니, 아까."
"혼자?"
"아니, 명순이허구."
"명순이두 왔어?"
영자는 그 조그맣고 귀여운 손으로 옥순이의 치맛자락을 잡아당기며 말하였다.
"들어가 소꿉장난허구 놀자. 응? 명순이허고 셋이서…… 저

어 늬가 엄마 해에."

"내가 엄마?"

"응, 늬가 엄마 허구……, 명순이가 언니 허구……, 나는 아가라구……."

그러나 옥순이는 가만히 말하였다.

"요 담에 와서 놀께. 오늘은 늦었으니까, 그만 가 봐야 돼애."

송림 사이로 불어드는 바람이 찰 때, 옥순이는 갑자기 어머니가 그리워졌다. 누구라 믿을 사람도, 의지할 사람도 없는 천지간에, 꼭 한 분 진정으로 그리운 '나의 어머니'가 지금 금방 보고 싶었다…….

가족의 기둥을 잃다

성북동에 겨울이 왔다. 성북동의 겨울은 추웠다.

허물어져 가는 옛 성을 넘어, 겨울바람이 송림에 들 때, 쉬이, 쉬이, 솨아, 솨아…… 먼저 그 소리가 듣는 이의 가슴에 차게 스며들었고, 그것이 다시 숲 사이를 빠져서 아래 골짜구니를 향하여 그대로 몰아칠 때, 그 내리닫는 형세는 자못 사나워, 가뜩이나 바람받이에 외따로 서 있는, 영자네 집은, 이 동네 누구의 집보다도 외풍이 심하였다.

또 눈이 내린다. 이곳에 한번 내린 눈은 좀처럼 녹지 않았다. 내려서 쌓이고, 쌓인 위에 또 내리고, 그 위를 다시 뭇사람의 신발이 꽁꽁 다져, 아랫동네로 오르내리는 육 미터 폭의 언덕길이 그대로 빙판이다.

겨울의 아이들은 눈과 얼음을 사랑한다. 목도리를 두르고, 장갑을 끼고, 복동이, 수남이, 모두 나와서, 이놈은 썰매, 저놈은 미끄럼질……, 가뜩이나 매끄러운 이 언덕길이 다시 반반하기가 바로 거울 같다…….

오늘도 밖에들 나와, 웃고, 지껄이고, 한참 부산한 아이들의 노는 소리를 들으며, 영자는 저도 나가 놀고 싶어 못 견딘다. 그러나 어머니의 감시하는 눈은 한때를 게을리하지 않았다. 바로 며칠 전에, 큰 아이들 틈에 끼어 놀다, 빙판에 넘어져서 팔을 접질린 뒤로, 영자는, 마침내 집 속에 갇혀 있는 바 된 것이다.

아이가 심심하고 갑갑하니까, 꼭 떼만 늘었다. 먹을 것만 찾았다. 그러나 먹을 것도 끝이 없고, 달래는 것도 한도가 있다. 그래, 젖먹이 하나 가지고도 짐이 무거운 어머니는 하루에 몇 차례씩 소리를 높이어 꾸짖는다. 꾸지람을 들으면 아이는 또 울었다.

"아이, 참 죽겠수. 나가 놀게 내버려두자니, 번번이 다쳐 가주고 들어오구, 집 안에 가둬 두자니, 그대루 지지고 볶구……."

아내는 미간을 찡그리구 남편에게 말하였다.

"그, 참, 큰일이야. 그래두 집안에서 볶았지, 내놀 수야 있수? 빙판이 아니래두, 이 추운데……."

남편도 아내의 본을 떠서 미간을 찡그리며 말하였다. 오늘 같은 날은, 자기도 놀고 하니, 날만 이렇게 춥지 않다면, 어디, 데리고 놀러 나가도 좋으련만……, 하고, 그는 생각하여 본다.

"얘가 동무만 있어두, 방 속에 들어앉았에요. 사실, 어린게 혼자서 놀자니 심심헐 건, 정헌 이치 아녜요?"

"그래애, 얘가 동무만 있으면, 사실 잘 놀지."

"아이, 고년두, 좀, 붙어 있지 않구 나가 버려서."

"기순이 말이야?…… 지가 싫다구 나가는 거야 으떡하누?"

"갑년이년은 언덕비탈 오르내리기 싫다구 나가구, 기순이년은 제 어미가 진고개 식당으루 빼돌리구……."

"그런 얘기 해에 소용없구……, 어서 다른 애들 하나 구해 와야만……."

"그게, 어디, 그리 쉬우? 아이들이 문 안두 동이 났다는데, 문 밖이라 누가 더군다나 나오러드나?…… 그렇다구, 아무 애나 함부루 들 순 없는 거구……."

"아아무렴, 함부로 으떻게 돼어."

"인젠 행랑이 안팎드난이니까, 아이만 누구 잘 봐줬으면 그만인데……, 아인 더군다나 아무한테나 못 맡겨요."

"그럼, 정말, 진정으루 애를 귀여워허는 계집애라야 헐 테니……."

"그런 애가 어디 쉬워요?"

"옥순이나 겉으면……."

"옥순이? 옥순인, 참, 어른 이상이지. 애가 워낙 맘도 착허지만, 아이두 으떻게 잘 봐 주는지……."

"허지만 소용 있수? 즈이 어머니가 안 내노러드니……, 참, 병은, 요새 좀 으떤 모양인구?"

"누구? 옥순이 어머니?…… 인젠, 살아날 가망은 없다나 봐아. 요전에 들으니까 이 해 넘기기 어렵다나 보든데?……."

"그, 큰일이로군. 그이 죽이면 옥순이 형제가 문제 아니야?"

"아주 결단이지. 오빠가 있다지만, 지가 무슨 수루 어린 누이들을 바로, 거둬 주구, 시집을 보내구……."

"어려운 일이지."

"즈이 어머닌 그저 애처로운 생각에 옥순일 안 내노러드는 게지만, 죽고 본다면, 즈이 오래비가 가만 안 둘걸? 그러지 않어두 자꾸 남의 집엘 보내든지, 공장엘 다니게 허든지, 그러자구 전버텀 말을 해 오든 터니⋯⋯."

"만약 그렇게 되거든, 옥순인, 아주, 우리가 데려다 기를까? 아주 시집까지래도 보내 주기로 허구⋯⋯."

"옥순이 겉은 애면, 그래 줘두 좋지. 애가 똑 남의 귀염을 받게만 됐에요.⋯⋯ 그렇지만—"

"그렇지만?"

"그럼, 명순이는 으떡하우?"

"명순이? 명순이야 즈이 오래비더러 봐 주라지. 두 아이씩이야, 으떡허누?"

"그러니까, 명순이 땜에 아마 안 될 게유. 걔가 가뜩이나 오라범댁허구 맞지 않는데, 행여나 옥순이하고 떨어져 있으러 들겠수. 안될 말이지."

"참, 명순이가 제 오라범댁허구 새가 좋지 못허다지?"

"아, 오라범댁이래야, 인제 열일곱 살이라니, 아직 아이지 뭐유? 열한 살짜리 명순이허구 쌈허기 꼭 좋지."

"그 색시두 어려운 집안에 들어와서, 시어머니 병 구완헌다—, 시뉘들 뒤 거둬 준다—, 생각하면 불쌍허지."

"불쌍허다마다. 그것두 바루—."

"가만있어."

아내의 말을 중도에서 남편이 멈추게 하여, 둘이 같이 귀를 기울이고 들으니까, 문 밖에서 아이 우는 소리가 차차 가까워 오더니, 마침내 대문을 들어선다.

"아아니, 애가 어느 틈에 나갔어?"

"우리가 얘기허느라구 몰랐구먼."

아내가 부리나케 앞창 미닫이를 열고 내어다보았다.

"왜 우니? 어디 또 다쳤니?"

방으로 끌어들여다 살피어보니, 빙판에가 또 넘어진 듯싶어 바른편 무르팍이 조금 깨어졌다.

"글쎄, 그렇게 왜 나가? 다쳐 싸지, 다쳐 싸아."

벽장에서 '요도오호루무' 병을 찾아내며, 아내가 다시 또 미간을 잔뜩 찡 그리는 것을, 남편은 말없이 보고만 있다가,

"하여튼, 동무 삼어 놀아 줄 아이 하날 어디 가서든 잡아와야만 해애."

하고 반은 혼잣말을 한 다음에,

"참 저업때, 어머니가, 금방 데려올 듯싶게 말씀허시든 건 으떻게 됐어?"

하고, 아내에게 물었다.

"학생 하숙치는 집이 있다는 아이요?…… 글쎄, 도무지 그 뒤룬 소식이 없으니……."

"낼이래두 내가 좀 들러서 알아봐야겠군."

그러나 그는 이튿날, 일부러 형의 집에 가지 않아도 좋았다. 이날 저녁때, 그이 어머니 편에서 하도 오래 소식을 몰라 궁금하다고 작은아들의 집을 찾아왔다.

"참, 그, 기집애 하나 얻어 주신다든 건 으떻게 됐에요?"

인사가 끝나자, 아들은 곧 그 말부터 물었으나, 일이 세차서 계집애는 나오려 들지만, 주인집에서 도무지 내어 놓으려 들지를 않는다고,

"내가 그 동안에 상담소두 세 번이나 갔었다. 허지만 어디 마땅헌 애가 하나나 있든?"

하고, 어머니의 대답은 지극히 섭섭한 것이었다.

그러나 그 다음에 어머니가 전한 소식은, 남의 일이라도, 지극히 놀라웁고 가엾은 것이어서, 바로 조금 아까까지도 그들의 화제에 올랐던 옥순이 어머니가 그저께 그예 세상을 떠나고 말았다는 것이다.

"그이가, 그으예, 죽구 말었군요."

"그 착헌 사람이, 고생만 무진 허다, 그으예 죽었군요. 불쌍두 해라."

"죽은 사람두 불쌍허지만, 옥순이 형제가 더 가엾지 않어?"

"기가 맥힐 테지."

아들 내외는 차탄함을 마지않았으나, 정작, 일을 당한 옥순이 형제에게는 '기가 막힌다.'는 고만한 정도의 것이 아니었다. 지극한 슬픔과 지극한 놀라움을 형용하는 말에, '하늘이 무너지고, 땅이 꺼지는 듯싶었다.'는 것이 있거니와, 옥순이 형제의 놀라움과 슬픔이 바로 그러하였다.

사흘 동안은, 이모 내외가 초종범절을 보아 주러 오고, 조상하러 오는 사람도, 또한 연일 그치지 않았으므로, 오히려 그저 애끓는 슬픔뿐이었는데, 마침내, 죽은 어머니를 바람도 모질게 부는 무학재 고개 넘어 홍제원 벌판에다 불사르고 돌아오자, 다시는 조객도 없고 이모 내외도 돌아가 버린 횡한 방 속이 견디기 어려운 외로움과 뼈아픔을 유족들에게 주었다.

오랜 동안을, 자리보전을 하고 앓아누워 있어, 가뜩이나 구차한 집 안에 그러한 병자는 걱정거리요, 두통거리이기조차 하였다. 그러나 그 병자가 그래도, 나머지 식구들의 오직 하나의 믿음이요, 의지이었다. 정작, 당자가 가고 없는 이제, 아들도, 며느리도, 옥순이도, 명순이도, 뼈에 사무치게 그것을 느꼈던 것이다.

'대체 무엇을 믿구, 누구를 의지하여 살아나갈 것인가?……'

눈보라치는 한밤중, 잠 못 이루는 베갯머리에서, 문득 그것을 생각하면, 가난한 아들은, 눈물보다도 오히려 한숨이었다.

영자네 집에서 계에다 말하여 얻어 준 백 원은, 십 원씩 열두 달 월부이었는데, 그 사이 일곱 달에 다섯 머리를 간신히 끄고 두 달이나 밀린 것을, 형편을 빠안히 아는 영자 할아버지가 나머지는 대신 물어주마고 고마운 말이 있어서, 염치를 돌보지 않고 그 인정을 받기로 하였지만, 빚은 그밖에도 칠십여 원이나 있었고, 그보다도 옥순이, 명순이 두 누이동생을 생각할 때, 그는 앞이 캄캄하였다.

'옥순이가 열네 살, 명순이가 열한 살……, 대체 무슨 수루 저것들을 키워서, 시집까지 보내 준단 말인구……'

바른 대로 말하여, 그가 다달이 벌어들이는 돈으로는, 저희 내외 두 입에 풀칠하는 것이 고작이었다. 그것도 갚을 빚이 없다 치고 말이다.

'옥순이래두……'

하도 답답하니까, 그는 안 할 생각을 또 하여도 보는 것이나, 그 즉시 그는 베개 위에서 머리를 세차게 뒤흔들고, 그 생각을 좇았다. 임종시에, 어머니가 남긴 유언과, 그 유언에 의하여 자기가 마음속에 지은 맹세가 머리 속에 너무나 역력히 박혀 있는 까닭이다.

"정순아—"

어머니는 그 아들을 좀더 가까이 오게 한 뒤,

"그저, 몸만 늘 튼튼해라. 사람의 목숨이란 모진 것이라, 병

들언 죽어두, 설마 굶어 죽기야 허겠니?…… 맘을 단단히만 먹으면, 맘을 바르게만 먹으면, 으떻게 살아갈 도리가 있는 게다.…… 괴롭다구 성내지 말구, 화내지 말구, 그저 굳세게 살 생각을 해라……."

말을 이르고 다시 딸들을 돌아보며,

"네 오빠 말 잘 들어라. 오빠가 아니라, 나 없으면, 너희 형제 부모다. 서루 쌈 말구……."

힘없이 눈을 감았다가 다시 한 번 뜨고,

"부디 저것들을 불쌍히 알어 다우."

아들에게 마지막 당부가 그것이었다.

어머니가 돌아간 뒤 아들은 많이 먹을 줄도 모르는 것이었지만, 술 담배를 끊기로 하고, 어떤 일이 있든 옥순이 형제는 일을 내보내지 않으리라고 마음에 굳게 맹세하였다. 어머니는 아무 다른 자세한 말은 없이, 그저, 옥순이 형제를 불쌍히 알라고만 당부하였지만, 이들은 평소에 제가, 옥순이를 벌이 내보내자고 주장하여 왔던 터이라, 어머니는 죽는 자리에서도 종시 그것이 염려되어 그렇게 말한 듯만 싶게 생각되었다.

'어머니, 염려 마세요. 무슨 일이 있든, 옥순이, 명순이…… 지가 어디 보내지 않구, 지성껏 위해 길르죠.'

참말이지, 지각은 무던하다지만, 이제 겨우 열네 살 먹은 아이를―, 더구나 다리병신, 가엾은 옥순이를―, 자기는 무슨 생각으로, 공장에를 보내자, 남의 집에를 맡기자, 하고 말을 내어 어머니의 가슴만 아프게 하여 드렸다?―하고, 생각하면, 돌아간 어머니에게, 마음은 한 없이 송구스러워,

'저희 내외는 굶는 한이 있더래두, 옥순이, 명순이는 굶기지 않죠.

저희는 헐벗드래두, 개들은 그저 한결같이 위해주겠습니다…….'

몇 번이고, 맹세를 거듭하여도 보는 것이다.

사라진 옥순이

그러나 말이 오직 쉬울 뿐이다. 달에 삼십 원 수입으로는, 빚이 설혹 없더라도, 애초부터 셈이 안 되는 것은 뻐언 노릇이었다.

네 식구 쌀값이 십이 원, 나무값도, 겨울이라, 쌀값과 맞먹고 보니, 전수입에서 쌀 나무 빼놓고 볼 말이면, 겨우 십 원 한 장이 남을 뿐이다. 찬은 정말 소금만 찍어 먹기로 하더라도, 더구나 겨울에 벗고 살 수는 없는 노릇이요, 그보다 더 우선 방세부터, 십일 원이고 보니—(그나마도 전등료 오십 전은 그 속에 들어 있지 않았다.)— 아무 틈에서도 옥순이 형제의 학비와 같은 것이 나올 턱없는 일이었다.

'더두 말구, 십오 원만 더 있드래두…….'

달에 오십 원이면, 어떻게 이래저래 꾸려갈 수는 있을 듯싶게도 생각이 되는 것이나, 그것도 사실은, 책상 위의 부질없는 이론이었다. 쌀만 하더라도, 요사이 시세로 네 식구의 이틀 치 쌀값이 칠십 전이다. 한 달 십이 원이면 족한 계산이나, 그나마 몰아 사지 못하고, 하루걸러 또박또박 현금 들고 나서야 하는 노릇은, 매사에 돈이 곱들 밖에 없었다.

그는 달이 가시자, 각처로 수소문하여, 창신동에 단칸방 하나를 얻어 나갔다. 동대문 밖에서는, 자기도 통근이 불편하였고, 옥순이 형제도 학교가 멀었으나, 그는 그저 방세 싼 것만 취하기로 하였다. 죽은 어머니는 아들 내외를 위하여 모처럼 빚까지 내어서 방 둘을 얻었던 것이나, 이제는 피차 그러한 것

돌볼 처지가 아니었던 것이다.

　사글세가 사 원—, 우선, 방세 칠 원을 줄여 놓고, 그는 다시 친구에게 알아 가지고 종로 어느 약방에서 약 봉피 붙이는 일을 맡아 오기로 하였다.

　명순이는 철이 아직도 덜 난 아이라, 시키기 전에는 하려 들지도 않았고 시키더라도 곧장 꾀를 피웠으나, 옥순이는 자진하여 올케와 함께 틈만 있으면 봉피를 붙였다. 밤에는 그도 한 몫 끼어, 세 식구는, 곧잘, 밤이 늦는 줄도 몰랐다.

　그 일이, 백 장에 사 전— 세 식구가 모두 여가를 타서 하는 일이요, 더구나, 처음에는 손들이 익지 않아 첫 달의 수입은 팔 원 각수에 지나지 못하였으나, 다음 달에는 십팔 원이 넘었다. 이 금액은, 그들에게는 적지 않은 것이었고, 이제는 솜씨들도 익어, 앞으로는 달에 십오륙 원은 염려 없으리라고 차차 생활에 자신을 가져도 좋을 듯싶게 생각 되었을 때, 일은 참말 공교롭게도 정작 일거리가 끊어지고 말았다. 그 동안 붙인 봉피가 많으므로, 당장은 급하지 않아도, 언제든지 일거리가 있으면 곧 기별하여 줄 터이니 그리 알고 있으라는 것이었다.

　다시 어려운 때가 그들을 찾아왔다. 서로 이마들을 맞대고 일들을 할 때는 하는 일에 재미를 붙여, 밤이 깊은 줄도 모르고 그들은 곧잘 웃고, 속삭이고, 그랬던 것이나, 좁은 방안에가 할 일없이 멀거니 모여 앉을 때, 그 사이에 가득한 것은 오직 우울 뿐이었다.……

　어느 날 저녁때, 옥순이 남매가 마침 밖에 나가고 없는 틈을 타서, 젊은 색시는 남편을 보고, 큰 시뉘를 영자네 집에 보내보면 어떻겠느냐고 말을 내어 보았다. 전에 시어머니 생존하였을 때, 남편이 몇 번씩이나 그렇게 말하는 것을 들었던 터이라, 이 것은 색시에게 있어 제가 발명하여 낸 것도 아니요, 다만 그가 잊고 있는 듯싶은 것을 일깨워 준 것에 지나지 않았다.

그러나 조용히 한, 그 말 한마디에 남편의 대답은 뜻밖에 크고 또 퉁명스러웠다.

"어디서 그따위 수작이 나오는 게야? 듣기 싫어……."

그것은, 참말 뜻밖이었다. 그는 남편이 응당 찬동할 줄 알았고, 설혹 찬동하지 않는다 하더라고, 그렇게, 못할 소리나 한 것처럼 소리를 지르리라고는 꿈에도 생각 못하였던 것이다.

그래, 그는

"수작이 어디서 나오는 건 뭐야? 전에 자기가 밤낮 어머니 뵙구 그러기에 나두 그런 것이지."

하고, 한 마디 대꾸가 없을 수 없었다.

"그땐 그때구, 지끔은 지끔이야. 더구나 내가 말했다구, 자기두 말해 좋은가?"

남편의 말소리는 아주 볼메인 것인 데다, '나는 말해도, 너는 말해서 못쓴다' 하는 말이 비위에 틀려, 색시도 자연히 말이 많아졌다.

"내가 말 못헐 건 뭐 있어? 왜 내가 못헐 말 했나?"

"듣기 싫여."

"듣기 싫일 게 뭐 있어? 그 집이서두 오길 바라나 본데, 가기만 허면 조옴 좋아? 저도 편허구, 우리두 편허구……."

"……."

"우리버덤두, 외레, 당자한테 좋지. 밥을 굶드래두, 그저 붙들구만 앉었는 게 순가?"

"……."

"영자 아버지나 영자 어머니나, 모두들 친동기처럼 알고 귀여 워헌다는데, 안 보낼 게 뭐 있어? 가서 산대야 세찬일 시킬 턱 없구, 아주 키워 가주구 시집꺼정두 보내 주겠다니, 그런 자국이 또 어딨어?"

"……."

"그저 애 하나만 봐주면 그만이라는데, 더러 딴 일을 시킨다 치드래두, 집이 있으면 그만 일 안 허나?"

잠깐 동안 남편의 입에서 아무 대답이 없어, 색시는 이 김에 할 말을 다 하려고 들었던 것이나, 그가 다시 이을 수 있기 전에, 남편은 듣는 사람이 초풍을 하게시리 큰 소리를 질렀다.

"입 좀 닥치지 못해?"

색시는 저 모르게, 잠깐, 찔끔하였으나, 다시, 대들었다.

"왜, 내가 한마디나 그른 말 했어? 순순히 말 못허구, 소리는 왜 지르는 거야?"

"이게, 왜 세상 만난 거겉이 이래? 그래, 대리두 성치 않은 아일, 남의 집을 살라는 그런 말이 어데 있어?"

"어딨긴 어디 있어? 여깄지. 바로 못된 데다 팔아먹자구나 헌 것처럼—"

그러나 그가 말을 채 맺을 수 있기 전에,

"뭐, 으쩌구 으째?"

우레 같은 소리와 함께, 남편의 억센 손길이 가슴을 냅다 밀어 쳤다. 색시는 바람벽에다 뒤통수를 몹시 치고 쓰러졌다.

"왜 손찌검을 허는 거야?"

이 집에 들어온 뒤 열 달 동안에, 일찍이 말다툼이라 할 말다툼도 한 일이 없는 내외 사이라, 천만 뜻밖에 손찌검까지 당하고 보니, 색시는 약이 바짝 올랐다.

"내가 뭘 잘못했다구 그러는 거야?"

남편이 다시 번쩍 드는 팔에가 그는 두 팔로 매어달렸다.

"이게 왜 이러는 거야?"

남편은 바른팔을 잡힌 대로 두고, 왼팔로 색시의 볼치를 쥐어박았다.

"에구!"

색시는 정신이 아찔하여, 저도 모르게 잡았던 팔을 놓았다.

남편은, 그 사이에 벽에 걸린 외투를 떼어 동저고릿바람 위에 그대로 입고는, 앞창 미닫이를 홱 열어붙이고 밖으로 나갔다.

밖으로는 나왔어도, 물론 갈 곳이라고는 있을 턱없었다. 그는 황황히 전당포 앞까지 나갔다. 그리고 그곳에서 그는 잠깐 걸음을 멈추었다. 저편 반찬가게 옆 골목으로 돌아나가는 계집아이의 뒷모양이 옥순이 비슷하게 생각되었기 때문이다.

"옥순이냐?"

소리를 쳐 불렀으나, 다른 아이를 잘못 본 듯싶어 그만하면 넉넉히 들었을 듯하건만 아무 대답이 없었다. 그는 그대로 전찻길로 향하여 나갔다.

거리는 황혼이었다. 섣달 대목이건만 이 해는 큰 거리도 쓸쓸하였다. 그는 되는대로 동대문 편을 향하여 걸어갔다. 걸어가며 그의 마음은 외로웠다. 아내에게 손찌검한 것이 새삼스러이 뉘우쳐졌던 까닭이다.

그는 애초부터 아내의 하는 말을 소리질러 물리치지는 말았어야만 옳았다. 그러나 그렇게 안 하고는 못 배겼던 것은, 결코 아내의 말이 자기로서는 한 번도 생각 못하였던 것인 까닭이 아니라, 실로, 자기 자신이 이 며칠 동안을 두고 은근히 마음속에 벼르고 있었던 것인 까닭이었다.

아내가 먼저 말을 꺼내지 않았다면, 혹은, 자기가 내일이라도 그 말을 꺼냈을지도 모른다. 그러나 아내는 그보다도 먼저, 옥순이를 영자네 집에 맡기자— 하고 말을 내었다. 그 말을 듣자, 그는 제풀에 속으로 찔끔하는 바가 있었다. 한편으로는, 역시 그 수밖에 없다고 생각하면서도 또 한편으로는, 일껀 어머니 시체를 앞에 두고, 마음속에 굳게 맺었던 맹세를 깨뜨리는 것이 죄스러워 스스로 마음을 결정하지 못하고 있었던 터인데, 아내가 먼저 그는 마치, 저의 비밀한 생각이 그로 말미암아 여지없이 폭로된 듯이나 싶게 불쾌하였던 것이다.

아내의 늘어놓는 말이, 그 모두가, 자기 자신이 생각하고 있던 것일 때, 그의 마음에는, 도리어, 반감이 불일 듯하고, 그렇게 굳게 맹세를 지었으면서도 누이동생 하나 옳게 키우지 못하는 변변치 못한 저 자신의 모양을 그곳에 너무나 분명히 본 듯싶어, 그는, 마침내, 자기의 격렬한 감정을 스스로 억제할 도리가 없었던 것이다.

그러나 한때의 흥분이 사라지고, 아무 죄도 없는 나이 어린 아내에게 손찌검까지 하였던 것이 깊이 뉘우쳐지자, 그의 마음에는, 문득, 슬픔과 외로움이 샘솟았다.

'불쌍한 여자다…….'

구차한 집에 태어나서, 구차한 집으로 시집와서, 고생만 진저리나게 하고 있는 아내— 불쌍한 그 아내를 나는 왜 그처럼 소리치고 윽박지르고 하였던가?— 하고, 몇 번씩 그러한 것을 되풀이 뉘우칠 때, 그는, 문득, 지금도 응당 방구석에가 엎드리어 섧게 느껴 울고 있을 아내를 눈앞에 그려 보고 정한 곳 없이 함부로 내어 놓던 발길을 멈추었다. 그 사이, 대체 어디로 어떻게 왔던 것인지, 그의 몸은 경성우편국 앞, 넓은 거리 위에 있었다.

머리를 들어 우편국 시계를 쳐다보니, 이미 그 사이 두 시간이 경과된 듯싶어, 바늘은 일곱 시 이십 분을 가리키고 있었다. 일곱시면 겨울에는 아주 완전한 밤이다.

정신 잃은 사람처럼 잠깐 멀거니 시계를 쳐다보고 있다가, 그는 문득 가만한 불안을 아내의 몸 위에 느끼고, 거의 달음질 치다시피 전차 정류장을 향하여 뛰어갔다.

'설마, 무슨 일이야 있을라구?……'

남편한테 볼 좀 쥐어질렸다고, 죽네, 사네, 가네, 마네, 하고 날뛸 여자도 아니라고, 그는 스스로 저의 마음을 불안 속에서 구하여 내려하였으나, 그것은 용이하지 않았다.

경성의 전차가 그처럼 느리다는 것을, 평생에 처음으로 느끼고 동대문에서 차를 내리자, 그는 그대로 달음질을 쳤다.

'고생을 해두, 겉이 허구, 호강을 해두, 겉이 허자……'

좀 늦으면, 영구히 무를 수 없는 일이 생겨나 날 것처럼, 허둥지둥 돌아와 보니, 다행히 아내는 집에 무사히 있었다. 그러나 그가 전혀 뜻밖이었던 것은 옥순이가 그때까지 집에 안 들어왔다는 사실이었다.

"큰작은아씨가 여태 안 들어오니 웬일이에요?"

아내는, 저녁때 남편과 다투던 것도 잊은 듯이, 그가 들어오는 것을 보자, 거의 울가망이 되어 말하였다.

"옥순이가 안 들어왔어?"

그는 눈을 크게 뜨고 물었다.

"어디 간 줄 몰라?"

"저녁때까지두 우물가에서 동네 아이들허구 놀았는데, 다른 애들은 다 집으루 들어갔건만, 작은아씨만 어디 간 데가 없군요."

"명순이는 어디 있어?"

"둘째작은아씨는 순이네 집일 가 보랬죠. 그만 올 때가 됐는데, 거기두 없으면 어떡해요."

순이네 집에도 옥순이의 모양은 볼 수 없었다. 추위에 두 볼이 빨갛게 달아 가지고 돌아온 명순이는, 오는 길에 영숙이를 만나 물어보았더니, 전깃불 들어오기 전에 저희 집 골목으로 들어가는 옥순이의 뒷모양을 분명히 보았다고 하더라, 말하였다.

그 말을 듣자, 색시는 금방 울 것 같은 얼굴을 하여 가지고,

"그럼, 작은아씨가 그 말을 들은 게야요."

하고, 말소리까지 절반은 울음이었다.

"듣다니, 뭘 들어?"

남편이 묻는 말에, 그는 잠깐 말하기 거북한 듯싶게 망설거리다가 마침내 입을 열었다.

"병룡이 어머니가 작은아씰 봤다는데, 큰길 쪽으루 나가드래요. 너, 어딜 가니?―허구 물어 보니까, 아무 대답두 않드라는데, 그게 마악 전깃불 들어온 뒤거든요. 영숙이는, 전깃불 들어오기 전에 집으루 들어오는 걸 봤다니까, 그럼 바루 집까지 다 왔다가, 우리 허는 소릴 듣구, 어딜 간 모양 아녜요?"

"우리 허는 말 들었기루, 지가 가기는 어딜 가며, 갈 데는 또 어디야?"

그래도, 색시는, 시뉘가 꼭 오라범 내외의 쌈하는 내용을 밖에서 알고, 어린 마음에 자기를 남의 집에 보내자는 오라범댁이 야속하여, 그래, 나만 없으면 그만 아니냐고, 그러한 생각이라도 품고 어디로 가 버린 듯만 싶어 견딜 수 없었다.

남편도 한 차례는 부정을 하여 보았지만, 아내의 말을 듣고 가만히 생각하여 보면, 어째 자기 생각에도 그럴 법하였다.

'그럼, 아까 그것이 역시 옥순이었던가?……'

그는, 불현듯이, 자기가 아까 밖으로 뛰어나갔을 때, 전당포 앞에서 본, 반찬가게 옆골목으로 돌아나가던 계집아이의 뒷모양을 다시 눈앞에 그려 보고,

'나는 불러두 대답이 없게, 다른 아이를 잘못 봤나?— 허구만, 무심했지만……'

그럼, 역시, 옥순이가 몸을 피하느라 일부러 대답을 안 하였던 것인지도 모르겠다고, 잠깐 그러한 것을 생각하고 있으려니까,

"저어, 회기정에나 안 갔으까?"

하고, 아내가 갑자기 말하였다.

"회기정?"

"네에, 이모님 댁에 말이에요."

"글쎄—"

"저어, 거기 좀 가보고 오시지 않으려우?"

남편을 쳐다보는 색시는, 두 눈에 어느 틈엔가 눈물조차 글썽글썽하여 가지고 있었다.

'옳지, 그리 갔기가 쉽겠군……'

만약 청량리 방면으로라도 가는 것이라면, 전당포 앞에서 반찬가게 옆 골목으로 돌아나가는 것이 빠르다. 그럼, 아까 자기

가 옥순이 같다고 생각하였던 것은, 옥순이 같은 것이 아니라 바로 옥순이였다고,

"응, 내, 갔다 오지."

한 마디를 남기고, 남편은 다시 황황히 밖으로 뛰어나갔다.

'다른 데는 도무지 갈 데라군 없구…… 단지 일갓집이라군, 이모님댁이 한 군데 있을 뿐이니까…….'

역시 간다면, 그곳밖에 없을 것 같아서, 색시는 적이 마음을 놓으려고도 하였으나,

'가면, 이모님이, 너, 이 밤중에 대체 웬일이냐구 물으실 테지. 그러면 작은아씨가…….'

오라범댁이 야속한 말을 하여, 그래, 집에서 나왔다고 그렇게 울며 하소할 것임에는 틀림없는 노릇이다. 색시는 저도 모르게 얼굴이 붉어졌다. 옥순이는 대체 그 말을 자기 이모에게 어떻게 할 것이고, 이모는 또 그 말을 어떻게 들을 것인가?— 그러한 것이 그에게는 새삼스럽게 걱정이 되었던 것이나, 즉시,

'내야, 욕을 을말 먹든, 그저 작은아씨가 이모님 댁에나 가서 무사히 있는 게라면…….'

하고, 오직 그것 한 가지만 바랐다.

초조하게 기다리는 사람에게, 시간은 얼마든지 심술궂게 더디 갔다. 남편이 나간 지, 열 시간도 스무 시간도 경과된 듯싶게 생각되건만, 다시 본 책상 위의 '사발종'은 겨우 한 시간 남짓 할 뿐이었다.

"회기정이 청량리 밖이라지?"

색시는 명순이를 보고, 생각난 듯이 물었다.

"응, 청량리서두, 뻐스 갈아 타구 한참 가야 해애."

버스를 갈아타고……, 그러나 옥순이가 몸에 동전 한 닢 지니고 있지는 않다는 사실에 새삼스러이 생각이 미칠 때, 색시의 가슴은 놀라고 또 애탔다.

청량리 정거장까지는 한 번 가 본 일이 있었는데, 지금 생각하여도 여간 먼 것이 아니었다.

'그곳에서 다시 버스를 타구두 또 한참 가야 헌다니…….'

색시의 눈앞에, 옷도 변변히 두꺼웁게 못 입은 옥순이가, 추위와 야속한 생각에 울며, 떨며, 바람 찬 밤거리를 절뚝거리고 걸어가는 모양이 또렷하게 떠올랐다.

색시는 온몸이 덜덜덜 떨렸다. 어쩌면 그 걸음으로는, 아직도 어둡고, 추웁고, 또 머나먼 길을 옥순이는 걷고 있을지도 모르겠다― 생각된 까닭이다.

"집은 찾기 쉬우?"

"어디?"

"이모님 댁 말이야."

"언니는 잘 알걸?……. 나는, 몇 번 가 봐도 잘 모르겠어."

"불은 화안 허우?"

"불이 무슨 불이 있어. 아주 깡깜한 나란데……. 아주 게다 시굴이야."

색시는 또 풀이 죽었다. 천신만고하여 그곳까지 갔어도, 어둠 속에 집을 못 찾고, 갈팡질팡하는 옥순이의 모양이 그의 눈앞에 어른거렸다.

'그러다가 혹시…….'

그러다가 혹시 무슨 일이라도 나고 만다면, 나는 대체 어떻게 하여야 좋으냐고― 그러한 불길한 생각이 번개같이 머리에 떠오를 때, 색시는 천길 구렁 속으로 자기 몸이 떨어지는 듯싶은 것을 느끼며, 하염없는 눈물이 뺨 위를 줄줄이 흘러내렸다.

'혹시나 무슨 일이 있다면……'

불길한 생각 속에 시간은 지나갔다. 그러나 열점이 넘도록 남편은 돌아오지 않는다. 색시는 참지 못하고, 방에서 일어나 밖으로 나왔다.

올케가 그러는 것을 보고, 저도 한껏 풀이 죽어 가지고 있는 명순이도 뒤를 따랐다. 둘이서는 골목 밖까지 나와, 매서웁게 추운 한데가 오랜 동안을 그렇게 서 있었다. 당치도 않은 발소리에 여러 차례를 속은 뒤에, 마침내 색시는 저편 전당포 앞으로 하여 돌아오는 남편의 모양을 발견하였다.

그러나 남편은 혼자서였고, 저편에서도 아내와 어린 누이가 골목 밖에 나와 섰는 것을 알자, 황황히 물은 말은,

"그저 안 들어왔수?"

한마디였다. 걷잡을 수 없이 울음이 터져 나왔다. 올케가 우니까 어린 시누이도 따라 운다.

"하여튼, 집으로 들어가아."

남편이 이끄는 대로, 집으로 따라 들어왔으나, 울음은 좀처럼 그쳐지지 않았다.

서로의 아픔을 보듬고 가족으로 거듭나다

"딴 데는 걔가 갈 데가 없겠지?"

"딴 데……, 갈 데가……, 어딨겠수?"

그러자, 명순이가 갑자기 소리쳤다.

"영자네 집이 안 갔을까?"

말을 듣고, 두 사람은 잠깐 바보같이 마주 바라보았다. 그러다가, 색시는 벌떡 자리에서 일어섰다.
"작은아씨, 나허구 좀 가 봅시다."
어찌하여 입때까지 그 집 생각을 못하였던가 싶었다.
'거길 간 게야. 정녕코 거길 갔지······.'
부리나케 치마를 갈아입는 아내를 보고,
"아니야, 집이 있어. 내가 갔다 오지."
하고 남편은 말하였으나, 아내는 듣지 않고 곧 명순이를 데리고 나섰다. 남편이 다시 성북동을 다녀오는 동안, 그대로 집에 앉아 기다리고 있다면, 자기는, 그 동안에 응당 애가 말라 죽을 것만 같았던 것이다.
성을 끼고 넘어가면, 거리로는 가까웠으나, 어둔 밤에 길도 험하였고, 또 돌아는 가더라도 전차를 타는 것이 시간으로 따지자면 오히려 빠르리라 하여, 그들은 동대문까지 나가 전차를 탔다. 종로 오정목의 버스가 끊어진 지는 이미 오래다. 그래, 그들은 사정목까지 와서 차를 바꾸어 타고, 혜화정 종점에서 내렸다.
파출소 앞을 지날 때, 흘낏 들여다본 그 안의 시계는 열한시를 가리키고 있었다. 가뜩이나 어두운 거리에 행인조차 끊어지고, 또, 바람은 사뭇 살을 에일 듯이 불었으나 색시는 추위도 무서움도 도무지 몰랐다. 그러나 몇 번을 빙판에 넘어질 듯하며, 비탈진 언덕길을 허우단심 올라가 영자네 집의 굳게 닫힌 대문을 두드리고 온 뜻을 말하였을 때, 손수 문을 열어주러 나온 영자 어머니는 처음 대하는 색시를 쌀쌀한 눈초리로 보며, 웬일이냐고 물었다.
"옥순이 오지 않았는데······ 하여튼, 치운데, 어서 들어가십시다."

안 왔다면, 들어와 무얼 하나?— 하고도 생각하였으나, 이제는 온몸이 맥이 팍 풀어지고 만 그였다. 이끄는 대로 안방으로 들어가 처음 보는 영자 아버지에게 인사할 것도 생각지 못하고, 그가 내어주는 아랫목을 사양할 줄도 모르고, 그대로 털버덕 주저앉았다.

"그래, 옥순이가 안 왔에요?"

흡사 얼빠진 사람 얼굴을 하여 가지고, 색시가 다시 한 번 물은 말에,

"안 왔는데…… 대체 웬일이요?"

하고, 되묻는 영자 어머니의 말소리와 태도는 다 함께 처음이나 마찬가지로 쌀쌀하였다.

"어유— 이를 어째요."

잔뜩 얼었던 몸이 더운 방에서 획 풀리니, 말랐던 눈물, 콧물이 일시에 흘러나왔다. 그러나 색시는 옷고름을 들어 한 번 씻으려고도 안하였다.

"대체, 어찌된 일이요?"

영자 어머니는 다시 쌀쌀하게 그를 바라보았다.

"큰작은아씨가 집을 나갔에요. 저녁 전에 나가서 안 들어왔에요."

"집은 대체 왜 나갔단 말이요? 무슨 까닭이 있겠지?"

"아마, 지가 헌 말을 어떻게 들었나 봐요. 듣고서 고깝게 생각했나봐요. 고깝게. 야숙하게 생각을 허구……."

"아아니, 무슨 말을 했게?"

"댁에도 안 왔다면 인젠 찾아볼 데두 없에요……. 회기정 이모님 댁에두 알아봤는데 안 왔다구 그러구……."

"아아니, 글쎄 무슨 말을 했게, 옥순이가 야속허게 알구 집을 나갔단 말이오?"

영자 아버지가 무슨 뜻인지 눈짓을 하는 모양이었으나, 그는 모르는 체하고, 여전히 힐책하는 어조로 물었다.

"저는, 귀찮은 생각이나 미운 생각에서 헌 말은 아니에요. 정말이지 아니에요. 그 작은아씨가 저한테 어떻게 고맙게 해 준다구 지가 그 아씰 미워합니까?…… 허지만, 고깝게 들은 게죠. 댁에 가 드난살게 허잔 말이 제 입에서 나오기 땜에, 듣기에 섭섭했든 게죠. 허지만, 털끝만큼두 작은아씨가 집이 있는 게 싫거나 그래서 그런 것 아녜요. 그렇다면, 지가 정말이지, 벼락을 맞아 죽어두 싸요. …….

허지만 잘못허긴 했죠. 지가 잘못허긴 했에요. 굶드래두 겉이 굶고, 먹드래두 겉이 먹어야지, 왜 몸두 남처럼 성치 않은 아이를 남의 집에 주자구 말을 해요……. 지가 잘못했에요. …… 인제, 어디 가 찾나요? 목도리두 안 허구 나갔는데, 이 추운데, 저녁두 굶구 입때까지 한데루 댕겼다면, 죽었지, 무슨 수루 살어 있겠에요?…… 어머님 돌아가실 때 그렇게 신신부탁 허신 걸, 작은아씨가 죽고 말었다면, 저두……, 저두…….

말끝을 못 맺고, 그대로 어어이, 어어이, 소리를 내어 우는 색시를 차마 그대로 더 보고 있지 못하고,

"우지 마우, 우지 말어. 옥순이는—"

하고, 막 말을 하려 하였을 때, 그보다 먼저 책방 미닫이가 후닥닥 열리며, 그 안으로써 옥순이가 자유로웁지 못한 걸음걸이로 엎으러질 듯 뛰어나와, 그대로 저의 올케의 무릎 위에다 몸을 내어던지고 울었다.

"언니— 내가…… 내가, 잘못, 했수."

"아니예요……, 아니예요……."

둘이서 마주 부둥켜안고 우는 옆에서, 명순이도 코를 훌쩍거렸다.

"작은아씨가……, 살어……, 살어 있었구료?……, 난, 꼭……, 난, 꼭……."

다음은 다시 말없이 오직 한동안을 울음뿐이었다.

얼마 뒤, 울음이 조금 진정되기를 기다리어 영자 어머니는 약간 얼굴조차 붉히며 말하였다.

"거짓말을 해서 미안허우. 아까, 그때 마악 영자 아버지께서 옥순일 데려다 주시려구, 옷을 입으시는 길이었다우. 그런데 마침, 왔지?…… 그걸, 내가 얘길 좀 들어 보구 싶어서 옥순일 저 방에다 감추구 그랬든 거야. 어쨌든 속여서 죄스럽수."

그리고 그는 잠깐 말을 끊었다가 다시 이었다.

"그리구, 아까 영자 아버지께서두 그러셨는데…… 저어, 이번 공일날, 애 오빠더러 좀 나오시라구 그러우. 이것, 저것, 서루 의논헐 일두 있구 그러니……."

색시는 비로소 인사를 차리고 자리에서 일어섰다. 영자 어머니가 그제야 생각난 듯이,

"잠깐만 더 앉아 기슈. 더운 차래두 한 잔씩 자시구 나가야지, 그냥은 못 가우. 밖이 으떻게 춥다구."

하고, 붙들었으나 집에서 남편이, 혼자 애가 말라 안절부절 못할 것을 생각하니, 갈 길이 한시가 바빴다. 그는 두 시누이를 데리고 곧 영자네 집을 하직하였다.

이미 자정도 넘었으리라. 바람조차 자는 밤거리에 추위는

좀더 독하였고, 어둠 속에 울리는 발소리가 스스로 듣기에 한 없이 외로웁다.

그러나 셋이서 손들을 꼭 잡고 같은 길을 걸어갈 때, 사랑은 서로서로의 마음을 껴안아 몸조차 추위를 깨닫지 못하였고, 발은 비록 어둠을 더듬으나, 생각은 멀리 광명을 찾았다……

생각해 볼 문제

≪ 옥순이는 쩔뚝거리는 걸음걸이 때문에 파랑대문 집 삼남매에게 놀림을 당한다. 작가가 이러한 상황을 등장시킨 이유는 무엇일까?

- 타인의 시선을 신경 쓰고, 작은 시간동안 다양한 감정들이 마치 파도처럼 몰아 치는 옥순이를 살펴보면 영락없는 사춘기의 소녀의 모습이 아닐 수 없다. 소설을 읽다 보면 우리는 종종 옥순이를 절름발이 장애인이 아닌 평범한 사춘기 소녀로 생각하고 그녀를 응원하게 된다.

그러나 옥순이가 다양한 감정 중에서 유독 외로움과 슬픔에 젖어드는 것은 옥순이가 단순히 사춘기 소녀가 아니라 장애청소년이기 때문일 것이다. 신체 지체장애인인 옥순은 다른 장애인들보다 타인의 시선에서 자유롭지 못하다. 다른 장애보다 장애 정도가 심한 것도 이유가 될 수 있지만 장애의 특징이 외관으로 잘 드러나기 때문이다. 이러한 이유 때문에 신체지체장애인들은 종종 놀림의 대상이 되기도 했다. 이처럼 신체지체장애인은 자신의 장애로 인한 불편뿐만 아니라 비장애인의 시선과 마주하는 고통 또한 겪고 있었던 것이다. 옥순이와 같이 장애청소년들에게 비장애인의 시선은 더욱 큰 상처가 되었을 것이다.

다시 본문으로 돌아와 생각해보자. 신체적으로 다소의 불편함은 있지만 가족과 함께 화목한 삶을 꾸려가려는 옥순이네와 부자이지만 약자의 모습을 웃음거리로 삼는 파란대문 가족 중 누가 진정한 장애를 지니고 있는 것일까? 이를 통해 우리 안의 장애는 없는지 돌이켜 보아야 할 것이다.

참고문헌

O 단행본

작자미상(굉소생), 「병인간친회록」, 권영민, 『서사양식과 담론의 근대성』, 서울대학교 출판부, 1999.

작자미상, 「소경과 앉은뱅이 문답」, 서형범 엮음, 『혈의누 : 개화기 소설 단편선』, 현대문학, 2010.

_____, 「소경과 앉은뱅이 문답」, 이재선 역주, 『한말의 신문소설』, 한국학술정보(주), 2001.

강경애, 「지하촌」, 김경수 엮음, 『강경애 작품집』, 지식을만드는지식, 2012.

계용묵, 「백치 아다다」, 「인두지주」, 「캉가루의 조상이」, 민충환 엮음, 『계용묵 전집1』, 민음사, 2004.

_____, 「인두지주」, 『현대한국단편문학전집』 제8권, 문원각, 1974.

_____, 『백치 아다다 (외)』, 범우, 2005.

_____, 「캉가루의 조상이」, 『병풍에 그린 닭이』, 조선출판사, 1944.

김동리, 「바위」, 『무녀도: 김동리 단편선』, 문학과지성사, 2007.

_____, 「바위」, 이동하 책임편집, 『무녀도·황토기』, 민음사, 2005.

김소엽, 「누님」, 권영민·이주형·정호웅 공편, 『한국근대단편소설대계』 5, 태학사, 1988.

_____, 「누님」, 삼성출판사편, 『한국해금문학전집』 9, 삼성출판사, 1988.

_____, 「누님」, 김소엽·송영, 『월북작가대표문학: 납북재북작가 50인선』 09, 서음출판사, 1989.

김정한, 「옥심이」, 민충환 편, 『낙일홍: 김정한 소설선집』, 경덕출판사, 2007.

_____, 「옥심이」, 신태양사 편, 『한국수상문학전집』 4, 신태양사, 1967.

나도향, 「벙어리삼룡이」, 김춘식 엮음, 『나도향 단편집』, 지식을만드는지식, 2012.

박태원, 「사계와 남매」, 『이상의 비련』, 깊은샘, 1991.

백남중 편, 『한국맹인근대사』, 한국시각장애인복지재단, 2004.
엄흥섭, 「실명」, 권영민·이주형·정호웅 공편, 『한국근대단편소설대계14: 엄흥섭 편』, 태학사, 1988.
이태준, 「오몽녀」, 박태원·이태준, 『월북 작가 대표문학선집』, 문학과현실사, 1994.
전영택, 「바람 부는 저녁」, 「천치?, 천재?」, 표언복 엮음, 『늘봄 전영택 전집1』, 목원대 출판부, 1994.
_____, 「바람 부는 저녁」, 「천치?, 천재?」, 오창은 엮음, 『전영택 작품집』, 지식을만드는지식, 2012.
정창권, 『역사 속 장애인은 어떻게 살았을까』, 글항아리, 2011.
주요섭, 「추물」, 『사랑손님과 어머니: 주요섭 단편집』, 삼중당, 1983.
_____, 「추물」, 『사랑 손님과 어머니』, 소담출판사, 2001.
최서해, 「누이동생을 따라」, 『탈출기 외』, 문학사상, 2005.
_____, 「누이동생을 따라」, 하정일 책임편집, 『홍염 외』, 범우, 2005.
_____, 「누이동생을 따라」, 김동리·안수길·오영수·조연현·최정희 편, 『한국 대표단편문학전집』 7, 정한출판사, 1975.

신문

김정한, 「옥심이」, 《조선일보》, 1936년 6월 18~7월 1일자, 4면.
이태준, 「오몽녀」, 《시대일보》, 시대일보사, 1925년 7월 13일자, 4면.
작자미상, 「소경과 안즘방이 문답」, 《대한매일신보》, 대한매일신보사, 1905년 11월 17~12월 13일자, 3면.

잡지

나도향, 「벙어리삼룡이」, 『여명(黎明)』, 7월호, 1925.
최서해, 「누이동생을 따라」, 『신민』, 2월호, 1930.

작가 프로필

· 정창권

고려대학교 문화창의학부 초빙교수. 인문저술가. 여성, 장애인, 하층민 등 역사 속 소외계층을 주로 연구하고 있다. 장애인사 관련 저서로 『세상에 버릴 사람은 아무도 없다』, 『역사 속 장애인은 어떻게 살았을까』, 『한국장애인사』등이 있다.

· 윤종선

고려대, 대전대, 한밭대, 한국영상대에서 강의하고 있다. 고전의 현대적 활용, 장애의 역사, 예술사 등을 주로 연구하고, 서울시 관광스토리텔링 사업과 국립한글박물관 스토리텔링 사업에 참여한 적이 있다. 저서로 『한국고전과 콘텐츠 개발』, 『한국장애인사』, 『유물로 보는 한글의 역사』등이 있다.

· 노혜진

단국대학교 대학원 문예창작학과 박사수료. 저술가이자 동화작가. 2016년 『아동문학평론』에 동화 「할머니의 숙제」로 등단했다. 현재 한국 근·현대문학을 연구하고 있다. 공역으로 『새롭게 읽는 춘향전』, 『새롭게 읽는 심청전』, 공저로 『유물로 보는 한글의 역사』 등이 있다.

· 박현정

역사 스토리텔러. 상명대학교 역사콘텐츠학과에서 역사와 문화콘텐츠를 전공했다. 조선후기와 근대의 숨겨진 이야기를 대중에게 쉽고 재미있게 전달하기 위해 동분서주하고 있다. 국립한글박물관 스토리텔링 사업에 참여했고, 공저로 『유물로 보는 한글의 역사』가 있다.

· 윤태근

역사 스토리텔러. 조선후기와 근대의 역사 콘텐츠에 관심이 많다. 서울시 관광 스토리텔링 사업, 국립한글박물관 스토리텔링 사업에 참여했고, 공저로 『유물로 보는 한글의 역사』가 있다.

· 허지이

프리랜서 성우이자 스토리텔러. 이야기가 있는 전문 성우를 지망하고 있다. 서울시 관광스토리텔링 사업에 참여했고, 이야기산업연구소 대표로 활동했다.

소설로 장애 읽기 2

- 근대 장애인의 문학적 초상 -

2018년 2 월 20 일 초판발행
2025년 8 월 15 일 2쇄 발행

저 자 ‖ 정창권, 윤종선, 노혜진, 박현정, 윤태근, 허지이
펴낸이 ‖ 엄승진
책임편집·디자인 ‖ 유선주 디자이너
펴낸곳 ‖ 도서출판 지성인
주 소 ‖ 서울 영등포구 여의도동 11-11 한서빌딩 1209호
메 일 ‖ Jsin0227@naver.com
연락주실 곳 ‖ T. 02-761-5915 F. 02-6747-1612
ISBN 978-89-97631-88-9 04810
ISBN (세트) 978-89-97631-86-5 04810
정가 18,000원

표지사진 출처, 혼마치 1정목 거리, 부산박물관 편, 『사진엽서로 보는 근대풍경 1 도시』, 부산박물관·민속원, 2009. 98쪽,

잘못 만들어진 책은 본사나 구입하신 곳에서 교환하여 드립니다.
이 책은 저작권법에 의해 보호를 받는 도서이오니 일부 또는 전부의 무단 복제를 금합니다.